MEMOIRES DV VOYAGE
AVX INDES ORIENTALES
DV
GENERAL BEÀVLIEV,
DRESSE'S PAR LVY-MESME.

LE Mardy 2. d'Octob. 1619. ie fis mettre à la voile mes trois vaiſſeaux ſçauoir à la rade de Honflour le Montmorancy Admiral du port de 450. tonneaux, equipé de 126. hommes, 22. pieces de canon, dont il y en auoit 6. de bronze, deux fauconneaux de bronze, & 20. pierriers. L'Eſperance Vice-Admiral de 400. tonneaux, auec 117. hommes, 26. pieces de canon, & 20. pierriers, & la patache l'hermitage de 75. tonneaux, auec 30. hommes, 8. pieces de canon & 8. pierriers, ces vaiſſeaux aui-tuaillez de tout pour deux ans & demy.

Cette Relation a eſté imprimée ſur l'origi-nal du Ge-neral Beau-lieu.

Le Ieudy 17. auons veu l'Iſle de Madere, & le ſoir la pointe de l'Occident nous demeuroit au Sueſt ⅓ d'Eſt en pouuant eſtre éloignez enuiron ſept lieuës.

Le 18. au matin la pointe ſuſdite nous demeuroit au Nordeſt enuiron 12. lieuës, auons mis le Cap au Sud de vent d'Eſt, à ladite route eſperons voir l'Iſle de la Palme: cette Iſle de Madere eſt terre fort haute, & d'ordinaire embrunée comme elle l'a eſté hier & auiourd'huy, de façon que mal-aiſement la pouuons-nous remarquer: Dieu nous a fauoriſé de beau temps depuis que ſommes partis, & en auions de beſoin, tant pour eſtre noſtre nauire Admiral fort chargé, que pour eſtre ſon gouuernail tres-rude, & auquel il conuient deux & trois hommes ſur la barre, & ſi à peine en peu-uent-ils venir à bout; parquoy auons deliberé d'aller au Cap Verd ou Tagrin, pour en faire faire vn tout neuf, ou bien racommoder celuy-cy qui eſt par trop chargé de bois, tant pour les doublages, que pour vn exceſſif ſaffran qu'on y a mis à Dieppe, affin que le Nauire ſe ſentit dauantage de ſon gouuernail.

Le Vendredy premier de Nouembre auons veu la terre d'Affrique qui eſt entre la riuiere de Senegal & le Cap-Verd qui eſt terre fort baſſe & le riuage ſablonneux, & le ſoir eſtions le trauers des trois mottes, cette coſte giſt Nord-Eſt & Suro-Eſt.

Le Samedy 2. ſur les huict heures du matin auons doublé le Cap-Verd, & couru le long de la coſte pour attraper la rade de Rufiſque, ou auons veu la releuée 3. nauires à l'anchre, & vne petite barque qui nous eſt venu reconnoiſtre que i'ay fait venir à bord, & par iceux entendu qu'ils eſtoient de l'equipage du Capitaine Droüet qu'ils attendoient audit lieu, & que les trois Nauires l'vn eſtoit celuy du Capitaine de la Mare de Dieppe, l'autre vne barque de S. Malo appartenant à vn nommé de la Mot-te, & l'autre vne priſe chargée de ſel faite par Cattel. Le ſoir ay fait moüiller à vne portée de canon vers l'eau deſdits Nauires, le vent n'ayant permis que puſſions ap-procher plus prés, la ſaiſon des pluyes ne faiſoit qu'acheuer en ce lieu.

Le Ieudy 15. auons deliberé d'enuoyer la patache aux Iſles des Idoles, pour nous acheter quelques rafraichiſſemens, pour ce ſujet luy ay fourny quelques raſſades & couteaux qui ſont marchandiſes propres pour ledit lieu, & renforçay l'equipage de ladite barque du Capitaine Soyer qui y auoit autrefois eſté auec ſix ſoldats, recom-mandant au Capitaine Ridel qui commandoit la patache ne traitter auec les Inſulai-

Seconde Partie.   A

res que moyennant oftages, & n'y fejourner au plus que trois iours, & delà nous venir retrouuer incontinent à Tagrin : eftions alors qu'elle nousa quitté par les 10. ¾ de
hauteur ; depuis que fommes partis du Cap-Verd, auons eu peu de vent, & marées
portantes au Oeft Noroeft qui nous eftoient contraires.

Le 19. fur le midy auons veu les Ifles des Idoles éloignées de nous enuiron 8. lieuës
à l'Eft Nordeft, auons veu auffi noftre barque ou patache qui n'y eftoit arriuée plûtoft
que nous, & couroit à terre : Lefdites Ifles font par la hauteur de 9. degrez ½ Nord de
l'Equinoxial, font couuertes de bois & hors le terrage de Tagrin, font les plus hautes
terres qu'il y ait depuis le Cap-Verd, iufques au Cap de Sierraliona : A là grande
Idole quieft celle qui eft le plus au Sud, il y a de l'eau, plufieurs fortes de fruitage & volaille, mais fe faut donner de garde des habitans qui font en bon nombre, & conuient
traitter auec eux par oftages : En la petite Idole y a auffi de l'eau, le long d'içelles y a
auffi quelques autres petites Iflettes, lefquelles pour n'eftre de confequence, ne font
point denommez d'aucun nom particulier, ains le tout s'entend pour les Idoles, dont
la plus grande eft celle que les Mariniers appellent grande Idole, & la plus grande
d'apres, petite Idole, & prennent tel nom d'vne riuiere qui eft à terre ferme le trauers d'elle, ainfi nommée . & n'y a que 3. ou 4. lieuës de chemin ; on trauerfe de fón
emboucheure à cés Ifles, le Roy d'icelles fe tient amont cette riuiere : font Negres,
grands chaffeurs & mangeurs d'Elephans, font Idolatres ; n'y a point de trafic auec
ceux de la terre ferme, auffi n'y peut-on facilement aborder à l'occafion des battures & hauts fonds qui font le long de cette cofte ; croy qu'ils vont vendre leur mor-
fil dans la riuiere de Tagrin : ces Ifles font éloignées du Cap de Serrelionne ou Tagrin enuiron 25. lieuës. Le foir nous les auons perdue de veuë, & le lendemain auons
veu plufieurs puchots, qui font tourbillons de vent defcendans des nuées en la Mer,
qui tournoyans attirent l'eau en amont, auec grande violence, en y auoit entr'-au-
tres deux épouuantables, n'ont approché plus d'vn quart de lieuë de nous, auons fer-
lé dés que les auons apperceus, toutes nos voiles de peur d'inconuenient.

Le Samedy 23. de Nouembre fommes paruenus au Cap de Serlionne, & le foir
moüillé à l'ancrage ordinaire que les François appellent Tagrin, ou ne manquerent de venir plufieurs Negres à bord, qui m'auertirent y auoir vn Nauire Anglois
à Safena, lieu ou habite le Roy de Tagrin, diftant d'où nous fommes ancrez enuiron 4. lieuës.

Le Ieudy 28. de Nouembre ay fait demonter noftre gouuernail de l'Eftambot &
l'ay fait traîner à terre affez proche de nôtre fûraille, ou i'auois fait pofer vn bon corps
de garde, & fortifié de quelques arbres abbatus, ayant mis les charpentiers en be-
fongne ; fus promener quelque peu dans les terres pour voir le pays, & le trouuay
beau, y ayant fur le fonds de cette anfe vn beau ruiffeau d'eau douce claire & frai-
che, & fur le bord tirant vers la mer, grande quantité de citronniers, plantans ou
bananas, & plufieurs grands arbres faifans des forefts bien efpaiffes ; s'y trouue auffi
des pleines où y a de beaux herbages, mais le fond ne vaut rien, & ne font que
pierres ou roches de couleur de fer : Les maifons des Negres font affez bien bâfties
pour telles gens, & fans comparaifon mieux que celle du Cap-Verd ; on void aupres des petits marmouzets fort hideux en forme de diables aufquels ils font des
oblations, leur prefentant des fruits, des raffades qui font leurs richeffes : On void
aux pieds de quelques vns force teftes de finges, monneaux & autres beftes. Ils
appellent lefdittes idolles grigris, mais ie croy que s'ont efté les François qui leur
ont donné ce nom : la falutation ordinaire des Negres fe rencontrans les vns les autres eft de dire *tout haut*, & les François ont augmenté tu as menti ; tellement que
quand quelque Negre faluë les blancs, il crie ce ridicule falut, neantmoins entr'-
eux ils ne difent que *tout haut*, & on leur refpond de mefme : La fuperftition de
Mahomet ne s'eft pas eftenduë iufques icy & font idolatres adorans comme a efté
dit des petits marmouzets d'horrible figure & des petits monceaux de terre noire
faits en forme de pains de fucre (que i'ay entendu eftre nids des fourmis) aufquels

ils ſacrifient de diuerſes manieres: les habitans ſont bonnes gents au reſpect de
ceux du Cap-Verd & autres Negres; neantmoins par la hantiſe de pluſieurs Nauires de diuerſes Nations qui abordent en ce lieu, ils commencent à deuenir plus ru-
ſés: Le lieu où nous ſommes qui eſt la 3. anſe du Cap de Serlionne en entrant, eſt vne
fort belle place pour recueillir des eaux & du bois à bruſler, rampes à faire cercles
pour la fuſtaille, quantité de citrons qui ne couſtent qu'à cueillir, quelques gilomons,
oranges & bananes qu'on peut auoir pour fort peu de choſe; aſſez bon nombre de fort
bon ris, que nous auiõs pour du ſel, autant de ſel, autant de ris: de chairs il n'y en a point,
ſi ce n'eſt quelques poules; mais bien rares; peu de chaſſe, mais bonne peſche à toutes
les anſes, de diuerſes ſortes de poiſſons, quand on a vne Seynne: ce Cap eſt par la hauteur de 8. degrez Nord, & l'aiguille y varie 2. degrez ⅓ Nord-eſt. Sur le ſoleil couchant
m'embarquant pour retourner au nauire, on m'aduertit qu'vn de nos trompettes Anglois nommé Badfour, ſe lauant dans vn petit ruiſſeau mais fort profõd, s'eſtoit noyé,
ledit trompette ne ſçauoit nager, & eſt à preſuppoſer que l'eau eſtant fort claire, &
voyant le fonds qui ne pàroît que 3. ou 4. pieds profond, encore qu'il y en a 9. ou 10.
ſe laiſſa aller, croyant qu'il n'y en eut que ſa hauteur, & que ne trouuant le fonds prit
l'épouuante, qui l'empécha de prendre le bord du ruiſſeau, qui ne peut auoir dix
pieds de large.

Le Mardy 3. dudit le ſoir, ſont venus à bord deux Negres, l'vn venant de la part
du Roy armé de ſon arc, fléches, épée & couſteau à raffle, l'autre luy ſeruant d'interprete; lequel me dit que celuy qui auoit les armes m'auoit eſté enuoyé de par le
Roy, pour m'aduertir que les Portugais qui ſont à mont la riuiere, auoient coupé la
gorge au Capitaine de la barque de S. Malo, & à tous ceux de ſon equipage; que cela n'auoit eſté fait de ſon conſentement, & qu'il eſtoit tres marry que telle choſe
fuſt arriuée proche de ſa terre, & que ſi i'auois enuie d'en prendre vengeance
qu'il m'aſſiſteroit de Negres pour me monſtrer le lieu où les Portugais auoient mené la Barque; que ledit Negre diſoit eſtre amont Safena 7. ou 8. lieuës; où il eſtoit
allé pour couper du bois qui reſſembloit à celuy de ſainte Marthe, & qui pouuoit
valoir en France 8. ou 9. liures le cent. Ie fus tres-marry d'entendre cela, tant pour
eſtre François, que pour eſtre venu trois ou quatre fois à mon bord, & le tenois pour
honneſte homme; & tout d'vn temps leſdites nouuelles me mirent en ſoupçon, que
les Portugais ayans ſçeu le Gouuernail de ce Nauire eſtre à terre, & beaucoup de
Gents, n'euſſent enuie de me joüer quelque tour, & pour ce ſujet m'auoient fait aduertir de telles nouuelles, afin que me voulant vanger d'eux, i'enuoyaſſe vne partie
des ſoldats que i'auois laiſſé à terre en garde du gouuernail & fuſtaille, & ainſi ayans
peu de gents à terre ſe peuſſent aiſement inueſtir, dudit gouuernail, pour puis apres
me le mettre à telle rançon qu'ils aduiſeroient bon eſtre: cette conſideration me retenoit d'enuoyer perſonne à mont la riuiere; toutesfois reconnoiſſant qu'il n'y auoit
rien d'impoſſible en cét aduis, pour eſtre ledit Malouin tres-foible d'equipage, & pour
connoiſtre aſſez le naturel des Portugais en ces quartiers-cy, dequoy i'auois auerty
ledit Malouin, & exorté de s'en donner de garde, ie m'imaginay que ne tenant compte de cét auis, cela pourroit porter quelque preiudice à la reputation des François par
de çà, me reſolu d'y enuoyer, & demanday audit Negre s'il voudroit s'embarquer auec
mes gens pour les mener où eſtoient les Portugais, ce qu'il m'accorda promptement, & l'interprete auſſi auec quelques autres Negres, qui s'offrirent ſans qu'on leur
demandaſt, diſans que puis que c'eſtoit pour aller tuer des Portugais, ils iroient là où
on les voudroit mener: Pour aller ſeurement en cette affaire auant toute choſe, me
deliberay faire venir le gouuernail à bord, qui eſtoit ja acheué de charpenterie, & ne
reſtoit qu'vne ferrure à faire, qui eſt ouurage de forgeron, que ie pouuois bien faire
attacher à bord; auſſi-toſt le fis venir, puis renforçay le corps de garde de terre de 10.
ſoldats mouſquetaires, faiſant aduertir ceux qui commandoient audit corps de garde, que ſi par le paſſé ils auoient fait bonne garde, qu'ils la continuaſſent ou la fiſſent
encore meilleure, qu'ils miſſent debout quelques fuſtailles à l'endroit des auenuës

Seconde Partie.   § A ij

principales du lieu qu'ils gardoient, & qu'ils ne laiſſaſſent approcher d'eux la nuiɛt ny Blanc ny Negre quel qu'il fut, & qu'ils le tiraſſenr, & pour ce ſujet fis auertir les Negres de n'approcher dudit corps de garde; comme auſſi enuoyay prier le Capitaine Pilé de venir ſouper dans ce nauire; tant pour l'auertir dudit auis, qu'auſſi pour luy demander s'il voudroit equiper ſa barque pour enuoyer à mont la riuiere, ce qu'il m'accorda; ainſi le lendemain de bon matin fis appreſter noſtre patache, & renforcer de 10. hommes auec monſieur de Monteurier pour leur commander, & fait equipper le grand batteau du Vis-Admiral de 20. hommes, armé de 4. pierriers, ou commande monſieur du Parcq, & la barque du Capitaine Pilé auec ſon equipage, qui alloient tous ſous la conduite dudit ſieur de Monteurier.

Le Dimanche 8. de Decembre eſt arriué le Capitaine Catel de Dieppe, lequel m'eſtant venu voir m'auertit auoir veu en l'Iſle de S. Vincent vn nauire Holandois d'enuiron 400. tonneaux qui s'en alloit à Bantan, & que ledit nauire eſtoit equipé d'Hollandois & Anglois, qui portoient les nouuelles aux Indes de l'accord fait entr'-eux, afin de faire ceſſer le different qu'ils auoient les vns auec les autres par-delà. Sur les 3. heures de releuée eſt retourné d'amont la riuiere monſieur de Monteurier, auec le grand batteau du Vis-Admiral, & la barque du Capitaine Pilé, la noſtre ne pouuant ſi toſt reuenir, comme eux qui ſe nageoient, & qu'ils l'auoient laiſſée à Tomba; & que noſtredite patache ne pouuant monter plus haut, eux s'eſtoient embarquez dans le batteau de noſtre Vis-Admiral, & auec la barque de Pilé furent encore 10. ou 12. lieuës à mont, où ils trouuerent la Riuiere fort eſtroite auec beaucoup de roches, tellement que la barque toucha pluſieurs fois, qui fut occaſion qu'ils ne voulurent paſſer outre, & ſur ce que ledit ſieur de Monteurier l'en prioit de paſſer encore 3. ou 4. lieues, dirent qu'ils eſtoient contents, pourueu qu'il print la barque à ſes riſques; ledit ſieur fit reſponſe qu'il n'auoit cette commiſſion de moy, quoy voyant s'en reuindrent ſans auoir rencontré aucuns Portugais ny leurs barques.

Le dernier de Decembre eſtions par la hauteur de 3. degrez ⸴ Nord de la ligne: depuis que ſommes partis de Tagrin auons eu les vents variables auec grains & calmes comme n'en manque en ce paraige, auons eu aux nauires quelque 20. hommes malades des fiévres qui commençoient à ſe guarir graces à Dieu, y eſt decedé dés le 24. du preſent de ladite maladie le garçon des trompettes Anglois, il auoit mangé quelque mauuais fruiɛt qui luy donna vne ſi violente fievre chaude, qu'il n'y a eu aucun remede pour l'appaiſer. Qui ſe peut paſſer d'aller aux coſtes de Guinée en quelque lieu que ce ſoit fait vn grand coup, noſtre gouuernail a cependant grandement amandé du remede qu'on y a apporté, & eſtoit du tout neceſſaire que cela ſe fiſt.

1620.

Premier de Ianuier la nuiɛt auons eu tout calme, qui a occaſionné monſieur Graué Capitaine du Vice-Admiral de venir auant le poinɛt du iour nous donner le bon iour auec ſes violons & trompettes, puis les nauires ont fait vne ſalve de quelques coups de canon, puis tous les mouſquetaires; & apres le ſalut rendu, treuué à la leuée du ſoleil que l'aiguille Nord eſtoit 3. degrez ⸴ & eſtions par la hauteur de 3. degrez 5. minuttes Nord de l'Equinoxial.

Le lundy 6. auons paſſé la ligne equinoxiale, & obſerué les anciennes couſtumes d'arrouſer ou moüiller d'eau de Mer ceux qui ne l'auoient encore paſſée: depuis le 3. de ce mois auons eu les vents de Sueſt & Suſueſt couru au lis du vent, pour eſleuer Sud ſuiuant l'ordinaire de cette nauigation.

Le 24. eſtions ſous le tropicque de Capricorne, auons lors 13. degrez de variation d'aiguille au Nordeſt, les vents depuis que ſommes paſſé l'equinoxial ont eſté Sueſt & Eſt Sueſt.

Premier de Feurier auons commencé d'auoir les vents d'Oeſt & autres vents variables, eſtions par les 30. degrez de hauteur vers l'antartique, & auions 13. degrez ⸴ de variation d'aiguille Nordeſt.

Le 3. Nous auons eu calme, fait obſeruation à la leuée du Soleil, & trouué que l'aiguille Nord eſtoit 13. degrez, ce qui m'a eſtoné, croyant que la variation deuſt augmen-

ter, au contraire elle diminuë, ce qui me fait iuger lefdites variations eftre irregulie-
res, & qu'il n'y a nulle regle qu'on peut dire generalle aufdites obferuations, comme
les Portuguais & autres fe font imaginé que ladite aiguille eftoit fixe en deux Meridiens qui couppent le Monde en 4. parties, & qu'elle montoit iufques à 22. degrez ½ puis redefcendoit, à eftre fixe lors qu'elle rencontroit vn de fes Meridiens, ce
que i'ay trouué tres-faux, tant en ce voyage-cy qu'au precedent, & l'obferuation
d'auiourd'huy me le confirme, attendu que la derniere variation que i'ay prife eftoit
de 13. degrez ½ & auiourd'huy que ie fuis encore efleué prés d'vn degré vers le Pole
Antartiq, ie ne trouue que 13. qui eft diminuer au lieu d'augmenter, le temps & l'experience me rendront certain de cela auant que le voyage foit finy, s'il plaift à Dieu.
Durant ce calme nous auons veu deux grands Poiffons à l'entour de noftre Nauire,
ayans vn long becq, que ie crois eftre de ceux qui par experience ont fait connoî-
tre auoir tant de force que d'auoir percé vn Nauire redoublé, qui eft chofe grandement émerueillable, & que ie n'aurois aifement creu fi ie n'auois veu entre les
mains de Monfieur de Villars Houdan Gouuerneur de Dieppe, vn morceau du
bec ou corne d'vn tel Poiffon qui fut trouué dans le bordage du nauire du Capitaine
du Val de Dieppe, lequel s'en allant au Cap de Bonne-Efperance, & eftant fur fa
trauerfée de la cofte du Brezil vers ledit Cap, comme de prefent pouuons eftre, s'apperçeut que quelque chofe auoit heurté contre fon Nauire, mais ne pouuant pour
lors prefumer ce que fe pouuoit eftre, eftant de retour à Dieppe, il fift efchouer fon Nauire pour le calfeudrer, & trouua qui le mift hors de fon doute, à fçauoir qu'enuiron 5. ou 6. pieds fous l'eau les calfadeurs rencontrerent dans le bordage au cofté
du Nauire vn bout de corne reffemblante à la dent d'vn Cheual Marin, mais differente entant qu'elle eftoit toute droite, mais quafi de femblable yuoire & couleur
fuperficielle, qui pouuoit auoir poulce & demy de diamettre d'époiffeur, & perçoit le
doublage, puis le bordage, & donnoit encore vn poulce dans vn membre; qui eft
enuiron cinq poulces que cette corne ou becq auoit entré dans le bois, & ce becq
c'eftoit rompu à l'vny du doublage par le debattement du Poiffon, comme on peut
prejuger qu'il ne le peuft retirer fans rompre. Ledit fieur Gouuerneur ayant efté
aduerty de cela, fift leuer la piece de bois en laquelle eftoit contenu ce bec; y laiffant enuiron demy pied de bois autour, & le mit en fon Cabinet. Scoutten en
fa defcouuerte du nouueau deftroit proche de celuy de Magelan euft pareille rencontre & heurt de poiffon, & beaucoup d'autres, qui pour ne brouiller du papier ie ne
mettray icy; feulement que i'ay fceu d'vn Marinier de Dieppe, nommé Maiftre Nicolas Canu, qu'en vn fien voyage vers ces endroits-cy, luy eftant dans vne barque, vn defdits poiffons la heurta fi-bien qu'il la perça, & fe debatant pour fe retirer l'ouurit, tellement qu'ils n'eurent aucun loifir que de fe mettre à bord de leur
nauire, & voir couler leur barque au fonds, fans pouuoir fauuer leurs hardes : Ceux
que nous auons veu cejourd'huy doiuent eftre des petits : i'en ay fpecialement remarqué l'vn plus que l'autre, pour s'eftre mis droit fous la galerie où i'eftois lors, il pouuoit eftre encore vne fois de la longueur d'vn Marfouin, & i'eftimerois celuy-cy d'enuiron 10. pieds de long fans le becq, il n'eft fi gros à proportion que le Marfouin,
mais plus eftendu, ne laiffant d'eftre poiffon bien maffif, la couleur paroift bleu ob-
fcur, & les fanons qui font bien grands, & la queuë auffi font ou paroiffent dans la
Mer de couleur d'azur bien vif, il a vn fanon bien haut fur le dos à la reffemblance
de celuy d'vn rechien, & le met aucunefois hors de l'eau ainfi que le Rechien; la tefte
ne reffemble pas mal à celle d'vn Marfouin, mais eft plus longue, & au lieu du mu-
zeau à cette corne ou becq, qui pouuoit eftre d'vn pied & demy à deux pieds de long,
groffe comme le poignet d'vn garçon, bien pointuë ; C'eft vn poiffon fort vifte &
roide, l'ayant veu eflançer fur quelques Bonites qui fe fauuoient fous noftre nauire,
aufquelles ce poiffon fait vne guerre continuelle, ayant remarqué plufieurs fois les
Bonites & Albacores s'y debatre grandement, & s'epartir de cofté & d'autre, puis in-
continant voir de grandes taches de fang fur la Mer, caufées par les bleffures que ce

Seconde Partie.   § A iij

poiſſon leur faiſoit , & de fait nous prenons aucunefois des Bonites & Albacores qui en ſont bleſſez, ce ſont les premiers que i'ay veu que ceux d'auiourd'huy, mais ie tiens de certain qu'il en y a de bien plus grands & qui s'attaquent aux Balaynes, & par coniecture, ie croyrois que quand ces poiſſons ont heurté ces Nauires, ç'a eſté, que portez de leur naturel s'imaginent vn nauire eſtre vne Balayne,& ſi c'eſtoit vn petit nauire ils le mettroient en danger de naufrage, & pourroient meſme trouër vn grand nauire par tel endroit, & ſe pourroient tellement debatre pour r'auoir leur becq, qu'eſclatant quelques planches , il en pourroit arriuer telle infortune qu'à vn moyen nauire. Le calme continuant & faiſant plus chaud que de couſtume, nous auons auſſi veu certaine choſe blanche de la groſſeur d'vn œuf d'Autruche & d'auantage, ainſi blanc, cela flottoit ſur l'eau comme des boubes, mais paroiſſoit & ſortoit bien plus hors, & lors que le nauire en approchoit à enuiron la longueur de 50. à 60. pas, ils s'enfondroient dans la Mer, ceux de noſtre patache qui en ont veu d'auantage que nous , diſent que ce ſont monſtres, en mon particulier de deux que i'ay veu, ie n'ay ſçeu bien remarquer qui le peut faire croire ; cela paroiſt en quelque choſe comme vne teſte d'homme ſans poil, & quelques vns diſent y auoir remarqué deux yeux noirs & vne bouche. S'eſt veu auſſi vne aſſez eſtrange ſorte de poiſſon, qui eſt long enuiron comme vne moyenne Lemproye & ainſi rond , & au deſſus de la teſte à vn grand aiſleron ou creſte qui paroiſt plus d'vn pied de haut & qui continuë iuſques au bout de la queüe en s'abaiſſant ; en nageant ſe met ſur le coſté, tellement qu'auec ſon aiſleron il paroiſt poiſſon bien large & de forme triangulaire , & ſe tourne de coſté & d'autre en auançant chemin ; mais i'ay remarqué que prenant ſa proye ſon aiſleron eſt droit, & ie l'ay veu hors de l'eau de couleur cendrée, mais le corps du poiſſon eſt auſſi blanc qu'vne chandelle de ſuif, ainſi rond. Le voyage dernier ne viſmes telles ſortes de poiſſons.

Le Dimadche 9. de Feurier auons eu calme tout plat & la Mer vnie comme vn Eſtang, qui me donna occaſion de vouloir mettre la ſcutte hors, pour ſçauoir comme ſe portoient les equipages de noſtre Vice-Admiral & patache.

Le lendemain dixieſme de Feurier eſtions par la hauteur de 31.degré ½ de la Ligne Equinoxiale, ver l'Antarticq, & l'aiguille variant 12 degrez ½ Nordeſt.

Le 20. eſtions par la hauteur de 24. degrez & de variation 9. degrez ½ en ce paraige auõs veu beaucoup de varec ou herbe marine de couleur rouſatre;y a 7.ou 8. iours que l'on en a veu, mais non en telle quantité qu'auiourd'huy , quelques vns tiennent que ce Varec prouient des Iſles Triſtan d'Acuna, & le lendemain auons eu vne tourmente de vent d'Oeſt, ayant encor nos voiles de hune hors ; ce qui nous a penſé faire rompre nos maſts ; d'ordinaire en cét endroit y a des tourmentes, mais ſpecialement en Hyuer, & alors elles ſont bien violentes, à preſent eſt l'Eſté en ce Pays , & bien-toſt commencera l'Automne, & il commence deſia à faire froid.

Le Dimanche 8. de Mars eſtions par la hauteur de 34. degrez, & l'aiguille ne varioit plus que 20. minutes, ce qui m'a aſſeuré n'eſtre a plus de 70. ou 76. lieües du Cap de Bonne-Eſperance.

Le Mercredy onzieſme auons veu des trombes, qui ſont grands herbages de Mer longs de trois à quatre braſſes , comme auſſi des oiſeaux que les Portugais appellent Alcatras ou Margauts, qui ont le corps blanc & le bout des aiſles noires ſeulement, des Cormorands, des Ours Marins, & des Pinguins ; l'vn deſquels ſignaux ſuffit pour eſtre certain qu'on eſt proche de terre : Auons veu auſſi des Marſoüins en grandes trouppes, par maniere de dire innombrables, & auſſi quantité de Baleynes. Sur le ſoir auons veu la terre,la pluſpart des Nauigateurs ont fait vne fort iuſte nauigation, eſtions lors par les 33. degrez de hauteur, qui eſt le trauers de la Baye de Saldaigne, auons deliberé d'aller à la baye de la Table pour recueillir des eaux dequoy auons beſoin,qui eſt à enuiron 20. lieües au Sueſt ½ de Sud d'icy;mais auons eſté prins de vens contraires, à ſçauoir au Sud, qui nous a duré iuſques au Dimanche 15. de ce mois, les Marées nous eſtoient auſſi contraires & courent au Nord nordoueſt ; le ſoir auons moüillé l'ancre à l'ancrage ordinaire de la Baye de la Table, graces à Dieu, n'ayant perdu aucune perſonne depuis la mort du garſon du Trompette, & depuis 7. à 8. iours en çà eſt decedé deux hommes, l'vn dans le Vice-Admiral, l'autre dans la patache.

Le Lundy 16. ay enuoyé le batteau à terre auec des voiles pour faire des tentes, & 25. ſoldats pour les garder; ayant enchargé à ceux du Vice-Admiral d'y enuoyer autres 25. hommes auec des voiles pour faire leur tente, & qu'ils fiſſent monter la forge : ceux du batteau eſtans reuenus m'ont dit auoir trouué pluſieurs cadavres d'hommes morts auec pluſieurs veſtements eſpandus çà & là, & le long du ruiſſeau vn petit fort de gazon bien flanqué : croyant que ç'auroit eſté les Danois qui l'au-roient baſty ; car monſieur Graué eſtant allé à terre m'a amené deux Sauuages dont l'vn parloit quelque peu Anglois, ayant eſté en Angleterre (en ſon iargon il nous aſſeuroit qu'il y auoit cinq nauires qui eſtoient partis d'icy y a enuiron trois mois pour aller du coſté de l'Eſt, ce que nous entendions plus par ſignes qu'autrement; car ne parloit bon Anglois que pour demander du pain.

Le Ieudy 19. de Mars a fait bien mauuais temps de vent Noreſt comme a fait de-puis que ſommes encores en cette rade, quelques mouſquetaires qui auoient eſté enuoyez pour chercher vn ſoldat eſgaré, rapporterent qu'ils auoient commencé par vne montagne qui eſt deuers les terres, ioignant la montagne de la Table, & qu'ils l'auoient tournoyée par le coſté du Midy, où ils auoient rencontré vne infinité de Magots ou Singes tres-grands; que delà ils auoient eſté ſur le penchant des mõtagnes qui bordent la Mer de l'Occident, & auoient cheminé le long d'icelle iuſques à ce qu'ils euſſent apperceu la Mer à enuiron demie licuë d'eux : ie croy que c'eſt quelque autre Baye entre celle-cy & le Cap de Bonne-Eſperance, comme en paſſant i'y en ay remarqué vne : que delà ils commencerent à s'en reuenir, & qu'eſtans ſur ces montagnes ils deſcouuroient la Mer au Sueſt d'eux, qui doit eſtre celle qui eſt à l'O-rient du Cap de Bonne-Eſperance : ils virent auſſi bien à plain d'autres montagnes, que nous voions d'ycy, & qui nous paroiſſent tres-hautes, inacceſſibles & deſertes; entre elles & celles où ils eſtoient, ils deſcouuroient vne raze campagne qui peut auoir dix ou douze lieuës de large de tres-bonne terre, & capable de porter pluſieurs ſemences, laquelle ſe termine à la Mer ſans aucunes montagnes entre le Cap Falco & le Cap de Bonne-Eſperance : au pied des montagnes du coſté de l'Occident ont trouué des bois où y auoit des arbres grands & gros comme pommiers, ne portans aucun fruict, & d'vn bois fort dur; ſe void de tres-beaux paſturages & en iceux quelque beſtail, ne rencontrerent aucuns Sauuages, auſſi montent-ils peu ſouuent ſur les hautes montagnes ; aux pieds d'icelles ſe trouuent pluſieurs belles ſources d'eaux tres-claires & tres-bonnes, comme ſont celles qui deſcendent de la monta-gne de la Table, qui ſont bien excellentes : Ce rapport m'a donné la curioſité de voir le Pays, & dés le lendemain prins la tournée de ma promenade par derriere la mõ-tagne de la Table, & eſté enuiron trois leeuës dans le Pays que i'ay remarqué eſtre tres-bonne terre, & veu qu'vn petit ruiſſeau d'eau douce ſerpente dans cette campa-gne & ſe vient perdre dans la Mer au fonds de cette Baye, en vn lieu où y a grande recreutes d'eaux, que nous appellions la Riuiere, encore que fuſſions d'opinion qu'il n'y deſcendit aucune eau douce; ce ruiſſeau prend ſa ſource des montagnes qui ſont entre la pointe du Cap & cette Baye, leſquelles ſeruent de bornes à la Mer du coſté d'Occident; ay remarqué auſſi que ce ruiſſeau faiſoit pluſieurs mareſcages, qui courent au Nord tout le long des dunes de ſable, qui font le cul de Sacq de cet-te Baye, & là où la Mer s'engorge & deſgorge ſelon qu'elle monte ou baiſſe par cet-te embouchcure que nous appellons la Riuiere, & où il entreroit de haute Mer des Barques de 50. à 60. tonneaux : ayant cheminé iuſques enuiron Midy par ladite campagne qui eſt pleine d'herbages & de belles fleurs, ie pris mon chemin pour re-tourner le long des montagnes, & fus iuſques au pied de la Table, par le coſté du Midy, où ie trouuay force bois, entre-autres quelques vns deſquels on pourroit faire de la planche d'vn pied de large, & de 18. à 20. pieds de long, ayans le tronc fort droit de la forme d'vn poirier, les feuilles blanchatres, l'escoce espesse d'enuiron deux poulces, de couleur rousse, ayant beaucoup de suc, & le cœur du bois blanc & dur, la feuille petite, le bois tortu; mais bien haut, il s'y trouue plusieurs herbages semblables à ceux de nostre païs, comme ozeille, fougere, genest; de cette montagne ie découuris le Cap Falçe, & la Mer du costé d'Orient du Cap, qui fait vne grande anse iusques au Cap Falço, ou y a quantité de rochers, qui mettent bien hors, & ou auec des Nauires, il ne fait guieres bon se treuuer de vent de Sud du costé & le long des montagnes du Cap Falço, qui est iusques ou s'estend la campagne, y a apparence qu'il y ait vne grande riuiere; toutefois ie ne l'ay peû remarquer asseurément: que si ce n'est vne riuiere, du moins la Mer s'engolfe bien auant le long de ces montagnes, & le long de celles qui forment le Cap de Bonne-Esperance, du costé de la terre y a aussi vne riuiere ou bien quelque grande recreute d'eaux: le long des montagnes y a vne infinité de chasse, comme cheureuils, dains, qui sont grands comme cerfs, perdrix, & toute sorte de gibier, & sur les montagnes grande quantité de Singes, Marmots, Lyons, Loups ceruiers, Renards, Porc-espics, Autruches, Elephans, & autres animaux à moy inconnus: pendant le chemin ie ne rencontray point de Sauuages, mais bien leurs parcs, ou y auoit apparence que depuis peu y auoit eu bon nombre de bœufs & de moutons; & s'estoient retirez sans doute à cause de nous. Vers la pointe du Cap les habitans de cette terre sont à ce que ie crois les plus miserables Sauuages qui ayent esté iusques à present descouuerts, car ils n'ont semences ny inuention de labourer ou cultiuer la terre, non plus que de faire aucune pesche ny se mettre seulement deux pas dans la Mer: Ils sont de taille fort petite, specialement les femmes, maigres, & semblent tousiours mourir de faim: mangent quelques racines, qui est leur plus grand aliment; elles sont grosses comme de petites chataignes & blanches, la tige est semblable au poureau, plus estroite & sans dens; elle porte vne fleur blanche: elles ont assez bon goust: Ils vont aussi le long du riuage de la Mer, ou s'ils trouuent quelques coquillages ou quelque balayne ou autre poisson mort, quelque putrifié qu'il soit, apres l'auoir vn peu mis sur le feu, ils en font grand chere; & auons veu que ceux de nos tentes ayans écorché des Ours Marins & des Pinguins, qui sont oyseaux sans aîles, ayans jetté les peaux, les testes & autres vuidanges hors de leurs tentes, apres y auoir esté 7. ou 8. iours qu'elles s'empuantissoient, en sorte qu'il falloit esloigner les tentes de là, & que les loups & autres bestes rauissantes ne touchoient point, venir des Sauuages, qui les ayans trouuez les mettoient sous les cendres; puis les ayans escachées entre deux pierres, les mangeoient sans rien perdre ny laisser; quand on leur donne du pain, ils l'englourissent promptement, & semble qu'ils en mangeroient tant qu'on leur en bailleroit: quand ils nous rencontrent, la premiere chose qu'ils font est de montrer leur estomac qu'ils retirent tellement dans le corps qu'il semble qu'ils ayent vne grande fondriere en la poitrine; ils ne mangent pourtant point de chair humaine; ils se font la guerre les vns aux autres, peut-estre pour leur bestail duquel on n'a point de connoissance qu'ils mangent, si ce n'est qu'il soit si maigre qu'il y ait apparence qu'il ne pourra plus guieres viure, ou bien par vieillesse ou autre accident: ils couurẽt leur partie honteuse d'vne queuë de mouton, & portent vne peau, soit de mouton ou d'autre animal en escharpe sur vne espaule; ils ont pour armes vne Assagaye & vn Arq assez foible, auec la trousse; ils cachoient ces armes soubs quelques brossailles pour venir en nos tentes; il faut estre soigneux de serrer toute sorte de cuiure & de ferraille, de linge ou vestemens n'en derobent point du tout, de quelle sorte qu'ils soient, & n'en font aucune estime: ie n'ay pû remarquer en eux aucune Religion, neantmoins ils se marient & dansent, & ce qui est bien merueilleux & pourtant veritable, c'est qu'ils se font oster vn genitoire en l'âge de 10. à 12. ans, ou si c'est plustost ie n'en sçay rien, sinon que ceux qui ont plus de curiosité que moy ont remarqué que ceux qui passoient cét âge estoient encore entiers: ie n'ay pû sçauoir par quelle superstition ou occasion, si ce

n'est

n'est pour mieux courir, à la verité ils excellent sur tous autres que i'aye iamais veu, & ie croy que l'on auroit de la peine à les attraper, si on n'estoit bien monté. Ils parlent du gozier, & semblent sangloter & soûpirer en parlant: leur salut ordinaire en nous rencontrant est de danser vne chanson, dont le commencement les parties & la fin est *hautitou*; les mieux vestus d'entre-eux ont pour ornement des tripailles seiches à l'entour du col, ausquelles pend vn petit coustcau fait en forme de lancette, qui est dans vne gaine de bois: Ie croy que c'est auec cét instrument qu'ils font l'incision cy-dessus mentionnée; quelques-vns ont vne petite platine de cuiure pendue à leur col tenve comme vn teston, longue d'vne paulme & de 4. à 5. poulces de large: d'autres ont des brasselets assez bien faits pour la capacité de leur esprit, qui sont de petits morceaux de cuiure & de fer percez par le milieu, qui paroissent auoir du commandement sur les autres, ont d'ordinaire en la main vn petit baston, au bout duquel y a vne queuë de Renard attachée; ils sont Negres, les cheueux crepuz, comme ceux de Guinée, mais ils n'y apportent aucun ornement: Nous n'auons veu aucunes cabanes où ils se peussent retirer comme ont tous autres Sauuages, & quelques-vns des nostres les ont rencontrez auec leurs femmes & enfans en lieu où ils s'estoient retirez pour passer la nuict, où ils n'auoient autre abri que des buissons & quelques peaux tenduës sur deux bastons croisez, & vn autre au milieu pour ficher en terre en forme de parasol, sous lesquels se mettoient les femmes & enfans enfouïs dans le sable iusques au ventre: Les Holandois m'ont dit qu'ils auoient quelques demeures dans les terres, mais ils ne les ont veuës non plus que nous: Ie croy bien que dans le pays il y en a d'autres mieux en conche que ceux-cy, mais quoy que ce soit ie les trouue bien dépourueus d'inuention de ne s'approfiter par le labeur de leur terre, qui est en quelques endroits tres-bonne, où qu'ils n'ont le moyen de faire quelques canos, ou joindre quelques bois ensemble pour aller aux Isles, qui sont proches de terre ferme, où ils trouueroient tant d'Ours Marins & Pinguins (qui sont leurs friands morceaux) qu'ils s'en pourroient substanter & en vendre à leurs voisins: Cette baye de la Table est par la hauteur de 34. degrez l'aiguille y Noroeste 1. degré ¾: L'air y est tres-sain, quelquefois on y traitte des bœufs & moutons auec les Sauuages, mais c'est chose bien incertaine: Il y a peu de pesche si ce n'est des Ours Marins &Pinguins, qui ne manquent point, & l'eau y est tres-bonne & facile à recueillir, & la rade asseutée quand on est à l'ancreage, qui est de 6. à 8. brasses d'eau plus ou moins: C'est rocher & de 6. à 8. brasses sablon. Sur les 5. heures de releuée suis reuenu à nos tentes, où i'ay sçeu que toute la iournée auoit fait mauuais temps de pluye & grands coups de vent, & là où i'ay esté n'auons eu que fort peu de pluye & raisonnable vent de Suest, l'occasion de cela est que ces hautes montagnes arrestent les nuës & vapeurs, qui poussez du vent se creuent & descendent par tourbillons au bas de cette riue. Auons mesuré auec les gonometres la hauteur de la montagne de la Table, & trouué que depuis son aire que nous prenions proche du riuage de la Mer, iusques au haut à ligne perpendiculaire, elle auoit 1350. pieds de Roy.

Le Samedy 28. de Mars depuis que sommes icy il a tousiours fait bien mauuais temps, teilement qu'auons eu bien de la peine à recueillir nos eaux, & j'ay ce iourd'huy commencé à faire reuenir vne partie de ce qu'auions à terre, specialement ay enuoyé requerir ceux que l'on auoit portez à l'Isle, qui est à deux lieues de cét ancreage au Noroest, ou y a grande quantité de Pinguins & Ours Marins; & sur le midy les Pilotes le Tekier & Soinet estans allez promener à terre, auoient trouué vne grosse pierre sous laquelle y auoit deux pacquets de toile goudrannes, qui a fait iuger que c'estoient lettres de Flamans ou Anglois, lesquels i'ay differé à ouurir iusques à auoir fait assembler les commis de ce nauire, & du Vis-Admiral; & des personnes pour les interpreter estans venus, j'en ay fait ouurir vn qui s'est trouué estre des Holandois; iceluy ayant premierement vne bonne toile goudrannée, puis apres vne placque de plomb qui enueloppoit tout le pacquet, puis deux morceaux de thoile noyelle, puis vn morceau de frize rouge, le tout couurant vn sacquet fait de grosse

Seconde Partie.   B

Var. 1. d. 3. quarts NO.

toile , dans lequel estoient les lettres fort seiches, & le papier aussi frais que s'il n'eut bougé du comptoir: elles portoient qu'vn Estienne Veraghen qui se dit Admiral de la Mer auoit passé par cette baye le 2. de Feurier presente année, venant de Iacatra , & que passant le Cap des Aiguilles, auoit eu vne grande tourmente du Oest & Oest Noroest qui dura quatre iours, & que son Nauire auoit à demy emply d'eau, & auoit conuenu coupper son grand mast pour le faire redresser, ce que luy estoit arriué au commencement de Ianuier , le Nauire estant du port de mil tonneaux, & vint dans cette baye pour se raccommoder. Qu'il y trouua vn autre Nauire Holandois venant du pays nommé la Bonne fortune, lequel estoit party au mois de May , & les courants l'auoient porté vers le Cap de LopoGonçaluez en Guinée, & n'auoit pû arriuer plustost en ce lieu qu'au commencement de Ianuier auec tout son équipage, si malades, qu'ils ne se pouuoient soustenir, ayant perdu 60. hommes de maladie : Le Lyon d'or & ce Nauire voyans qu'ils ne pouuoient auoir de rafraichissemens en ce lieu, s'en allerent à Saldaigne , tant pour rafraichir leurs malades, qu'aussi par le moyen du Nauire la Bonne Fortune, le Lyon d'or peut estre en quelque façon reuictuaillé & reparé de funain. En mesme temps estoit aussi arriué vn Nauire Anglois nommé Lources, qui portoit les nouuelles aux Indes de l'accord fait entre les Anglois & les Holandois , & parmy le pacquet des Holandois y auoit aussi vne lettre Angloise aduertissant de cét accord. Quelque peu apres estoit arriué vn autre Nauire Anglois nommé la Roze, venant de Ticou, seruant de barque d'aduis pour Angleterre , afin d'informer la Compagnie du mal-heur qui leur estoit arriué aux Indes par le moyen des Holandois qui les auoient tres-maltraittez, & suiuant le contenu de ces lettres, si l'accord ne fut suruenu, à mon aduis les Anglois couroient risque d'estre du tout ruinez aux Indes : Ils aduertissoient aussi les Nauires de leur Compagnie qui passeroient par icy de se donner garde des Saunages, qui auoient massacré plusieurs des leurs; mesmes se plaignoient d'auoir perdu de leurs sustailles : de plus ces lettres portoient que les Holandois auoient assiegé la ville de Bantan auec 35. Nauires, & que les Anglois auoient esté contraints d'en sortir, faute d'y pouuoir recouurer dequoy viure : que le Roy de Bantan & les Holandois commettoient plusieurs actes d'hostilitez s'entre-enuoyans les testes de ceux qui par les coustumes de la guerre ne deuoient tenir lieu que de prisonniers, & autres discours longs à deduire & qui se pourront voir plus amplement en la copie d'icelles que i'ay retenu par deuers moy faisant remettre les originaux au lieu & en la mesme façon qu'ils furent trouuez.

Ce dernier article du Siege de Bantan me donna bien à songer, considerant que si les Holandois auoient de telles forces deuant Bantan il n'y auroit rien à faire pour nous audit lieu, & que l'ayans assiegée, ils ne nous y laisseroient entrer, ny encore moins trafiquer qui est la seule occasion pourquoy nous y auons affaire, & laquelle ils desirent sur toutes nous empescher ; & me ressouuenant en quel estat nous laissames Bantan le voyage dernier, ie m'imaginay que les Holandois pourroient venir à bout de cette place, à laquelle ils aspiroient grandement ; que pour ce sujet il y auoit trois ou quatre ans qu'ils pratiquoient l'amitié du Mataran Prince qui se dit Empereur de toute la Iaue , & tres-puissant au respect du Roy de Bantan qu'il dit s'estre sousleué de son obeyssance, & pour ce sujet auroit pratiqué diuers moyens pour l'y reduire ; que ledit Mataran se pourroit accorder auec les Holandois, à ce qu'eux assiegeants par mer & luy par terre, peussent venir à bout du Roy de Bantan ou du moins le faire condescendre à vne condition auantageuse, tant pour ledit Prince que pour les Holandois, qui peut-estre ne seroit moindre que d'estre vassal & tributaire du Mataran, comme depuis six à sept ans en çà il en a rendu plusieurs autres de Iaua, & pour les Holandois qu'eux seuls eussent la traitte des poiures, ce qu'il y a long-temps qu'ils ont pourchassé par diuers moyens longs à deduire ; & encore qu'en cette Baye i'aye trouué lettre de ceux qui portoient l'accord des Anglois & Holandois : cela pourtant ne fera desmordre les Holandois dudit Siege s'ils y ont quelque

aduantage, & m'imaginois que si ledit Siege auoit reussi selon leur desir qu'ils ne
voudroient comprendre cette place en l'accord fait par leurs Maistres auec les Anglois , & quand ils s'accorderoient auec eux pour cela, ces Nations iointes ensemble
nous en empescheroient par tous moyens la traitte de cette place ; entant que nous
leur sommes vne espine au pied en cét endroit, & ailleurs où ils ont pouuoir ne per-
mettroient iamais que nous y traittions.

Ces considerations me mettoient en grand suspends si ie deuois aller à Bantan ou
non, & le tout bien examiné trouuois bien plus à propos pour la seureté de tout, que
nous allassions à la coste de Coromandel vendre quelques marchandises que nous
auons proptes pour cette coste, & en acheter d'autres qui sont duisables pour Achen,
coste de Sumatra & Iaua, de-là aller audit lieu d'Achen acheter la charge d'vn des
Nauires de poivre, voire de tous les deux, si entendions que le siege continuast,
& y laisser facturie auec la patache pour trafiquer de costé & d'autre au lieu de Bantan : que si le siege estoit leué ne laisserions facturie à Achen, & renuoyerions vn des
Nauires en France, & l'autre auec la patache iroient à Bantan y portans les marchandises de la coste sur lesquelles y a d'ordinaire deux & trois cens pour cent de proffit, y
changer l'autre Nauire, & laisser la patache & facturie.

Mais regardant les lettres de Monsieur Gamin & Bachelier, que monsieur Fruit
me déliura trois heures auant que de partir de la rade de Dieppe, & que ledit Fruit
me dit verbalement que c'estoit l'intention de Messieurs de la Compagnie que i'allasse droit à Bantan, & qu'ils desiroient du moins que ie renuoyasse cette année vn de
leurs Nauires en France, cela m'arrestoit tout court, considerant bien qu'allant par la
coste de Coromandel, difficilement pourrois-ie complir cét ordre ; d'autre costé s'il
arriuoit quelque fortune en ce dessein, on ne m'en donnât la coulpe, puis que i'auois
ordre limité ; dauantage qu'il pourroit estre (comme toutes choses sont casuelles) que
le siege de Bantan n'auroit reussi aux Holandois selon leur intention, & qu'ils l'auroient leué, ainsi que n'y allant ie serois grandement blasmable de n'auoir suiuy l'ordre qui m'auoit esté donné : à cela vne pertinente raison s'opposoit aussi, que si i'allois
droit à Bantan auec les trois Nauires, & que le siege continuast, ie me mettrois en
risque de quelque supercherie Holandoise, qui tourneroit à ma honte & au deshon-
neur des François parmy les Iauans ; aussi que ie ne pourrois en aucune façon effectuer le desir de messieurs de la Compagnie, de leur renuoyer vn des Nauires cette
année, parce que ie ne pourrois arriuer dans le détroit de Sonda qu'il ne fut le mois
d'Aoust, d'où ie ne pourrois sortir pour aller à Achen qu'au mois d'Octobre ou Nouembre, à l'occasion des vents contraires, & qu'il me conuiendroit passer le reste de
l'année auant que d'y pouuoir estre, perdant cette année cy sans rien faire aux dépens
de nos victuailles, & peut-estre de partie de mon equipage, outre diuers autres acci-
dens qui nous pourroient suruenir estans à la discretion d'vne nation qui nous veut si
peu de bien comme sont les Holandois, & les victuailles si mal recouurables, qu'il
conuenoit que les Anglois (qui connoissent ces endroits mieux que nous) s'estendis-
sent le long de la coste pour viure, comme est contenu dans vne de leurs lettres.

Ie proposay ces considerations aux principaux commis, leur en demandant sur
ce leur aduis, partie desquels disoient qu'ils se conformeroient à ce que ie trouuerois
estre plus expedient : Autres puis que i'auois commission d'aller à Bantan, qu'il estoit
dangereux de prendre autre route, craignant qu'il ne nous y suruint quelque fortune,
ou bien que ie n'eusse le moyen de renuoyer vn nauire suiuant l'intention de Messieurs de la Compagnie ; que Bantan estoit trop important aux Holandois pour s'en
rendre le Roy long-temps ennemy, & qu'à quelque prix qu'il leur coustast, ils feroient en bref leur appointement. Ces differentes opinions me firent treuuer vn autre expedient d'enuoyer le Vis-Admiral droit à Bantan, & donnay ordre bien ample
à monsieur Graué.

Les tourmentes de Susuest qui ont duré iusques au 3. d'Auril m'empescherent de
leuer l'ancre plustost que ce iour sur les 10. heures de matin, le vent estant moderé &

venu au Sueft : mais nous n'auons efté deux lieuës vers l'eau de ladite Baye, que le calme nous a pris, & y ayant grande vague venant du Sud & marée portant Nord, qui nous jettoit fur l'Iflet, nous auons efté contraints de moüiller l'ancre à enuiron vne lieuë de cét Iflet, que nous demeuroit au Nord ½ du Nordeft : Nous auions vingt braffes d'eau fonds de fable vafeux ; mais la groffe vague venant du Sud nous faifoit merueilleufement rouler, tellement que tout en cracquoit dans ce nauire ; durant le calme ie fus voir l'Iflet qui peut auoir vne bonne lieüe de circuit, de forme prefque ronde, le dedans n'eft que fable auec quelques broffailles, fous lefquels les Pinguins (oifeaux fans aifles) fouïffent & couuent leurs œufs. Il y a grande quantité de Rats & Couleuures, comme auffi quelques Cameleons & autres Lezards ; ie fis le circuit le long de la Mer : fur les roches du riuage fe treuue grande quantité d'Ours marins, qui béellent comme des moutons, mais ils font bien differens de gouft, & en mon particulier ie n'en peus manger, non plus que des Pinguins, pour fentir par trop l'huile de poiffon, dequoy on en feroit quantité fi on en vouloit prendre la peine : la plufpart de nos équipages les trouuoient bons, & les aimoient mieux que du lard : il fe trouue de ces Ours Marins bien grands, qui auroient la peau auffi grande que des loups, leur poil fort doux. Ils ont deux pattes deuant & deux nageons derriere ; ils ne peuuent eftre long-temps dans la Mer fans auoir de l'air ; ils viuent de poiffon, & fe retirent la nuict fur les roches : les Pinguins font oifeaux qui au lieu d'aifles ont deux nageoires & deux groffes pattes, fur lefquelles ils marchent debout, & auec lefquelles ils fouïffent la terre pour faire leurs nids : ils font de la groffeur d'vn Cormorand & plus, le ventre blanc & le dos noir, la tefte fort groffe, & le bec comme celuy d'vn Corbeau : le matin ils fe mettent à la Mer, où ils nagent entre deux eaües, & ne mangent que du poiffon ; le foir ils reuiennent à leurs nids : ils n'ont point du tout le gouft de chair, & ie les tiens pour des poiffons emplumez. Voulant m'en retourner à bord, nous auons efté furpris d'vn coup de vent de Sueft, qui venant par-deffus les terres de la baye déchargeoit fi furieufement entre la terre ferme & l'Ifle, qu'auons efté contraints de relafcher auec vn des bafteaux du Vis-Admiral qui eftoit auffi à cette Ifle, ou nous auons eu vne mauuaife nuict, pour y auoir peu de bois, qui ne fut fuffifant de pouuoir fécher nos veftemens, qui auoient efté tous moüillez de la Mer, penfans forcer la furie du vent pour aller à bord.

Le lendemain de bon matin nous auons efté à bord, où i'ay fçeu qu'ils n'auoient point du tout eu de vent, mais calme tout plat, ce qui l'en auoit mis en grande peine, ne fçachant ce qui me pouuoit retarder en cette Ifle.

Le Mardy feptiefme d'Auril nous eftions encore en cét ancrage faute de vent, ou nous auons efté merueilleufement roulez, & fur le point du iour, il a fait vn coup de tonnerre fort impetueux, qui auffi-toft a efté fuiuy d'vn autre, efclatans comme fi s'euffent efté des coups de Canon, fans rouler parmy l'air comme eft l'ordre du tonnere : Nous craignions d'auoir quelque orage, mais le calme a continué iufques au lendemain, que fur les deux heures apres midy il a quelque peu venté du Oeft, ce qui m'a fait refoudre de rentrer dans la Baye, encores que les bruines nous furprindrent fi efpaiffes que c'eftoit ce que pouuions voir d'vn bout du Nauire à l'autre, parquoy i'ay fait battre le tambour & fonner les trompetes, afin qu'au fon de ces inftrumens les autres nauires nous fuiuiffent, & la fonde en la main auons retrouué l'ancrage, ayant au precedent remarqué que la pointe de la Baye nous demeuroit au Sueft.

Le Dimanche douziefme d'Auril le vent a efté Sufueft, bon frais, & voyant qu'il y auoit ja plus de douze heures qu'il en ventoit, ay fait tirer vn coup de Canon, fur le point du iour pour faire d'eshaler & auons efté fous voile à Soleil leuant, & n'auons efté vne lieue hors qu'il n'ait calmi, tellement qu'eftions comme en deliberation de rentrer, lors qu'il a quelque peu fraifchy du Oeft Noroeft, mis le Cap au Soroeft, mais a peu tardé qu'il n'ait changé, fouflant tantoft d'vn bord, tantoft de l'autre ; ce qui nous a toufiours feruy pour nous retirer de terre, & fur les 5. heures de releuée pouuions eftre enuiron à 4. lieues vers l'eau auec affez bon petit frais du Sud, mis le Cap au Oeſt Soroeſt.

Le Mardy quatorzieſme d'Auril nous auons doublé le Cap de Bonne eſperance, auec grand vent de Nord Noroeſt, & le Mercredy quinzieſme., eſtions par la hauteur de 36. degrez ⅔.

Le Ieudy 16. auons eu vne furieuſe tempeſte du Noroeſt, la nuiçt eſtoit le plain de la Lune, & le ſoir precedant en auions eû des indices, quand le Soleil ſe coucha, iceluy pouſſant des rays rouſatres en haut, & vne banque au deſſous de la meſme couleur, & au pied du vent s'eſtoit formé comme vn cercle, du centre duquel ſortoient de grands rayons qui paroiſſoient iuſques à noſtre Zenith trauerſez de gauelin deſlié, & ſous le vent paroiſſoit vn nuage rond, noiraſtre, & au milieu, vn eſlairon, qu'aucuns de nos Pilotes diſoient eſtre, ce que les Portuguais appellent œil de bœuf, & dequoy font grand mention dans leurs Rouſtiers, diſant qu'iceluy apparoiſſant, infailliblement à l'inſtant ſuruient vne grande tempeſte; quoy qu'il en ſoit, celle-cy eſtoit grande, ſpecialement quand la Lune vint bas la Mer eſtant fort creuſe, en ſorte qu'il nous conuint mettre le Cap à l'Eſt ¼ du Nordeſt, afin de receuoir la vague à l'eſpaule, pour eſtre plus doucement & laiſſer le grand pacfis au tiers du Maſt, que ie craignois fort de perdre, mais l'amule eſtant bien ſaiſi & l'eſcoute renforcée du Coüet, ioint, qu'il eſtoit tout neuf, le garantit; outre que le nauire gouuerna tres-bien, dont bien nous priſt, car il faloit commander au gouuernail ſuiuant les maraiges, & n'en receuſmes par ce moyen durant cette tempeſte que quatre ou cinq, & le nauire ne laſcha eau qui vaille la peine d'en parler, encore qu'il ſe tourmentaſt terriblement, & de bon-heur que i'auois fait metre tous nos Canons dedans. Apres midy le vent & la Mer ſe ſont appaiſez, faiſant beau Soleil, & eſt à noter que durant cette tempeſte le Ciel toute la nuit a eſté fin, & voyons leuer & coucher les Eſtoiles a l'horiſon, n'auons apperceu aucun de nos deux nauires, encore que la Patache nous euſt ſuiuy partie de la nuiçt, & que le matin elle auoit encore paru, mais bien arriere de nous.

Le lendemain 17. d'Auril, le vent s'eſt du tout appaiſé & changé au Sud, trauaillé incontinent à remettre nos maſts de hune haut & nous ragréer, & auons apperceu nos deux nauires à enuiron vne lieue de l'auant de nous, dequoy auons loüé Dieu, ne paroiſſant qu'ils euſſent eu aucune fortune non plus que nous, ce qui me donna vn grandiſſime contentement, ayant eu en mon particulier mauuaiſe opinion de la patache, & admirant ce bon-heur de ne nous eſtre entre-perdus pendant vne ſi grande tempeſte, me print enuie de n'abandonner le Vis-Admiral, ains de courir tous trois enſemble vne meſme fortune, & m'en aller auec luy droit à Bantan, ne m'eſtant peû iuſques à preſent bien reſoudre de le quitter, encore que ie ne preuiſſe rien de bon du coſté de Bantan; mais l'ordre que i'auois d'y aller me contraignoit grandement, & ſans lequel en aucune façon ie n'euſſe ſongé de le quitter, ains euſſions eſté tous trois enſemble à la coſte, & de là à Achen : ains y eſtans rejoints enſemble auons couru à l'Eſt & Eſt-Sueſt faiſant noſtre route pour Bantan, ne ſongeant plus à mon premier deſſein.

Le Dimanche 26. d'Auril nous eſtions par la hauteur de 36. degrez enuiron, & l'ai- Var.12.NO. guille Noroeſtoit 12. degrez, depuis la tourmente paſſée auons eu les vents Sueſt, Eſt, Eſt Nordeſt, & Nordeſt, & aucune fois auec la Mer fort meſlée & creuſe qui tourmentoit beaucoup ce Nauire, & en vn debat d'icelle, ne faiſant trop grand vent le Nauire ayant tombé fort rudement ſur l'auant au deffaut d'vne vague; ceux qui eſtoient au Cart entendirent que quelqu'vn des maſts auoit cracqué bien fort, ce qui me le fit faire viſiter, on me rapporta que noſtre Beaupré auoit vn grand effort, & auoit rompu à l'endroit des liaces proche de la fauſſe eſtable, qui eſt vn dangereux endroit; parquoy craignant qu'il ne nous en arriuaſt quelque accident plus grand auons fait ferler la voille du beaupré & fait demaſter le petit beaupré, ou tourmentin & mis tout le furain dedans pour ſoulager ledit maſt attendans que nous ayons plus de commodité d'y remedier, qui ne ſera que lors que nous ſerons

Seconde Partie.　　　　　　　　　　　§ B iij

en quelque rade en laquelle Dieu nous veuille bien conduire, car cét endroit est fort dangereux, parce que si ce mast en vne tourmente venoit à faillir par l'endroit où il est endommagé tout le reste de mon mast s'en viendroit bas; quelque temps apres ayant calme ay fait mettre la scute hors, & ay enuoyé querir le Capitaine Ridel & le Pilote Soinet du Vice-Admiral pour assister à la visite dudit beau-pré, lesquels estans venus ay fait assembler ceux qui ont connoissance de telles choses, comme Maistres de Nauires, Pilotes & Charpentiers, lesquels ont esté tous d'auis de faire doller du mast, iusques à ce qu'on aye découuert la profondeur du mal, lequel s'est trouué éclatté plus d'vne brasse de long, & dolé plus de deux poulces, sans auoir du tout le certain de la profondeur : toutesfois aucuns disent que le cœur de bois est encore entier, autres disent que non, & toutesfois qu'y ayant vn clan, ledit baupré seroit assez suffisant : ce qui me fit deliberer de reprendre ma premiere resolution, & pour ce suiet dire adieu à nostre Vis-Admiral, & nous en aller en la baye de S. Augustin en l'Isle Madagascar ou S. Laurens, qui estoit la terre plus prochaine de nous, affin de mettre vn clan audit baupré, & de raccommoder aussi la masture de la patache qui auoit esté fort endommagée de la tourmente passée, & le Capitaine Ridel me contoit qu'il n'en pensoit iamais réchapper, & que la Mer passoit toute ferlée par dessus la patache, & telle vague donna vne brasse par dessus leur grande vergue qui estoit affulée à vne brasse proche du tillac, & que si la tempeste eut continué, ils ne pouuoient plus resister.

Le 28. d'Auril ay enuoyé querir monsieur Graué, monsieur le Télier, & autres officiers du Vis-Admiral, & auons deliberé par ensemble que ledit sieur Graué meneroit le Nauire l'Esperance droit à Bantan, & moy auec la patache tascherois d'aller à la coste de Coromandel, & delà à Achen, & dudit lieu à Bantan, ou i'esperois auec l'aide de Dieu les rejoindre à la fin de cette année, & apres les auoir coniuré de viure ensemble paisiblement, & recommandé de suiure l'ordre que ie leur auois donné, & auoir l'honneur de cette entreprise, & le proffit de messieurs de la Compagnie, autant en recommandation que leur honneur propre, leur dis à Dieu.

Le premier de May nous sommes separez d'auec nostre Vis-Admiral, faisant assez grand vent de l'Est Nordest ; mis le Cap au Nord estions par les 37. degrez ½ de hauteur Sud de l'equinoxial, & par les 18. degrez de longitude Est du Cap de Bonne-Esperance, posant ou commençant à compter les longitudes depuis le meridien de ce Cap.

Var. 15 .d.
NO.

Le Vendredy 15. estions par la hauteur de 26. degrez, & auions 15. degrez de variation d'aiguille Noroest : depuis qu'auons quitté le Vis-Admiral auons eu les vents variables, & auons couru au Nord.

Le Samedy 16. estions par les 25. degrez de hauteur, & à nostre estime enuiron 10. lieuës de l'Isle de S. Laurens ; parquoy auons couru à l'Est Nordest pour en auoir connoissance : Ce qu'auons eu le lendemain au matin, & obserué que l'aiguille Noroest-oest 15. degrez ½ & sur les dix heures du matin auons veu de dessus le Tillac la

Var. 15. ½
NO.

terre toute rangée, éloignée de nous enuiron dix lieuës ; elle paroît haute & vnie comme les costes de Normandie : Le soir auons eu connoissance des terres de la Baye de saint Augustin, ayant eu fort beau temps auiourd'huy pour courir le long de cette coste, le vent estant Sud.

Le Dimanche 17. estions le trauers des deux Islettes de sable qui sont à trois lieuës de la Baye de saint Augustin, lesquelles paroissoient batturieres autour & sont fort basses n'y ayant aucuns arbres dessus, mais le vent estoit Suest qui nous estoit contraire pour aller en cette Baye, & les marées nous auoient porté la nuict au Oest-Noroest, qui nous en auoient mis auant le vent, & ne trouuant ancreage là où nous estions, nous sommes mis à le fuir, mais le vent & les marées continuans d'vn mesme bord, & voyans que n'auions pû rien gagner, encor Mercredy 20. i'ay pris resolution de lascher aux Isles de Comorro, pendant le clair de cette plaine Lune. La Mer en ce parage y est fort plane & vnie, & le Ciel fait tout ce qu'il peut : com-

me eftions pour aller à ces Ifles , le vent a changé au Nord, qui m'a fait recourir
vers la Baye de S. Auguftin , ou fommes arriuez le lendemain 21. & moüillé l'ancre
fur les trois heures de releuée à 17. braffes d'eau fonds de vafe potiere à enuiron vn
cart de lieuë de terre.

Le 22. de May ay fait equipper les deux batteaux, & armé le grand de deux efpoirs
de bronze fur l'auant , & d'enuiron quinze moufquetaires ; auec iceux me fuis embarqué pour reconnoiftre la riuiere ; l'approchant auons remarqué des Sauuages fur le
riuage de la bande du Nord, qui nous faifoient fignal de venir vers eux ; ce qu'auons
fait & mis vne feruiette au bout d'vne picque , pour leur témoigner qu'eftions amis :
eftant arriué à terre ay veu qu'ils n'auoient aucunes armes, & eftoient neuf ou dix fur
vne pointe de fable fort découuerte , & d'où on pouuoit voir vn quart de lieuë autour
de foy , qui m'a occafionné mettre pied à terre , auec 7. ou 8. perfonnes ; leur ay donné d'abord quelque Raffade bleuë & blanche , dequoy fe tenoient tres-contens , & en
leur langage & par fignes , nous faifoient entendre qu'ils vouloient venir à bord de
nos Nauires , ce qui me fit efperer quelque chofe de bon d'eux, fpecialement voyant
qu'ils n'auoient aucune doute de nous , & qu'ils s'eftoient meflez parmy nous, encore qu'ils nous viffent fur nos armes , & en grand nombre , ils nous tindrent enuiron
vne heure fur icelle pointe , à nous demander vne infinité de bagatelles , regardans
auec curiofité ce que nous auions , & fembloit en eftre fort affectionnez , & nous promettoient que demain à Soleil leuant , ils viendroient au mefme lieu auec quantité de
beftail , pour harder contre ce que nous auions , qui font Raffades qu'ils aiment fort ,
eftans bleuës , vertes, ou rouges , mais point de blanches, des baffins de cuiure , des
Marguerites , & autres chofes de peu de valeur : Comme nous eftions là deffus , &
que i'appellay le Patron Beruile , Contre-Maiftre en ce Nauire , pour s'embarquer &
faire embarquer les matelots , luy s'approchant pour parler à moy , vn des Sauuages ,
qui paroiffoit eftre le principal d'entr'-eux , jetta fa veuë fur le fifflet d'argent de Beruile , qu'il demandoit de voir auec beaucoup d'importunité ; Beruile fe vouloit retirer,
car depuis 5. ou 6. iours que ie penfois venir en cette baye , i'auois aduerty ledit Beruile & autres qui auoient des fiflets , de les cacher lors que nous ferions en ce lieu ;
mais comme ie vis que ce Sauuage le demandoit à voir auec tant d'inftance, dis à
Beruile qu'il luy monftrât , en quoy les Sauuages faifoient paroître receuoir vn grand
contentement, dequoy en mon particulier ie n'en receuois guieres ; me doutant que
lefdits Sauuages ne voudroient d'autre marchandife , & ne me fouuint iamais de ramenteuoir audit Beruile de ne le point porter, que fi ie l'euffes veu , il m'en fut auffi-
toft fouuenu ; mais comme cy-deuant eft dit , i'en ayant du precedent aduerty, il auoit
mis fon pourpoint par-deffus qui eftoit decouppé , & par vne decouppeure lefdits
Sauuages en apperceurent les chaînes : Ils nous promettoient vn bœuf pour le fifflet,
qui vaut pour le moins vingt efcus : Ie leur fis entendre au mieux poffible , que ie ne
le pouuois vendre à caufe qu'il nous feruoit , mais que fi aucuns d'entr'-eux vouloient venir à bord , que ie leur ferois montrer autre chofe qui les contenteroit autant : fans beaucoup fonger le principal d'entr'-eux s'eft embarqué luy quatriéme ,
mais à condition qu'il en demeureroit des noftres , ce que ie leur ay accordé : ie fis
durant ce temps jetter vn trait de feine , pefchafmes force petit poiffon reffemblant
au harencq & du mefme gouft , n'ay peû bien remarquer la riuiere , mais peux affeurer qu'elle eft grande & affez roide ; en retournant au nauire lefdits Sauuages n'ont
ceffé de rire & parler leur langage , duquel en auons appris quelques mots : Les
Sauuages font Negres les plus beaux que i'aye iamais veus , grands, bien formez,
bien nourris, nullement camus ne lipus , ou ayans groffes leures , ny fentans ou ayans
cette mauuaife odeur qu'ont ceux de Guinée , fort curieux de leur cheuelure , laquelle eft longue , frizée , & releuée en haut, & au fommet de la tefte treffée en diuers
cordons, font auffi fort curieux de leurs dents lefquelles font tres-blanches , efgales
& petites , & ont vn petit morceau de bois duquel fe les frottent à chaque moment :
pour veftemens ils ont vne panne ou drap de cotton bien fort tiffue de deux ou trois

couleurs en forme de coutil, de laquelle ils couurent leurs parties honteuſes, le reſte eſt nud : pour ornemens vn d'iceux qui paroiſſoit eſtre le chef auoit vne placque grande comme vn francq d'vn os ou yuoire parfaitement blanc, laquelle eſtant percée par le milieu, il appliquoit iuſtement au milieu du front ; aux oreilles, vn aſſez grand anneau de cuiure, & au col vn colier de Raſades, autrement patenoſtres de verre de diuerſes couleurs fort proprement accommodez, & vn autre colier où y auoit de l'ambre iaune fin, dequoy il faiſoit grand eſtat ; les autres en auoient à l'equipolent comme luy, horſmis cette piroüette ſur le front.

Eſtans arriuez à bord auons trouué que le Nauire rouloit par le moyen d'vne aſſez grande vague venant de la Mer : Comme les trompettes & le tambour ſonnoient ils y prenoient du plaiſir, & les ayans fait deſcendre en ma chambre, s'émerueilloient de la grandeur du Nauire. Ie leur fis preſent de quelques bagues d'émail, de marguerites & de faux ambre, & les entretins iuſques à ce que le ſouper fut preſt, mais auant qu'il le fut, ils furent malades du mal de la Mer, tellement qu'ils voulurent monter au haut, où ils ſe coucherent dans vne voile : vn d'eux ne fut ſi malade que les autres, qui ſe mocqua toute la nuict de ſes compagnons, & chaque parole que ceux du quart prononçoient, principalement en appellant quelqu'vn, il les contrefaiſoit s'éclatant de rire : enfin ces Negres ſont fort gaillards, & nullement brutaux, & ont quelque choſe à mon aduis par deſſus les autres, & comprennent promptement ce qu'on leur veut dire.

Le lendemain au point du iour fus voir mes hoſtes qui eſtoient ſur pieds, ſe portans mieux que le ſoir, auſſi la Mer auoit calmi : ie les voulus reforcer de boire & manger, mais ne voulurent en aucune façon, ſeulement par courtoiſie toucherent la coupe du bout des levres. Ie leur fis monſtrer diuerſes ioüetez auſquelles croyois qu'ils prendroient quelque affection, comme du corail, de l'ambre iaune taillé fin & tres-beau, diuerſes ſortes de Raſſade, coſteaux, razoirs, peignes, du fer, de la vaiſſelle d'eſtain, baſſin de cuiure, drap rouge, & autres couleurs, meſmes des pahines du Cap verd, de tout paroiſſoient faire beaucoup d'eſtat, & le demandoient en don ; mais pour des bœufs, reuenoient touſiours à la chaîne du ſifflet : voyant que ie n'auançois rien auec eux les ay renuoyez à terre auec pluſieurs de cét equipage, entr'-autres de monſieur de Monteurier & de monſieur Renel Commis, auec pluſieurs des marchandiſes ſuſdites, pour voir s'il traitteroit quelque choſe auec d'autres : Sur le midy ledit ſieur eſt reuenu auec les marchandiſes, & cinq autres Negres, iceux apportoient du laict qu'ils ont trocqué contre de la raſſade ; ledit ſieur Renel me dit qu'vn d'iceux auoit amené vn bœuf & vn bouuillon qui eſtoient fort gras, beaux & grands, ayant des boſſes ſur les eſpaules, comme ont les chameaux ſur le dos ; & qu'il luy auoit offert vn baſſin de cuiure pour le bœuf, à quoy le Negre paroiſſoit vouloir conſentir, lors que celuy à la piroüette a parlé, & incontinent a rendu le baſſin demandant vn ſifflet d'argent auec la chaine. Ceux qui eſtoient reuenus à bord me faiſoient diuers ſignes, ſiflans & ſe croiſans le corps en eſcharpe, voulans par là me faire entendre ce que ie n'entendois que trop à mon regret : ils me demandoient auſſi de la raſſade en don, ce que ie leur refuſay, leur faiſant entendre qu'ils me vendiſſent des bœufs & qu'alors ie leur en donnerois ; & eux me faiſoient entendre que ie leur déliuraſſes ce qu'ils me demandoient, & incontinent i'en aurois.

Le ſoir monſieur de Monteurier eſt reuenu à bord, & m'a aſſeuré que leſdits Sauuages demeuroient fermez à ne vouloir traitter autre choſe qu'en trocque de chaînes d'argent.

Le lendemain 24. de Iuin ay enuoyé querir vne batelée d'eau à la riuiere, i'ay ſçeu par ceux qui y auoient eſté, que les Sauuages eſtoient ſur le bord du riuage auec du beſtail, parquoy y ay enuoyé auec diuerſes marchandiſes, & vne chaîne d'argent longue d'enuiron cinq pieds & demy peſant trois onces & demy, donnay charge de ne leur monſtrer cette chaîne qu'à l'extremité, & en cas qu'ils ne vouluſſent d'autres marchandiſes, entre leſquelles il y auoit nombre de chaînes faites à Paris, tant d'acier,

acier, laitton, cuiure, argent, & de gets, bien propremét faites qui couſtoient vn eſcu &
quatre francs piece, & autres en forme de perles, de gets auec filets d'or, & autres fortes, qui ont eu depuis quelque temps la vogue parmy les Dames de France ; que ſi aucunes d'icelles ſortes les contentoient ; qu'on ne leur baillaſt en aucune façon de celles d'argent pour peu que ce fuſt, ne voulant les accouſtumer à ce metail ; toutefois
que s'ils tenoient bon à ne vouloir autre choſe que la chaiſne d'argent, puiſque nous
auons affaire de beſtail, à l'occaſion que la peſche ne nous peut nourrir, qu'ils leur en
donnaſſent la longueur d'vn pied pour vn bœuf & non dauantage : mes gens m'enuoyerent le batteau, pour me dire qu'ils ne vouloient rien eſchanger pour cela ; mais
qu'vn grád homme d'entr'-eux mettoit la chaine à ſon col, & en meſuroit par les deux
bouts iuſques au nombril, pour laquelle meſure ne vouloient donner qu'vne vache,
& me demandoient là deſſus ce que ie deſirois qu'ils fiſſent. Ie les manday à bord, ou
eſtans m'aſſeurerent qu'ils auoient grande enuie de la chaîne, & neantmoins qu'il n'y
auoit gueres d'apparence, qu'ils entraſſent en autre compoſition : à quelque prix que
ce ſoit conuient que i'en aye quelques-vns, mais il me faſche fort de donner la valeur
de trois eſcus, pour ce que l'on pouuoit auoir pour la valeur de cinq ſols, & ſongeant
à cela me ſuis aduiſé de faire faire vne chaîne d'eſtain par vn Orfevre que nous auons,
& pour ce ſujet luy ay fait fondre vn plat, & crois qu'ils en feront autant d'eſtat que
de celle d'argent, car leur ayant fait preſent de cuillieres d'argent & d'eſtain meſlés
enſemble, ils choiſiſſoient celles d'eſtain à cauſe qu'elles eſtoient neufues. Ie leur
fis preſenter vn grand baſſin d'argent, des couppes, voire vne petite chainette d'or,
de tout cela ne faiſoient eſtat d'en rien donner en échange, mais reuenoient touſiours
à demander la chaîne du ſiflet.

   Le lendemain 25. noſtre batteau reuenant de querir de l'eau à la riuiere, les Sauuages demanderent à venir à bord ſans oſtages ; ainſi m'en amenerent cinq qui
apportoient quelques poules & chappons, quantité de laict, quelque peu de poids,
& quelques cuillers de corne de leur façon. Monſieur de Monteurier qui eſtoit dans
le batteau remarqua qu'ils deſiroient grandement de la raſſade rouge, mais i'en
auois fort peu, qu'il leur vendit bien cher ; car d'vne corde d'icelle qui peut valoir en
noſtre pays, deux deniers, il en trocqua vn fort gros chappon, & ſubſequemment toute la volaille qu'ils auoient fut traittée pour vne corde chaque piece, & faiſoient paroiſtre qu'ils auoient eu grand marché de nous : ces Sauuages coucherent à bord de cé
Nauire, & ne furent malades comme les precedens, au contraire ceux-cy firent grand chere, & ne leur pouuions aſſez fournir de poiſſon, qu'ils veulent roſty ;
de pain en mangeoient auſſi plus qu'vn des noſtres ne feroit en trois repas, &
auant que dormir leur conuint encor'donner des pois qu'ils nous auoient vendus,
& les plus beaux que i'aye iamais veu pour eſtre de la groſſeur d'vne balle d'arquebuze, blancs de la meſme forme des noſtres. Ie crois que c'eſt vne de leurs principales nourritures apres le laict, ils les mangent cruds.

   Le 26. ay renuoyé les Sauuages à terre, & tout d'vn temps fait porter de cette raſſade tant demandée auec la chaîne d'eſtain, laquelle ils ont bien-toſt reconnuë n'é-
ſtre de l'aloy qu'ils demandoient ; pour la raſſade elle a eſté auſſi-toſt traittée à demy
corde pour volaille, & deux moutons pour deux cordes, & des aſſagayes & dardilles
fort bien faites à demy corde chacune : Ces Sauuages trauaillent fort bien en fer, &
en ont à mon aduis dans le pays quantité, qui eſt auſſi bon que celuy d'Eſpagne,
ont auſſi du cuiure dequoy font de gentils ouurages. Sur le midy ſont venus à bord
trois canos ou batteaux de Sauuages, dans l'vn deſquels eſtoit le premier Sauuage
que ie vis à terre ayant cette pirotiette ſur le front, apportoient des poules, du
laict, & quelque peu de ris dans vn petit coffin, dequoy faiſoient grand eſtat. Les
poules furent traittées pour deux cordes de raſſade rouge, que ie treuuay par
hazard, mais quand il n'y en eût plus, la traitte faillit, & ne vouloient nulle autre marchandiſe ; ie leur preſentay de fort beau corail rond, en tuyau, mais n'en
vouloiét point, non plus que de criſtal & de toutes autres ſortes de Chapelets & gen-

   Seconde Partie.   § C

tilleſſes de quelque prix & beauté qu'ils fuſſent ; demandoient de la cornaline & quelque raſſade bleuë, de laquelle ils vouloient donner du laict, mais non des poules.

Le Mercredy 27. ay eſté voir la traitte accompagné de quelques ſoldats, & fus eſtonné de voir le grand nombre de beſtail qu'ils auoient amené, y ayant du moins vn quart de lieuë de Pays couuert dudit beſtail, & eſtoient plus de 250. Sauuages ſur la pointe de ſable ; qui fut occaſion que ie me tins dans le batteau, & nous leurs baillions l'eſchange ſans mettre pied à terre. Ils me demandoient continuelle-ment la chaîne pour vn bœuf, & de la raſſade rouge pour des moutons & des poules, & de la bleuë pour du laiét qu'ils apportoient en grande quantité. Pour la chaîne d'ar-gent ie demandois trois bœufs, & pour deux cordes de raſſade rouge, auions vn mouton, & audit prix en fis traiéter vne douzaine. Pendant cela leur Roy ou Gou-uerneur qui eſtoit à cent pas du lieu ou ſe faiſoit la traitte, accõpagné de 50. ou 60. Sau-uages, m'enuoya faire dire qu'il deſiroit que ie miſſe pied à terre, & qu'il auoit enuie de voir la chaîne ; ie me fis entendre au mieux qu'il me fut poſſible, que ie ne pouuois quitter le batteau, mais que s'il y vouloit venir, il le pouuoit faire ſans aucun ſoup-çon, & pour ce offrois-ie de faire deſcendre en terre pluſieurs des miens pour luy ſeruir d'aſſeurance. Il fut quelque temps à s'y pouuoir reſoudre, neantmoins enfin il y vint : comme i'apperceus qu'il s'en mettoit en effet, ie fis deſcendre trois ou quatre matelots à terre auant qu'il demandât oſtages ; eſtant entré ie luy fis le meilleur re-cueil poſſible, & regretois en moy-meſme n'auoir apporté quelque curioſité pour luy donner, & ne me reſtant que quatre cordes de raſſade en la main, ie ne luy vou-lois preſenter pour eſtre ſi peu de choſe ; mais voyant qu'il les regardoit d'vn œil conuoiteux, ie luy en fis preſent qu'il accepta, faiſant paroiſtre en eſtre fort content, & quelque peu apres me fit apporter vn mouton pour reuange du preſent : Ie fis demon-ſtration d'admirer ſa liberalité, dequoy il receuoit beauconp de contentement, & ceux qui le ſuiuoient encore dauantage ; il me print enuie de luy donner la moitié de la chaîne, mais ie conſideray que ſi ie la prodiguois ie ſerois en danger de n'auoir au-cuns bœufs, ou bien faudroit deſgarnir les Contre-maîtres de leurs iſflets, qui fut occa-ſion de me faire reſoudre d'y reuenir demain auec quelque preſent ; ayant bien con-ſideré ladite chaîne, il s'en retourna, & quelque temps apres vint vn Sauuage qui amena le plus beau bœuf que i'euſſe encore veu, pour lequel fut conuenu d'enuiron la moitié de ladite chaîne, moyennant qu'on liura le bœuf ou taureau, lequel eûmes bien de la peine à embarquer ; car encore qu'il eut deux coups de piſtolets, vn coup d'arquebuze, & vne mouſquetade dans la teſte, pour cela il ne perdoit ſes forces, tellement qu'il nous tint plus d'vne heure auant que de le pouuoir mettre dedans, en-core fallut-il à demy l'eſtouffer dans l'eau, & luy donner vne infinité de coups de hache dans la teſte : i'eſtime qu'vn bœuf comme celuy-là vaudroit en France cent francs ; ils ne ſont ſi hauts ny eſtendus comme ceux de noſtre pays, mais ſont cours & ramaſſez, le col court & gros, la teſte petite, vne fort groſſe butte ou boſſe de graiſ-ſe de meſme que celle de l'eſpy, ou poitrine, qui eſt droiét ſur l'abaiſſement du col à l'endroit des eſpaules, tellement qu'en les voyant de loin il ſemble qu'ils ayent quel-que fardeau attaché en cét endroit : pour les moutons ils reſſemblent à ceux de Bar-barie quans à la teſte & au poil, horſmis qu'ils ont les oreilles pendantes comme li-miers, outre ce ont la queuë exceſſiuement groſſe, & telle pezera dix & douze liures de pure graiſſe, qui neantmoins au manger ne reproche point comme pour-roit faire celle du corps : les volailles ſont grandes, groſſes & graſſes ; enfin par l'em-bonpoint des hommes, & la graiſſe des animaux, ie m'imagine qu'il doit y auoir de bon pays dans cette Iſle : pour des fruiéts, ie ne ſçay ſi à preſent ne ſommes en leur ſaiſon, au moins ils ne nous en apportent point, ſi ce n'eſt quelque peu de ris, de fe-ueroles, comme celles que nous appellons de calicut, & des pois blancs extremement gros : ils ont quantité de courges & calebaſſes, dans leſquelles ils mettent leur laiét.

Le Ieudy 28. iour de l'Aſcenſion i'ay eſté à terre en vne Iſlet qui eſt à l'embou-cheure de la riuiere, & aſſez proche du lieu ou ſe fait la traitte : audit Iſlet, les deux

preftres & le religieux Iacobin qui eft dans la patache ont celebré la Meffe, delà fuis
allé à noftre marché, ou les Sauuages m'attendoient auec autant de beftail que le iour
precedent, mais non auec tant d'hommes, & moy i'en auois le double de ce que i'a-
uois le iour d'hier; approchant ay fait joüer les trompettes & battre la caiffe, à quoy
les Sauuages prenoient bien du plaifir: eftant proche de terre comme le iour d'hier,
la traitte a commencé, & ay donné permiffion à vn chacun de traitter pour fon particulier, & à vne partie de defcendre à terre, & auant cela auois defia fait acheter
quelques moutons pour le commun à deux cordes de raffade rouge à l'accouftumée;
mais auffi-toft que les noftres furent à terre, ie ne fçay fi quelqu'vn auoit de ladite
raffade qui en donnoit plus que ie n'en faifois donner, tant y a qu'ils en vouloient
alors quatre, & comme il reftoit peu d'icelle forte parmy nous, & que ie voyois que
les Sauuages n'en vouloient d'autres, fis reuenir tous ceux qui eftoient à terre, afin
qu'ils ne deftourbaffent & gaftaffent la traitte encommencée; comme ils virent que
les noftres rentroient, leur Gouuerneur qu'ils appellent *Anrea* parut, & coleré faifoit retirer les Sauuages: quoy voyant & craignant que noftre amitié qui fe maintenoit par le moyen de la traitte ne prit fin, fis fignal à celuy que ie vis le premier, &
qui vint à noftre bord, que ie defirois parler à fon *Anrea*, il courut luy dire, & reuint à
l'inftant proche du riuage, ou voyant qu'il en eftoit proche, defcendis du batteau,
& en le rencontrant luy fis prefent d'vn coutelas à garde argentée que ie portois en
efcharpe, luy faifant entendre au mieux poffible, que i'eftois fon amy, & ennemy de
fes ennemis, & que ie defirois que ceux qui eftoient auec moy, & luy & moy, fuffent
joints d'vne eftroitte amitié. Il fit paroiftre eftre fort content, & les Negres en firent
vne exclamation de joye, & moy fis fonner les trompettes & battre la caiffe, & fis
defcendre vne partie des hommes qui fe meflerent auec les Sauuages, fe touchans la
main les vns aux autres, & le Gouuerneur me fit feoir aupres de luy, ou ie fus plus de
demie heure, iceluy regardant attentiuement les trompettes & me les demandant
à manier, & les faifoit effayer par quelqu'vn des fiens, comme auffi la caiffe, &
m'offroit vn bœuf pour vne trompette ou pour le tambour, mais ie m'en excufay
ne m'en pouuant defournir. Apres que celuy qui traittoit eut acheué le refte de la
chaifne pour deux geniffes, & acheté vn bœuf pour vn fil de corail en tuyau ie
me retiray, les Sauuages me voulans faire promettre de reuenir le lendemain, &
me demandans combien ie tarderois encore icy; & leur ayant fait figne dans 4. à 5.
iours que ie m'en irois, paroiffoient en eftre tous triftes.

Le dernier de May monfieur de Mônteurier a efté à terre auec enuiron quatre
onces de chaîne d'argent qu'il a troquée contre fix puiffans bœufs qu'ay fait faller.

Le lundy 1. de Iuin i'ay fait équiper nôtre grãd batteau pour faire les eaux de la patache & la releuée auec la fcutte & 12 perfonnes ie fuis parti du Nauire en intention
de monter fur les montagnes pour découurir la valée ou eft la riuiere, ce que i'ay
penfé faire par vne petite anfe; mais eftant tres-difficile, & n'y ayant trouué que des
halliers & des roches bruflées tres-mal aifées à grimper, auec quantité de plantes dequoy on fait l'aloës en veffie, i'ay quitté ce lieu, & entré par vn des bras de la riuiere
du cofté du Sud, pour aller à Mont la valée, & fait ramer enuiron demy lieuë à
mont ce bras, & trouué defcente: I'ay monté enuiron au tiers de la montagne, d'où
i'ay découuert que l'autre bras de la riuiere du cofté du Nord eftoit le plus grand,
paroiffant auffi large que la riuiere de Seyne vne lieuë aual Roüen: fur le riuage de
la Mer, & bien deux lieuës à mont la riuiere font tout bois, fous lefquels la Mer
monte de viue eau, & font fi efpais, qu'on peut nommer cela païs perdu, du moins
difficilement y peut-on entrer; mais paffé cela on void de tres-belles prairies & vn
fort beau païs: eftant defcendu cette montagne, ie me refolus de faire ramer iufqu'au
grãd bras de l'autre cofté, ce que i'efperois faire en moins d'vne lieuë; mais l'ayant faite & dauantage, & voyant que le Soleil fe cachoit fous l'orizon, ie retournay à bord.

Le Mercredy 3. de Iuin quatre heures auant iour, i'ay fait deshaller, & nous auons
eu bien de la peine à tirer l'ancre du fonds, pour eftre terre potiere couuerte de va-

Seconde Partie.	§ C ij

ze , & auec le vent de la terre auons appareillé & mis le cap au Noroeſt pour nous pâ-
rer des baſſes, qui ſont de la bande du Sud , puis mis le cap au Oeſt Noroeſt iuſques
ſur le point du iour que nous pouuions eſtre enuiron trois lieues de la baye , laquelle
en cette ſaiſon eſt tres-aſſeurée. De prime-face elle paroiſt fort deſcouuerte , mais les
baſſes la couurent tant du Nord que du Sud, & n'y a que l'Oeſt Noroeſt & Noroeſt
qui y donne directement ; mais ie crois que le vent n'a la force de rendre la Mer beaucoup mauuaiſe dans cette baye , les riuages faiſans paroiſtre n'eſtre beaucoup battus
des ondes de la Mer : enfin en 15. iours que nous y auons eſté, ie n'ay remarqué ſeulement vne ſeule nuée en noſtre Zenit, & le Soleil ſe leuoit & couchoit à l'horizon , les
chaleurs n'y ont eſté exceſſiues , eſtant temperées par le vent de la terre qui ne manque de ſouffler depuis que le Soleil ſe couche , iuſques ſur les dix à onze heures de
matin , & les vents de la Mer depuis ledit temps, iuſques à Soleil couchant ; tellement
qu'ay trouué l'air en cette ſaiſon parfaitement ſain, n'y ayant eu aucun des noſtres malade , encore que par l'abondance des viandes fraiſches qu'ils mangeoient , & l'eau
qu'ils beuuoient , i'eſtimois qu'ils en receuroient le ſalaire de leur intemperance : le
pays dans la valée eſt tres-beau, y ayant de beaux paſturages, arrouſez d'vne groſſe riuiere qui rendroit la terre abondante de tous biens ſi elle eſtoit cultiuée. La Mer enfle
cette riuiere à l'embouchure de dix à vnze pieds de viue eau , tellement que de moyens Nauires y pourroient entrer. Les montagnes ſont arides d'vne roche, qui aux
endroits ou elle eſt cauée paroiſt comme pierre de Caën, ou autre ſemblable facile à
ſier ; mais la ſuperficie de ces pierres paroiſt comme ſi elles eſtoient bruſlées ; neantmoins il y a vne infinité d'arbriſſeaux & broſſailles qui croiſſent dans le plat pays ; aucuns reſſemblans à ceux de l'Europe, ſi ce n'eſt des tamarins, dont en y a le plus que
i'aye iamais veu ailleurs : Il y a auſſi de l'ebene & des plantes dequoy ſe fait l'aloës
qu'on met en veſſie : de fruits, & en ay veu fort peu tant entre les mains des Sauuages,
que dans les bois. Les tamarins n'eſtoient encore meurs, & i'ay trouué vn autre fruit
reſſemblant à vne groſſe noix preſte d'eſtre meure, ayant l'eſcorce ainſi verde, & de
la meſme groſſeur ; l'ouurant elle a vne odeur tres-ſuaue, & le fruit de dedans eſt noir
& plein de pierrettes comme la caſſe fiſtule & la pulpe, quaſi du meſme gouſt & couleur, horſmis qu'elle n'eſt ſi eſpaiſſe, & crois qu'elle en a les meſmes facultez. Ceux
de S. Malo en leur premier voyage des Indes Orientales font mention de ces fruicts,
les appellans tambourions, les faiſans reſſembler à des teſtes de Pauot, en quoy n'y a
beaucoup de ſimilitude, n'eſtoit lors qu'ils ſont ſecs. Entre les mains des Sauuages
ay veu quelques petits concombres qu'ils mangent comme nous pourrions faire vne
poire, & me ſemblent meilleurs que les noſtres, quantité de courges ou calabaſſes,
des febuerolles, de fort beaux pois, quelque peu de ris, & vn ſeul citron.

Les Sauuages ſont Negres mais tres-beaux , ne ſentans la mauuaiſe odeur de
ceux de Guinée, le viſage bien fait, les cheueux plus longs que d'ordinaire n'ont les
Negres, & la taille belle & droite, l'humeur bien gaye, & ſemble qu'ils ſe portent
beaucoup d'amitié les vns aux autres, obeïſſent à vn Seigneur qu'ils appellent *Anrea*,
qu'ils font entendre reſider en vne grande habitation à mon la riuiere, que ie crois
eſtre autre & plus qualifié que celuy qui s'eſt declaré pour tel, & auquel ie fis preſent
d'vn coutelas, car ils nous faiſoient entendre que leur *Anrea* auoit eſté poignardé depuis peu de temps, dequoy paroiſſoient s'attriſter quand ils y penſoient : Ie n'ay remarqué en eux aucune brutalité ny inhumanité, & traittoient auec nous auec beaucoup de franchiſe & fidelité, ne dérobans aucune choſe quelque eſgarée qu'elle fut :
ils n'ont fait tort à aucun des noſtres, encore qu'ils en euſſent aucunefois le moyen,
les trouuans eſcartez & ſans armes. Vn iour qu'vn des Preſtres diſoit la Meſſe, aſſez mal aſſiſté encore que i'euſſes enuoyé pluſieurs pour l'accompagner, y ſuruin-
drent 25. ou 30. auſquels leur ayant fait ſigne qu'ils s'agenoüillaſſent, ils le firent, ſe
monſtrans reſpectueux iuſques à ce que l'Office fut acheué : de Religion n'en ay
pû remarquer en eux, encore qu'ils ſoient circoncis, du moins ne feſtent-ils aucune
iournée de la ſemaine : Pour la Circonciſion à mon aduis ils la tiennent des Maho-

metens, qui traffiquent en cette Isle, & me souuiens d'auoir leu dans Oforius, que les premiers Portugais qui y mirent pied à terre, y vinrent fous la conduite d'vn Triftan d'Acunha qui y trouua des Sarrazius, & encore pour le prefent annuellement ceux de Melinde, Mombaze & autres Mahometans habitans le long de la cofte d'Ethiopie, viennent en cette Isle du cofté du Noroeft, où ils ont vn trafic inconnu; ce qui me fait inferer que les Sauuages de cette baye, peuuent auoir eu depuis long-temps la Circoncifion, & à prefent ont oublié l'inftruction. Leur langage à l'ouïe paroift affez coulant, le prononçans auec beaucoup de facilité, en voicy quelques mots, fpecialement de leur compte qui ne paffe dix.

1. *iffa*	*Anrea*	Roy, ou Seigneur.	*lamba*	veftement.
2. *roüa*	*Agouré*	mouton	*meina*	Raffade rouge, de requife.
3. *te'lo*	*Anboa*	bois	*meleck*	laict.
4. *effad*	*Agumba*	vache	*ooro*	le nez.
5. *lime*	*Caho*	garçon	*ranou*	eau de Mer.
6. *enning*	*coha*, ou *rochoa*	fille	*foo*	miroir.
7. *frutto*	*fian*	poiffon	*faba*	cuiure.
8. *vuoullo*	*hanrou*	le iour	*farrana*	eau douce.
9. *fiuay*	*hamman*	manger	*offa*	cabrit.
10. *foulo*	*leffo*	· Affagayes ou Dardilles	*voang*	gros pois.
	lacca	canot ou bateau	*volo*	cheueux.

Vuolou	Argent.
vuoloula	plomb.
enger	teinture reffembláte à indigo, ou Anil pour par la couleur non la forme.
Rango	grande habitation par eux ainfi nommée qu'ils difent eftre dans le païs.
chelou	forme de gingembre, felon aucuns fafran des Indes.
vij.	grands couteaux de leur façon.

De leurs femmes non plus que de leurs habitations n'en fçaurois que dire pour ne les auoir veues : aucuns des noftres m'ont dit qu'ils laiffoient leurs femmes à enuiron vne demie lieüe dans les bois du lieu où ils venoient traffiquer auec nous, & qu'ils en auoient veu trois ou quatre qu'ils difoient trouuer belles, couuertes depuis le fein iufques aux genoux d'vne toille de cotton rayée de diuers couleurs, les oreilles percées en plufieurs endroits où pendoient plufieurs iolinetez & quantité de coliers & bracelets : apres donc auoir feiourné en ce lieu enuiron 15 iours & fait raccommoder noftre beaupré, fait porter le grand maft de la patache trois pieds auant, fait nettoyer les Nauires, & couroyer le plus bas poffible, empli nos fuftailles d'eaux douces, nous eftre fournis de bois, fait alliance auec les habitans, eu d'eux enuiron vne douzaine de bœufs, deux douzaines de moutons que cabris, autant de poules, & quantité de lait pour la valeur d'enuiron dix efcus, fommes partis comme eft dit cy-deuant de cette baye de S. Auguftin fituée en l'Ifle Madagáfcar, ou S. Laurens, fous le tropique de capricorne de la bande du Oeft, qui eft vingt-trois degrez trente minutes, encore qu'à l'ancreage ou eftions y ait cinq minutes moins & l'aiguille y Noroefte quinze degrez quarante cinq minutes; autres y trouuent feize degrez. En cette baye fe ^{Var. 15 d.} pefche auffi quantité de diuerfes fortes de poiffons, tant à la feyne qu'à la ligne : en ^{45. NO.} fin c'eft vn lieu bien propre pour fe rafraîchir des fatigues de la Mer, & qui ne feruiroit moins que Mozambique aux Portugais, qui auroit vn traffic affermy ou enuie de l'affermir dans les Indes. Toute la iournée auons eu calme ou fort peu de vent, & à iour faillât la Baye nous demeuroit au Sueft; quart d'Eft efloignée de nous enuiron dix lieües, & à l'Eft nous paroift vne autre Baye; mais pour en eftre efloigné d'enuiron fix lieües ne la pouuons bien remarquer : la cofte gift Nord & Sud tant que noftre veuë peut eftendre toute plane & vnie & haute comme les coftes marines de Picardie, Normandie & Bretaigne : Auons eu vent de Sueft & Sufueft fait le Noroeft &

Seconde Partie.   § C iij

Noroeſt quart de Nort, pour nous parer des baſſes de Iudée, ce que nous fiſmes le Samedy 6. de Iuin, apres auoir fait le Nordnoroeſt & le Nord, & le Mardy neufiéme auons veu la terre ferme d'entre çofala & Mozambique, & la nuiċt faiſant le Nord-Eſt ÷ d'Eſt pour nous valoir le Nord-Eſt, pouuans eſtre par la hauteur de 17. degrez dix minutes, euſſions couru riſque d'vn malheureux naufrage, pour eſtre en cet endroit nos cartes mal baſties, ſans noſtre patache à qui i'auois donné ordre le ſoir de faire ſonde deuant nous, & que ſi elle auoit apperceuance ou rencontroit aucun danger, qu'elle fit ſignal de trois feux, ce qu'auons apperceu durant la troiſiéme orloge du dernier quart, qui eſtoit enuiron vne heure & demie auant iour; que ſi ne l'euſſions ſuiuie d'aſſez loin, lors qu'elle nous fit ſignal, euſſions infailliblement abordé vne batture, car le Nauire fut fort long à virer, & en approchaſmes bien prés, ayant viré & eſté parez d'icelle, ay fait moüiller l'ancre attendant qu'il fut iour, lequel ne tarda guieres à venir, & veu que c'eſtoit vn fort petit Iſlet, qui n'eſtoit qu'à vn quart de lieuë de nous, ayant vne grande batture vers l'eau de luy, faiſant quaſi la figure d'vn demy cercle, contenant bien vne lieuë, lequel Iſlet à mon jugement ne peut auoir mille pas de circuit, ayant quelque broſſaille & verdure deſſus, qui paroiſt peu à l'occaſion de deux hauts arbres ioints enſemble qui ſont à la pointe du Oeſt de la- dite Iſle, & au Oeſt Noroeſt d'iceluy qui eſt vers la terre ferme, y en a encore vn autre enuiron de la meſme grandeur fort bas & tout couuert d'arbres, puis tant que la veuë nous pouuoit eſtendre voyons deuant & à coſté de nous la terre ferme qui pouuoit eſtre eſloignée du premier Iſlet contre lequel nous eſtions d'enuiron quatre lieuës, paroiſſant au Soroeſt terre haute comme pourroient eſtre les coſtes de la baye S. Auguſtin, le riuage ſablonneux, & le dedans de la terre couuert de bois, & au Oeſt en auant vers le Nord la terre baſſe, auec de fort grands arbres deſſus, tels qu'il paroiſſoit qu'ils fuſſent plantez dans la Mer; ie fus bien eſtonné de voir la terre fer- me ſi proche, ne m'y attendant pas, croyant que la coſte deuſt aller à peu prés com- me elle eſt baſtie ſur les cartes, mais y a beaucoup de difference tant aux hauteurs, qu'à la ſituation, ce qui fut cauſe de nôtre erreur; car ayant hier au ſoir reconnu la ter- re ferme, & les Iſles, que ſuiuant noſtre hauteur eſtimions eſtre celles que les Por- tugais appellent Primeiras, & icelles nous demeurans au Oeſt enuiron trois lieuës de nous, & regardans ſur les cartes la route que nous deuions faire la nuiċt, nous trouuaſmes que de ces Iſles iuſques à vne baſſe qui eſt marquée ſur nos cartes, à enui- ron douze lieuës vers l'eau de la terre ferme, qui eſt par les ſeize degrez ÷ & qui eſt marquée bien grande, le chemin n'eſt que Nordeſt & Soroeſt, & des Iſles *Primei- ras*, la derniere eſtant marquée par les 17. degrez plus de dix lieuës vers l'eau, cela nous fit reſoudre de faire le Nordeſt ÷ d'Eſt, puis qu'au Nordeſt on euſt paré de ladi- te baſſe (ſuiuant la carte s'entend) tellement que comptant qu'eſtions vers l'eau cou- rans à ladite route, nous iugions de pouuoir approcher de ladite batture plus proche que des Iſles Primeiras, le trauers deſquelles nous eſtions, mais il en va bien autre- ment, car ces Iſles Primeiras ne ſont qu'à deux ou trois lieuës de terre ferme, & d'i- celles la coſte refuit à l'Eſt quart du Nordeſt, ce qui nous trompa; car quand nous viſmes ces Iſles, croyans que les cartes fuſſent bien baſties, & qu'elles ne fuſſent ſi auancées qu'elles ſont ny nous non plus, c'eſtoit ce que craignions moins que la terre ferme, ny aucunes baſſes, ou Iſles en la hauteur de ſeize degrez ÷ comme eſperions d'eſtre le matin, n'y en ayans aucunes de marquées le long de cette coſte ſinon celles d'Angoxa, mais elles ſont par les 16. degrez, ſçauoir la plus au Sud, neantmoins nous nous viſmes le matin à terre d'vne Iſle & de quelques autres qui ſe voyent tou- tes d'vne filiere diſtantes l'vne de l'autre de lieuë & demye à deux lieües, leſquelles ie ne peux iuger eſtre autres que celles d'Angoxa, qui ſont par les 16. degrez ÷ comme auons prins hauteur; ſeroit deux tiers de degrez de difference, ou faute qu'il iroit ſur les cartes n'eſtans poſées que par les 16. degrez. Ayant donc reconnu à l'entour de nous & auoir eu quelques conteſtations ſur la diuerſité d'opinions quelles Iſles ſe pouuoient eſtre, les cartes ne pouuans en cela nous mettre d'acord pour n'y auoir en cét endroit nulle bonne conftruction en elles, me fuis refolu ne tarder là dauantage, parquoy ay fait fignal à la patache d'appareiller & ayant reconnu que pour fortir de cét endroit n'y auoit autre chemin que paffer entre les deux Ifles, luy ay ordonné de marcher deuant & fonder, & s'il faifoit feur de paffer par là, qu'elle mift fon enfeigne hors, que fi il y faifoit mauuais qu'elle arriuaft pour paffer de terre de l'autre Ifle : peu de temps apres auons leué l'ancre & appareillé pour fuiure noftre patache & paffé fort prés de l'Iflet où eftions encores; il eft fain du cofté de terre ferme, faifant auec la batture qui eft vers l'eau vne fort belle rade ou n'y a nulle leuée & beau fonds de fable vafeux de 10. & 12. braffes, & auons paffé rangeant la batture fondans de 10. à 13. braffes; auons veu que la patache auoit mis fon enfeigne hors, parquoy auons appareillé toutes voiles, & mis le cap à l'Eft Sueft le vent eftant Sud à l'accouftumée, bon frais & beau temps : à ladite routte nous fommes auffi parez du fecond Iflet graces à Dieu, il a auffi vne batture de la mefme façon que le premier, & plus longue, & ne doute nullement qu'il n'y ait auffi paffage entre luy & la terre ferme; n'y ayant remarqué aucuns hauts fonds ne brifans. Ce fecond Iflet paffé en auons remarqué encore vn troifiéme de la grandeur des autres, couuert d'arbres, qui me fait affeurer eftre les Ifles d'Angoxa, joint que la terre ferme fait vn grand cul de fac, & que la cofte ne gift qu'Eft & Oeft.

Le lendemain 11. c'eftoit tout ce que pouuions voir que la terre au Noroeft de nous; que fi les cartes auoient efté bien bafties ne la pourrions voir du tout; car eftant baffe comme elle eft, n'en fommes à plus de fix lieües, & fuiuant les cartes en deurions eftre à plus de 20. A midy auions moins de 16. degrez de hauteur, ayans fait depuis hier au foir le Nordeft quart d'Eft, & à cette hauteur fommes parez du detroit de Iuan de Noua, & de la terre du Sud de Mozambique, & dreffé noftre nauigation ou cours au Nordeft pour trouuer les Ifles de Comorro, ce qu'auons fait le Samedy au foir 13. de ce mois, ayans eu connoifance d'vne d'icelles qui eft fort haute, & paroît autant que l'Ifle de Madere : fommes deliberez la paffer par la bande de l'Eft.

Le lendemain matin en auons apperçeu vne autre qui n'eft fi haute, & nous demeuroit au vent, elle s'appelle la Majotte abondante en toutes fortes de victuailles & fruictages, ie defirois tarder 2. ou 3. iours en l'Ifle de Comorro pour auoir quelques ris & legumes, dequoy auons befoin; peut auoir diftance entre Majotte & celle ou ie pretens aller dix lieües de diftáce, & font eftablies Nordnoroeft & Sufueft. Le foir eftions proche de la pointe du Sud de l'Ifle de Comorro qui eft la plus proche de la terre ferme de Mozambique : le lendemain cherchay ancreage le long d'icelle; ce que n'auons pû trouuer encore qu'elle foit habitée tout le long du riuage; cette Ifle eft fort fraifche, & fa hauteur attire grand nombre de nuages, qui fe creuants contre, la rendent fort humide, & par confequent pleine de verdure; d'en haut fe void defcendre plufieurs ruiffeaux d'eau, qui à mon aduis font caufez par les continuelles vapeurs qui s'amaffent au haut, & ne fourdent de la roche.

Le Mardy 16. au matin eftions le trauers de la pointe du Nord de ladite Ifle, & auons fait hier depuis la pointe du Sud iufques à celle-cy 15. à 16. lieües qui eft la longueur de l'Ifle; quelque peu apres auons apperçeu que noftre batteau, que i'auois fait mettre hors pour chercher l'ancreage, nous faifoit fignal d'auoir trouué fonds; ce que faifoit auffi la patache qui le fuiuoit, parquoy auons approché de terre; noftre batteau a couru vers l'eau pour y faire auancer la patache, mais quand il a penfé y retourner, la marée qu'en cét endroit auons trouuée forte, l'on a mis auant le vent, comme auffi noftre patache, & nous, faifant route comme eux, en auons fait de mefme : ledit ancreage eft dans vne petite anfe de fable, & fe découure auffi-toft qu'on a doublé la pointe du Nord, il paroît comme quelque vieil chafteau ruïné, & audit ancreage y a 6. braffes d'eau fonds de fable, mais n'eft plus éloigné qu'vne portée de moufquet de terre, & fi crois qu'il n'y ait place pour deux nauires : auffi toft qu'on a doublé la pointe de ladite anfe, qui eft vne groffe butte de terre, on treuue vne habitation ou paroiſſent des maiſons faites comme celles des païſans de noſtre païs : nous penſaſmes ſurgir vis à vis, les habitans nous en faiſans ſignal, & trouuaſmes fonds à 50. 40. puis 30. braſſes fonds de roche & tout contre vn haud fods, qui briſoit terre de nous; ce qui nous fit retirer & fiſmes vne bordée vers l'eau penſans rattrapper ladite anſe de ſable & couruſmes auec bon frais iuſques à midy, mais ne gagnions rien vers l'eau & tombions touſiours au Oeſt, parquoy recouru à terre où auons trouué calme, qui m'a occaſionné de faire reuenir incontinenr le batteau & quitter cette Iſle, deſeſperant y trouuer ancreage : comme nous attendiõs le vent pour nous retirer d'elle, remarquaſmes que la marée nous portoit le lõg de la coſte auOeſt ſur vne pointe, où nous paroiſſoit vne roche vers l'eau, mais nous apriſmes que c'eſtoit vn nauire; ie fis équipper la ſcutte auec 10. Mouſquetaires ſoubs le commandement de Monteurier, afin qu'il allaſt reconnoiſtre ce Nauire, & qu'en paſſant il commandaſt à la patache de le ſuiure, qui à l'heure venoit de tirer vn coup de canon pour nous en aduertir; quelque peu apres eſt venu à bord noſtre grand batteau, où i'ay fait mettre deux eſpoirs de fonte & vingt mouſquetaires, & donné charge au Patron Beruille qui commandoit dedans, de me venir incontinent aduertir s'il y auoit ancreage ou non, là où eſtoit ledit nauire : ſur cela y a eu bon frais du Soroeſt, & auons louié à petites bordées, & encore que le vent vint du lieu où eſtoit le nauire, neantmoins la marée nous portoit touſiours vers ledit lieu; quelque peu apres auons veu que noſtre ſcutte auoit abordé ledit nauire, encore que noſtre patache & le batteau en fuſſent bien eſloignez, ce qui m'eſtonna n'ayant donné charge audit ſieur de Monteurier que de reconnoiſtre & non d'aborder : ſur les trois heures de releuée eſt reuenu noſtre batteau amenant quant & ſoy deux Arabes, deſquels i'ay ſceu que ce nauire eſtoit de la Mecque & pouuoit eſtre du port d'enuiron 40. tonneaux, & qu'ils eſtoient de l'eſquipage d'iceluy, l'vn en qualité de Pilote, & l'autre de maiſtre ou principal manouurier, & qu'ayant entendu qu'il y auoit nauires le long de l'Iſle ils auoient tout deſchargé à terre craignant que ne fuſſions Holandois, m'apportoit auſſi de la part du Roy deux lettres, l'vne d'vn Capitaine Anglois nommé Nathaniel Martin, dattée du 18. d'Aouſt en l'an 1616. & l'autre du General Bannar du 8. d'Aouſt 1618. leſquelles ſeruoient comme d'atteſtation vers ceux de leur Nation; qu'ils auoient récouuert icy diuers rafraiſchiſſemens, ſpecialement de fruits, mais peu de beſtail, & le Capitaine Bannar n'y auoit point recouuert aucune eau, aduertiſſant qu'on regardaſt de contenter les Inſulaires qui ſe monſtroient aſſez amiables, & que ſi on les meſcontentoit, ils pourroient cauſer bien du mal, & que la thoile & le papier leur eſtoit marchandiſe bien propre. Comme ie demandois au Pilote Arabe (qui parloit quelque peu Portugais) ou eſtoit l'ancreage, & qu'il m'eût répondu que c'eſtoit au vent de leur Nauire : Le maiſtre me dit qu'encor qu'il ſceut fort bien ou eſtoit l'ancreage, neantmoins pour plus grande ſeureté ſeroit expedient faire venir vn Pilote de terre, à l'occaſion que ceux de l'Iſle eſtoient de grands ſorciers, qui diſpoſoient du vent à leur volonté; de ſorte que l'ancreage eſtant difficile, entant que quand on a trouué beau fonds, il conuient laiſſer tomber l'ancre à l'inſtant pour y auoir pluſieurs hauts fonds & rochers tout à l'entour, qu'iceux en cette occaſion faiſans changer le vent, nous pourroient mettre en quelque peril, & s'offroit de nous en faire venir vn, pourueu qu'on le portât à terre, & que pour aſſeurance nous laiſſeroit ſon compagnon en oſtage, ce que ie luy accorday; & fis à l'inſtant equiper le batteau qui reuint enuiron vne heure apres midy auec le meſme Arabe & deux Inſulaires, qui ſont Negres, leſquels nous mirent deuant Soleil couché à l'ancreage, ou plus d'vne heure auant noſtre patache auoit moüillé ſans Pilote; neantmoins ie ne laiſſay de contenter les miens : Pour les Arabes ie les aſſeuray que ce n'auoit eſté aucunement mon intention, que de me vouloir approfiter de leur nauire, que ie ne deſirois autre choſe ſinon qu'ils m'aidaſſent à me faire auoir ce qui me ſeroit neceſſaire de ladite Iſle en payant, que pour aſſeurance de cela ie les allois faire remettre dans leur vaiſſeau, & retirer les miens, qu'ils diſent au Roy que ie ne voulois rien auoir de luy ny d'autres que par

trafic

traffic, & que ie luy voulois faire vn prefent, pour luy tefmoigner que les François eftoient fes amis. Ledit Arabe me remercia, difant que fa fortune dependoit de moy, de luy donner & les biens & la vie, que pour le fait de nous feruir, il le feroit auec toute diligence, me priant d'efcrire vn petit mot de lettre au Roy, ce que ie fis faire en Efpagnol, affin que s'il y auoit là quelque Portugais, il luy en fit entendre le contenu. Ie renuoyay lefdits Arabes à bord de leur Nauire, & fis reuenir monfieur de Monteurier & ceux qui l'affiftoient.

Le Mercredy 17. le Roy m'a enuoyé vn de fes principaux confidens m'affeurer qu'il auoit tres-agreable noftre venuë en fes terres, & m'offrit toute affiftance & fecours de ce qui croift en fon pais. Ie leur fis bon accueil, leur donnant au partir quelques coufteaux façon d'Angleterre qui leur eftoient fort agreables, & lors qu'ils defirerent s'en retourner, enuoyay Monfieur de Monteurier accompagné de 7. ou 8. foldats pour faluer le Roy, le remercier de l'offre qu'il me faifoit, de laquelle ie me tenois grandement obligé, qu'en recompenfe ie le feruirois en ce qu'il luy plairoit me commander, & le prier d'accepter le petit prefent que ie luy enuoyois, qui eftoit vn coutelas la garde argentée, vne paire de fort beaux coufteaux, vne rame de papier, & vn miroir, ce qu'il eut pour agreable, difant à monfieur de Monteurier, que ie pouuois difpofer de fa terre, comme fi elle eftoit mienne, & commanda à ceux de fon obeïffance de traitter auec les noftres, & m'enuoya pour prefent vn cabrit auec quelques fruictages. Au partir de chez le Roy monfieur de Monteurier fut voir le Capitaine Arabe qui eftoit malade, auquel ledit fieur fit entendre mon intention, de ne luy faire aucun ennuy ne dommage; qu'au contraire s'il auoit affaire de quelque chofe qui fut fous mon pouuoir que ie l'en affifterois, que ie le priois feulement de m'acheter à terre quelques rafraichiffemens, dequoy ie luy en enuoyois vn memoire, & que ie luy enuoyerois les marchandifes qu'il me diroit eftre propres pour les payer; Il fit refponfe qu'en ce que ie le voudrois employer, il tafcheroit par tous moyens de me donner contentement, & que de ce qui eftoit en fa puiffance, comme du Ris, il m'en fourniroit quand ie voudrois, mais que pour le refte, eftant chofe de la terre qu'il luy falloit du temps pour l'amaffer, veu qu'auec ces Negres cy, on ne pouuoit conclurre vn marché de demie realle en vne iournée, eftans de ce naturel: que s'ils ont affaire d'vne coudée de thoile, ils ameneront tous leurs parents, amis & voifins, pour confulter fi ils la doiuent acheter, fi elle eft bonne, & à raifonnable prix, & conuient que vnanimement ils demeurent d'accord qu'elle eft bonne & à raifonnable prix, & par confequent qu'il la peut acheter: d'autre cofté ayant dés hier enuoyé le Portugais à terre auec Raclau qui y auoient couché, eux eftans de retour, m'aduertirent qu'il y auoit enuiron trois ans qu'il s'eftoit perdu en ladite Ifle vne Caraque venant de Portugal, & qu'il couroit encor beaucoup de reales entre les mains des habitans, qui eftoit caufe qu'ils ne faifoient aucun eftat defdites realles; & de fait ie voyois à bord que nos foldats & matelots traittans auec eux des fruicts dequoy apportoient grand nombre, n'en pouuoient auoir pour de l'argent, mais pour du papier, thoille blanche & courteaux, auoient auffi-toft conclu de marché, m'aduertiffoient auffi qu'il me falloit plus de 15. iours pour auoir deux pippes de pois que ie demandois, nonobftant cela encor que ie n'euffe deffein d'y tarder plus de trois ou quatre iours, ne laiffay d'enuoyer au marchand Arabe des marchandifes, afin de commencer la traitte.

Le Ieudy 18. fur le midy a paru par la pointe du Oeft deux Pangayes ou Nauires du païs, parquoy ay incontinent fait appareiller le grand batteau pour leur coupper chemin, & la patache pour les faire moüiller proche de nous, ce que le grand batteau a fait en peu de temps; & ayant fait venir les Capitaines qui eftoient Arabes, & leur ayant demandé d'où ils venoient, me dirent de la *Maoutte*, ou Majotte, Ifle qui eft à dix ou douze lieuës au Sud de celle-cy, qu'ils eftoient chargez de ris & de taffaige ou chair fumée, & qu'ils alloient à Lama lieu proche de Mombaze d'où ils eftoient: ie leur dis que i'auois affaire de victuailles & qu'ils m'en affiftaffent, ce qu'ils me promirent de faire, parquoy les ay laiſſez aller à leur bord, & le lendemain fis venir des deux Nauires ce que i'auois beſoin, comme ris, pois, chair de bœuf & taſſaige, & m'en ſuis fourny pour enuiron 4. mois; ces nauires en eſtans entierement chargez, ſpecialement de ris en coſſe & beaucoup d'eſclaues : cette commodité m'eſtant ſuruenuë inopinement n'en voulus perdre l'occaſion, ſans m'attendre à ce que ie pourrois acheter à terre, ce qui ne pourroit eſtre ſans beaucoup tarder, encore que ie n'euſſe demandé que ſix pippes tant de ris, pois, que feves, & que i'eſperois auoir en deux iours, & neantmoins depuis deux iours que i'ay donné ordre de les acheter, ne s'eſtoit encore du tout rien fait, ie commençois d'entrer en ſoupçon de la meſchanceté des habitans de cette Iſle, & ce qui m'y confirmoit le plus, eſtoit que depuis hier, i'auois remarqué vne longue pointe de rocher, trauers de laquelle eſtoient ceux qui nous faiſoient ſignal à terre, auec vn drapeau blanc, lors que nous cherchions ancreage; que ſi i'euſſe fait mettre le Cap où ils nous faiſoient ledit ſignal, indubitablement nous nous fuſſions perdus ſur cette pointe, & ie crois qu'afriandez du naufrage de la caraque, ils taſchent par tous moyens que pareil ſuccez aduienne aux Nauires qui approcheront de leur coſte.

Le Samedy 20. ie penſois recueillir des eaux à terre, mais eſtans demy ſallées ou ſumaches, les ay laiſſez là, joint la difficulté qu'il y a de les embarquer, à l'occaſion de la groſſe vague, & du dangereux ancreage pour les Nauires, eſtans fort proche des brizants, & le vent ayant ce iourd'huy Amari, ou venu de la Mer de deux rumbs de vent plus que de couſtume, cela m'a fait reſoudre de leuer les ancres pour ſortir demain d'icy, auec la grace de Dieu; ainſi j'ay fait reuenir les marchandiſes que i'auois à terre. Parmy les incommoditez de cét ancreage ſe trouue deux commoditez en ce temps, l'vne que la marée porte touſiours au vent, mais en ſorte que le nauire, quelque temps qu'il face, a ſes amares molles; l'autre que toutes les nuiéts le vent territ & ainſi auons calme; ſans cela n'oſerions auoir tardé icy vne iournée, & ne conſeillerois à perſonne de venir moüiller l'ancre icy, encor que d'autres que nous y ont ſejourné; mais ie trouue qu'vn lieu ne ſe doit choiſir pour ſe rafraiſchir où y a manque de bonnes eaux, joint que les chairs & fruits ſont icy difficiles à traitter, les habitans eſtans deux heures à faire vn marché de cinq ſols i'entens que la Majotte eſt bien plus commode, y ayant quantité de bonnes eaux & autres rafraîchiſſemens plus aiſés à recouurer qu'en ce lieu, mais l'Iſle eſt encore toute enuironnée de battures, & l'ancreage eſt au Nord, où il faut auoir bien de la vigilance pour s'y mettre, mais auſſi eſt-il ſans comparaiſon meilleur que celuy-cy. Les Capitaines Arabes m'ayans enquis où ie deſirois d'aller au partir d'icy, & m'eſtant informé de leurs pilottes des ſaiſons auſquelles reignent les tempeſtes en la coſte de Malabar, & ayant dit auſdits Arabes que ie deſirois doubler ce Cap de Comorin, m'auertirent vnanimement qu'il me conuenoit tarder en quelque lieu que ce fut, ſix ſemaines de temps premier que de me mettre en effeét de m'acheminer vers ledit lieu, & me conſeilloient d'aller paſſer ce temps en l'Iſle Socotora; i'offris party à vn deſdits Pilottes, mais faiſant difficulté ſur la difference de Religion, & l'vſage de la chiar de porc parmy nous autres, ne le voulus emmener outre ſon vouloir, encore que i'en euſſe eu bien de beſoin, pour nous enſeigner l'ancreage de cette Iſle.

Le Dimanche 21. dés le point du iour auons deshallé de cet ancreage, & en eſtions parez à ſept heures de matin : cette Iſle de Nangaſiia par le milieu eſt ſous la hauteur de 12. degrez au Sud de l'equinoxial, & à l'ancreage ou nous eſtions, par les onze degrez ÷ qui eſt le bout du Nord, & s'eſtend droit Nord & Sud, ayant quinze à ſeize lieuës de long, & enuiron trois ou quatre de large; l'aiguille y varie quinze degrez au Noroeſt, eſt haute par le milieu, comme pourroit eſtre Madere; nous en auons tournoyé les deux tiers, & n'y ay remarqué autre ancreage que celuy ou nous auons poſé, qui eſt de la bande du Nord, tirant au Noroeſt : il ne s'y void que fort peu de Roches, encores ſont elles bien proche de terre; mais à l'ancreage y a des cayes qui pouſſent bien hors, ou n'y a de baſſe eau que deux pieds d'eau en quelques endroits, & en d'autres vingt braffes tout fonds de roches, comme celuy qui eft eftimé en France pour faire des grottes ou fontaines, & s'y en trouuent de fort belles : à vne portée de piftolet de ces cayes eft là ou on ancre à 25. & 30. braffes fonds de fable, qui eft dangereux ancreage, & ou ie ne me tenois guieres affeuré, & eft difficile à trouuer à des perfonnes qui n'y ont iamais efté. L'Ifle paroit fort belle, fpecialement par le cofté du Nord : la montagne eftant aifée auec plufieurs groffes buttes, entre lefquelles y a diuerfes fortes d'arbres, & au pied le long de la Mer, paroiffent (fur vne grande anfe de fable, laquelle eft la plus grande que nous ayons veuë en cette Ifle) quantité de maifons fous vn grand nombre d'arbres qui portent les cocos, & plus au dedans des bananiers, orangers & citronniers qui y font en grande quantité & de diuerfes fortes ; l'vne defquelles fçauoir des oranges font petites, bien douces & agreables, approchantes en forme & faueur à celles de la Chine, que ie crois eftre les meilleures que la terre produife. Les habitans font Negres, & nomment cette Ifle *Nangaziia.* Ils ne font fi beaux & bien formez comme ceux de S. Laurens, ils font Mahometans tres-zelez en leur Religion, auffi leur eft-elle nouuelle : Ils font tous marquez d'vn fer chaud aux temples, ou proche d'icelles, & au milieu du front. Il y a quatorze ou quinze Roys ou Roytelets en cette Ifle, dont celuy de l'ancreage eft le plus puiffant & mieux allié : Ils fe font la guerre pour fe rendre efclaues les vns des autres, qu'ils vendent aux Portugais & autres nations : Ils ne fe battent qu'à coups de pierre & à coups de bafton bruflez par le bout, & auec du fable qu'ils fe jettent aux yeux les vns des autres, & peu d'iceux ont des armes, fi ce n'eft le Roy, encores en a-il bien peu, il eftoit bien âgé & maladif : Les Anglois luy ont donné par le precedent quelques arquebuzes à fuzil & piftolets, dequoy fait grand eftat : Ils trouuent fort eftrange & ridicule de voir vn homme vriner debout, & quand ils en apperceuoiuent quelques-vns des noftres en cette action, ils luy faifoient vne merueilleufe huée ; hors cela ils fe montrent affez refpeƈtueux & bonnes gens ; ils font toutefois eftimez grands forciers. Les Nauires Arabes qu'ils appellent *Pangayes* font baftis d'vne eftrange façon ; les planches n'eftans cloüées ne calfadées commes celles de nos nauires, mais coufues les vnes aux autres auec du fil, fait d'efcorce de cocos, & gondrannées ou poiffées par deffus la coufture, auffi font-ils beaucoup d'eau, & il y a continuellement 5. à 6. perfonnes à vuider l'eau, & faut qu'ils prennent bien leurs faifons pour nauiger, ayant toufiours vent derriere : car ils ne pourroient prefter le cofté au vent, s'il furuentoit quelque peu : Ils ne font tillacquez, & peuuent porter 50. à 60. tonneaux. Au fortir de cette rade nous auons mis le cap au Nord Nordeft, & auons trouué de fort grandes marées à l'échappée des pointes, qui portoient au vent qui eft Sufuroeft. La nuiƈt nous auons veu vne autre Ifle bien haute à tiebord de nous, qui doit eftre celle qui eft nommée fur les cartes de Iuan de Caftroual, & efloignée de 15. lieuës au NordEft ¼ de Nord de celle d'où nous fommes partis ce matin.

Le Dimanche 28. auons paffé l'equinoxial pour la deuxiefme fois fans grains, ne pluyes, ne calmes, qui valent la peine d'en parler, ayans toufiours eu depuis que fommes partis de l'Ifle cy-deffus mentionnée grand vent de Sufuroeft : Le Mardy dernier de Iuin a commencé à venter Oeft Suroeft grand temps & conuenu mettre les huniers dedans.

Le Mercredy premier de Iuillet le grand vent a continué, & tel que n'ayant que le Borfet & Baupré depareillé, auons fait 55. lieuës en vingt-quatre heures, qui nous a fait connoiftre y auoir de terribles marées le long de cefte cofte, qui vont auaut le vent comme nous en eftions apperceus du precedent, mais non de fi vehementes ; nous auons couru à terre de peur de nous dépoüiller d'elle, & l'auons apperceuë fur les quatre heures de releuée, paroiffant comme celle de Barbarie : cette cofte paroift faine & fans roches, & porte fonde de bien loin ; car nous en eftimans à plus de trois lieuës, trouuions fonds à trente braffes beau fable blanc.

Le Ieudy 2. de Iuillet auons mis à la cappe fouftenant contre le vent, efperant qu'apres cette nouuelle Lune le temps fe modereroit, mais par la hauteur qu'auons prife, trouuons que la marée & la driue nous ont fait faire 38. lieuës, encor' que soûtinssions à la cappe la nuiĉt vers l'eau, & le iour à terre, qui est vne chose émerueillable.

Le Samedy 4. nous sommes treuuez le trauers du commencement des terres qui courent Nord & Sud en ladite coste, qui est marquée sur les cartes par la hauteur de dix degrez, & nomme cap d'orpin, ayans trouué fonds auons laissé tomber deux ancres, l'vn desquels nous a tins encore qu'il ventât furieusement; nous auons incontinent affalé nos masts de hune, & ajusté 6. cables en deux amares pour mieux tenir, attendant que ce coup de vent fut passé : la patache a aussi ancré à distance de deux cables au vent de nous.

Le Mercredy 8. depuis que sommes ancrez en ce lieu la tourmente a tousiours augmenté, & ventoit de telle façon, specialement sur le haut du iour, qu'vn homme ne se pouuoit promener sur le tillac, & estoit à toute force que de pouuoir passer de l'arriere auant du grand mast ; mesme il y en auoit qui n'y pouuoient passer, tellement qu'auons filé plus de 180. brasses de cable sur chaque ancre, & affalé nos masts de hune tout bas, & mis le furain dans les hûnes, les vergues trauersées de long, en sorte que nous n'auons oublié de pratiquer toutes inuentions humaines pour tenir à l'ancre, car ces tempestes ont donné l'espouuante aux pilotes, & specialement au pilote Metays, qui s'imagina que si nos cables ou ancres failloient, qu'estions infailliblement perdus.

Le 13. sur le midy ay enuoyé à la patache nostre batteau, auec vn ancre & vn cable qui a eu bien de la peine à l'attraper, encor qu'elle fut à vne portée de pistolet de nous, auoient perdu deux ancres, & leurs cables estoient couppez au fonds sur le rocher, y en ayant, là où ils estoient premierement moüillez ; comme ils ont eu lesdits ancres & cables, ont mis leurs masts de hune sur le tillac & leué l'ancre moyennant l'assistance de 12. des meilleurs Matelots de ce nauire, que ceux du batteau leur ont laissé pour appareiller, & louier afin de courir plus à terre, mais n'ont peû rien gagner, tellement que le soir ont esté moüiller l'ancre enuiron deux lieuës vers la pointe du Oest.

Le 14. 15. & 16. a venté encore plus fort que de coustume, ce qui m'a donné de grandes apprehensions, craignant que la patache ne peût tenir, & n'ayant que deux ancres, fut contrainte d'abandonner la coste, & s'en aller auec mes douze matelots qui me faisoient grand besoin en ce Nauire. Mais le 17. l'auons veu sous voile, & voyant le vent quelque peu moderé, me suis resolu leur enuoyer le batteau auec encore vn ancre & vn cable, & retirer mes gens : ladite patache est venuë iusques à terre de nous, mais n'y a ancré, pour n'y trouuer beau fonds, ainsi a recouru vers le lieu d'où elle estoit partie le matin, & ayant approché de terre, a moüillé à six brasses d'eau, beau fonds : depuis que nous sommes icy le vent a esté si cruel, que ie n'ay sçeu trouuer moyen d'enuoyer le batteau vne seule fois à terre, encore qu'il soit des meilleurs batteaux de voiles & de naige que i'aye iamais rencontré.

Les grands vents ont continué iusques au troisiéme d'Aoust sans relâche, & sans pouuoir enuoyer nostre batteau à terre, ny euenter nos voiles, ny visiter nos nauires ; enfin il a venté tousiours d'vne si horrible façon, que quand nous aurions voulu sortir d'icy, nous ne l'aurions pû faire, sinon en quittant nos ancres & cables ; ie me suis neantmoins deliberé d'appareiller d'icy Samedy prochain pour aller au cap de Guardafu, tant pour voir en quel estat sont nos amares, qu'aussi pour treuuer quelques eaux audit lieu, ou bien parlant à ceux de la terre, s'enquerir de l'ancreage de Socotora ou pas vn de nous n'auoit esté, & qu'en attendant i'enuoyerois le batteau à bord de la patache, pour les aduertir de mon dessein, afin de se tenir prests à appareiller ladite iournée ; mais les tourmentes ont recommencé de telle sorte, que n'ay pû enuoyer le batteau que le 10. d'Aoust, l'ayant victuaillé pour trois iours, & donné charge à ceux de dedans d'aller à terre en quelque façon que ce fut, pour parler à ceux de terre s'il y auoit moyen, & s'enquerir d'eux où y auoit de l'eau : Et le Mercredy 12. dudit est reuenu ledit batteau ; ils me rapporterent auoir esté à quel-

ques endroits de cette terre comme ie leur auois ordonné, & que la iournée qu'ils
partirent de ce bord furent de la bande de l'Eſt, d'où nous ſommes ancrez, qui ſont
falaiſes hautes, comme pourroient eſtre celles qui ſont proches de Dieppe, où y a 7.
ou 8. braſſes d'eau au pied, au deſſus y virent pluſieurs perſonnes qui leur ſembloient
Negres, neantmoins veſtus aſſez pauurement à l'Arabeſque, qui leur jetterent force
pierres du haut de la montagne, tellement qu'ils furent contraints de ſe mettre au
large, & quelque ſignal de paix ou d'amitié que les noſtres peurent faire, ils faiſoient
paroiſtre par ſignes auec leurs eſpées & aſſagayes, que s'ils deſcendoient à terre, ils
leur couperoient la gorge : delà furent vis à vis d'où nous ſommes ancrez, & quelques-vns des noſtres par vne creuaſſe monterent à mont la falaize, & virent que la
terre d'au-deſſus eſtoit vne raze campagne à perte de veuë ſans aucuns arbres, ſinon
quelques petites broſſailles ſeiches, & quelques herbes bruſlées par l'ardeur du Soleil ; virent deux ou trois habitans de la terre qui s'enfuïrent dans le païs : les noſtres
paſſerent la nuict ſous cette falaize, & le lendemain furent le long de la coſte iuſques
ou eſt ancrée la patache, qui eſt à 2. ou 3. lieuës au Oueſt de nous, où ils virent encore
quelques habitans le long du riuage, mais auſſi-toſt que le batteau en approchoit
gagnoient le haut. Ils furent donc à bord porter mes lettres, & trouuerent que tout
ſe portoit bien graces à Dieu ; & apres auoir receu vne lettre du Capitaine Ridel
pour moy, s'en partirent pour aller reconnoiſtre vne anſe qui eſt encore au Oueſt de
l'ancreage de la patache ; & qui a pour le moins 3. lieuës d'eſtéduë iuſques à joindre la
coſte qui court Nord & Sud : ayans doublé le cap qui fait ladite anſe, auquel y a vne
chaîne de rochers qui s'eſtend bien demie lieuë à la Mer ; trouuerent que ladite anſe
s'enfonçoit fort auant en terre ferme, & qu'il y faiſoit fort plat ; car à plus de deux
lieues du fonds d'icelle ne trouuoient que 3. à 4. pieds d'eau, fonds de ſable & gros
grauier, auec du varec ou herbe de mer, & vne quantité infinie de poiſſon : virent
deux habitans de la terre qui peſchoient, parquoy y furent auec le batteau, iuſques à
ce qu'il s'echoüa, qui eſtoit enuiron à demie lieuë de terre, laquelle en cet endroit
eſt baſſe comme les dunes de Calais, & ainſi ſablonneuſe. Quelques-vns des noſtres ſe mirent à l'eau pour parler aux peſcheurs, leſquels auſſi-toſt s'enfuïrent. Les
noſtres ne laiſſerent d'aller à terre, où ils trouuerent quantité deſdits habitans qui
crioient de toute leur force *la Ilach, illalach, Mahomet reſul alach*, qui eſt la confeſ-
ſion de foy des Mahometans. Mais comme aucun des noſtres n'auoit iamais entendu
ce jargon, ils aduançoient touſiours, leur faiſans ſignal d'vn drapeau blanc ; mais ils
s'enfuïrent tous dans le païs : les noſtres furent quelque peu dedans, & y virent quelques petits arbres & vne loge où y auoit deux ou trois aſſez belles nattes auſquelles
ne toucherent : & ſur le riuage trouuerent vn batteau de Nauire Arabe, où il n'y
auoit rien dedans : s'eſtans rembarquez virent incontinent que ceux de la terre ſe
montroient, & vn d'entr'-eux plus aduancé qui faiſoit ſignal auec du feu, où les noſtres furent, mais en approchans s'enfuïrent par des precipices où les noſtres n'oſe-
rent aller : comme ils virent qu'il n'y auoit apparence de traitter auec ce peuple , ny
par amitié, ny par force, & qu'ils eurent couru enuiron cinq lieuës de coſte ſans y a-.
uoir apparence d'aucunes eaux le long d'icelles , ils reuindrent m'apporter les lettres
du Capitaine Ridel, par leſquelles me conſeilloit de quitter à la premiere occaſion
cet ancreage, comme c'eſtoit bien mon intenrion, encore que ce ne fut l'opinion du
Pilote Metais.

Le 14. 15. & 16. dudit le vent a moderé, & ainſi durant ce temps, remis vn maſt de
hunc haut, ragrée le Nauire, & arrunc le fonds du Nauire, & emply quelques fuſtailles d'eau ſalée pour mieux porter voile, ſi auions tel temps hors cet ancreage,
comme auons eu y eſtant.

Et le lundy 17. d'Aouſt ſur les 9. heures du matin, auons appareillé, comme auſſi a
fait la patache. Cét ancreage que nous auons trouué, où la coſte giſt quaſi Eſt &
Oeſt, & ou nous auons paſſé dé ſi faſcheuſes tourmentes, & qui eſt l'hyuer de ce
païs cy, giſt par les dix degrez & demy de hauteur Nord, de l'Equinoxial ; & y ayant
        Seconde Partie.   § D iij

fait par pluſieurs fois obſeruation aux leuérs & couchérs du Soleil, trouuay que l'aiguille y Noroeſte 7. degrez ½ ie croy que nous ſommes les premiers qui ayent hiuerné en cét endroit , & qu'aux cartes il n'eſt autrement remarqué , i'en ay tiré à peu prés la ſituation qui eſt vne peninſule : Et encore que ie ne conſeillerois à perſonne de choiſir ce lieu pour attendre les ſaiſons propres d'acoſter la coſte de Malabar , à l'occaſion que cette terre eſt deſerte , & que meſmes on n'y peut aller qu'à grand peine, pour la continuelle vehemence du vent , qui ne change ou varie que du Suſuroeſt iuſques au Suroeſt,& où on ne peut eſperer nulle eau, ny de la terre ny du Ciel, entant qu'il ne pleut nullement : & neantmoins en quelque occaſion on s'en pourroit vne autre fois ſeruir.

Var. 17. d. 2 tiers NO.

Sur le midy eſtions le trauers du grand cul de ſacq, & le reſte de la iournée cinglé le long de la coſte Nord & Sud. Le Mardy au ſoir 18. eſtions à vne lieuë du Cap de Guardafu , & la nuiĉt reuiré vers l'eau & couru à l'Eſt ½ de Sueſt & Eſt-Sueſt pour voir ſi aurions quelque connoiſſance des Iſles Curia Muria , qui ſont entre l'Iſle Sacotora & ce Cap ; mais n'en auons eu aucune connoiſſance , & le Pilote Metais craignant que les vents & marées ne nous miſſent auaut le vent du Cap de Gardafu, fut cauſe que nous reuiraſmes vers luy de meilleure matin que ie n'euſſe deſiré;parce que ſi nous euſſions continué icelle routte, infailliblement nous euſſions eu connoiſſance de ces Iſles, où nous pouuions recouurer de bonnes eaux. Sur les 5. heures du ſoir 19. de ce mois, auons terri enuiron trois lieuës auaut le vent du lieu d'où nous eſtions partis hier au ſoir , & auons moüillé l'ancre au dedans du Cap de Guardafu où la terre refuit au Noroeſt ½ d'Oeſt, a neuf braſſes d'eau, beau fonds, enuiron vn quart de lieue de terre.

Le Ieudy 20. d'Aouſt au matin ay fait eſquipper les deux batteaux, & donné charge de mettre vingt ſoldats à terre ſous la conduitte du ſieur d'Eſpiné, auquel ordonnay de reconnoiſtre au deſſus de la montagne s'il y auoit quelque ruiſſeau d'eau douce qui deſcendit en la Mer du coſté du Sud, comme nous nous eſtions imaginez , & que s'il n'en voyoit d'apparence qu'ils'en reuint : & au grand batteau ou commandoit le Patron Beruille, luy enchargey d'aller le long de la coſte du Noroeſt ½ d'Oeſt, qui court vers l'emboucheure de la mer Rouge,pour voir s'il y pourroit recouurer de l'eau, ou parler à quelques vns des habitans pour ſçauoir s'il y en auoit : Quand à ceux de la ſcutte ou petit batteau, ie les employay à rechercher vn lieu pour ſeyner, comme en y a de belles apparences : la ſcutte eſt reuenuë enuiron les 10. heures du matin ; ceux de dedans m'ont rapporté que le long du riuage à enuiron 20. ou 30. pas vers l'eau, le fond eſtoit rocher auquel ils n'ont ozé hazarder la ſeine. Pour le fait de d'Eſpiné ceux qui l'accompagnoient ſont reuenus les s vns apres les autres extremement haraſſez & demy morts de ſoif, diſans auoir fait 4. ou 5. lieuës dans le Pays, qui eſt extremement dezert & aride & inſupportablement chaud, ſans aucun ombrage , & qui plus eſt, ſans vent ; comme de fait n'en auons eu auiourd'huy , & le Soleil eſtoit droiĉt au Zenith, n'ayant trouué que force pas de cheuaux & autres animaux. Pour le fait du grand batteau il eſt reuenu à trois heures apres minuiĉt, Beruille m'a rapporté auoir eſté enuiron à trois lieues Oeſt Noroeſt d'icy, & qu'il auoit veu vn endroit aſſez verd pour vn pays ſi aride que celuy-cy, où il auoit deſcendu & trouué quelques vaiſſeaux à mettre de l'eau ; puis 10. ou 12. Negres auſquels il auoit parlé, & leur fit entendre, au mieux qu'il luy fut poſſible, de luy enſeigner où y auoit de l'eau à boire , & qu'vn d'eux demanda pour recompenſe vne panne ou linge de coton qu'auoit vn de nos matelots, ce qui luy fut incontinent deliuré : alors il montra des foſſés qu'ils auoient fouys,où y auoit de l'eau aſſez bonne & en abondance : leſdits Negres luy demandoient , s'il eſtoit Anglois, & promiſt d'amener force beſtail, pourueu qu'on leur donnaſt des pannes. Ayant bien conſideré les raiſons que deſſus, & que nous pourrions auoir en cette coſte des eaux, prenant la peine de faire des puits, ie me ſuis reſolu d'aller audit lieu, pluſtoſt qu'en l'Iſle Socotora, laquelle nous pourroit eſchapper; ſoit par grand vent ou faute de connoiſtre,

& fuis arriué audit lieu le Samedy 22. enuiron midy, & laiſſé tomber l'ancre à ſix braſſes d'eau, mauuais fonds, a enuiron 4. lieües au dedans du Cap Guardafu, le trauers de quelque broſſailles ou verdures, qui ne ſont communes le long de cette coſte: l'ay enuoyé à l'inſtant reconnoiſtre la terre, monſieur Monteurier y eſtant allé, m'a rapporté que les eaux n'y eſtoient gueres bonnes; & m'en ayant apporté vn baril, l'ay fait gouſter à pluſieurs qui la trouuoient paſſable ; en mon particulier elle me ſembloit ſumache ou demie ſalée.

Le Dimanche 23. ay enuoyé monſieur de Monteurier à terre auec 30. hommes pour y faire vne tente & s'y retirer la nuiɛt, pour trauailler la nuiɛt à faire des foſſes pour auoir de l'eau. L'eau y venoit abondamment, mais ſalée comme celle de la Mer; comme l'eau commençoit à venir elle eſtoit douce, mais auſſi-toſt qu'on profondiſſoit elle venoit ſalée, parquoy fis faire 25. ou 30. petites foſſes qui ne tardoient à eſtre faites ſur le ſable, parce qu'il ne faloit creuzer vn pied que l'eau ne vint douce, mais auſſi-toſt qu'on en auoit tiré vn barillet, elle deuenoit ſalée, tellement que pour emplir leſdits deux tonneaux de fuſtaille, conuint fouïr à plus de 70. endroits, ce qui fut fait en moins de quatre heures. Tous ces iours il a fait d'inſupportables chaleurs & ſans aucun vent, ay fait derechef relier noſtre clan de baupré, & auois enuie d'y en faire mettre encore vn autre, ne me tenant trop aſſeuré d'iceluy : mais cela s'eſt treuué impoſſible, ſi on n'affoibliſſoit par trop les fourcqs, ainſi i'ay laiſſé cét ouurage, & fait reuenir tous ceux qui eſtoient à terre, apres auoir eu tant pour la patache que pour nous enuiron 22. tonneaux d'eau, qui ne me ſemble gueres bonnes.

Le Cap de Guardafu eſt ſitué par la hauteur de 12. degrez Nord de l'equinoxial, l'aiguille y Noroeſte 17. degrez ¾, la terre du Cap eſt la plus haute de cette coſte, ſe rognāt en falaize. Toute cette côte eſt merueilleuſement deſerte & brûlée des rayons du Soleil, & ie ne croy pas qu'il y ait au monde vn lieu plus chaud que celuy-cy , il n'y a apparence d'aucunes habitations : neantmoins il ſe void quelques hommes par cy par là le long du riuage, qui à ce que ie croy ſont errants; & ce iourd'huy apres que les noſtres ſont reuenus à bord, nous en auons veu vn ſur le riuage qui me paroiſſoit extraordinairement grand; car du Nauire i'auois remarqué que les noſtres eſtans à terre paroiſſoient bien peu : mais celuy-cy ie l'euſſes creu vne roche, ſi ie ne l'euſſes veu marcher : ceux qui en ont veu tant icy qu'à noſtre ancreage de dix degrez & ¼ , m'aſſeurent qu'il y a des hommes tres-grands, & qu'ils en ont veu, que le plus haut d'entre nous ſeroit ce qu'il pourroit faire que de toucher de ſa main le ſommet de leur teſte. On m'a rapporté ce iourd'huy vn de leurs arcs, qui rend aſſez de témoignage qu'ils ſont grands & puiſſans : on ne leur a remarqué autres armes que quelques aſſagayes , encore bien rares, & des pierres : Ie ne ſçay quelle nation ce peut eſtre, mais ils ſont Mahometans de Religion, & à ce que i'entends Negres de race. Durant noſtre ſeiour proche de ce cap ie ne me pouuois aſſez émerueiller, qu'eſtans clos d'iceluy nous n'auions aucun vent, & que par les 10. degrez ½ qui ne differe en diſtance que de 25. à 30. lieües, il y auoit ſi grand vent, que c'eſtoit choſe eſpouuantable : conſiderant d'où en pouuoit prouenir la cauſe, me ſuis imaginé que cette pointe de terre qui eſt par les dix degrez & demy faiſant vne peninſule, le vent venant du long de la coſte qui eſt Nordeſt & Suroeſt, quand il vient à rencontrer ladite pointe qui eſt terre raze, ne ſert au vent que pour luy donner pente à ſouffler tant plus fort, parce que la terre ne peut auoir 3. ou 4. lieües de large, au lieu que ce cap de Guardafu eſt tres-haut; & le vent paſſe par deſſus beaucoup de terre qui eſt tres-ſeiche & ardente, en ſorte qu'auec les rayons du Soleil, elle eſchauffe tellement ſa ſuperficie, que le vent ſe conſomme par deſſus, ce qui eſt cauſe du calme que nous auons eu, eſtans clos d'iceluy; ne doutant nullement que 20. lieües dans les terres y ait tel vent, & l'experience nous a fait foy de cela, entant que iuſques à ce que nous ayons eu le cap de Guardafu ouuert, n'auons eu que fort peu de vent, mais ledit cap ouuert n'en auions que trop, & la Mer bien enflée.

Le Ieudy 27. trois heures apres le iour, nous auons deshallé à la faueur d'vn petit vent de terre, & au point du iour nous pouuions estre enuiron deux lieues vers l'eau, d'où nous estions ancrez : & comme nous aduancions vers la Mer, nous trouuions que le vent renforçoit, & sur les dix heures il ventoit bon frais, & nous sommes apperceus de grandes marées sortantes de la Mer rouge; & bien dauantage encore sur le midy que nous nous sommes trouuez dans vne Mer fort esmeüe, & nous auons veu apres la Mer courir comme en vn raz, l'eau tachée par grandes placques rouges: quelques-vns disoient que c'estoit haut fonds, toutefois nous n'auons rien trouué à la sonde : En mon particulier ie croy que comme il est auiourd'huy conjonction de Lune, & que nous sommes à l'ouuert de la Mer Rouge, quelques grandes aualaffes jointes au reuif de la Mer, nous ont causé ces grandes Marées. La releuée i'ay fait assembler les Pilotes & autres du conseil, pour sçauoir quelle routte nous tiendrions pour la plus asseurée. A esté remontré par le Pilotte Metais que du vent qu'il fait nous serions en peu de temps écoulez à la coste de Malabar, à sçauoir en huict iours & moins, qu'il sembloit estre encore bien tost pour y terrir, & que cependant il seroit bon de laisser passer encore 7. ou 8. iours à courir de bord à autre à l'entrée de cette Mer rouge. Ce qui a esté trouué vnanimement bon de chacun, c'est pourquoy i'ay fait mettre le cap au Nord, pour terrir à la coste d'Arabie.

Le Dimanche 30. Aoust nous auons veu la coste d'Arabie : & le lendemain en auons approché à deux lieues prés : nous estions alors par la haureur de 14. degrez $\frac{1}{2}$ le trauers d'vne baye, & selon la carte nous serions entre vne grande baye où il y a quelques Isles nommées *Caramberumma & Xaël*, d'où vient grand nombre d'encens : Et j'entends qu'en ce lieu de *Caramberumma*, qui est tirant vers Aden, du lieu où nous sommes, vient toutes les années grand nombre de Mahometans en pelerinage, dont y en a aucuns qui y demeurent fort long-temps; c'estoit mon intention de terrir en icelle pour voir que c'estoit, mais les vents contraires m'en ont empesché; comme aussi les marées, & à present les calmes : A l'entrée de cette mer rouge, & le long de la coste des Abissins ou Gardafins y a quantité de poisson, specialement des rayes, entre lesquelles en y a d'extraordinairement grandes, qui excedent la longueur d'vn batteau, & larges à l'équipolent; aucuns de nos matelots ont ietté le harpon dessus le dos d'icelles, mais ne mordoit non plus sur leur peau que si elle eut esté de fer. Ladite coste d'Arabie, au moins en cét endroit, est areneuze sur le bord du riuage, & y a quelque plat pays; mais au dedans y a des montagnes tres-hautes qui ont esté embrunées durant le sejour qu'y auons fait, lequel a esté plus long que ie n'estimois, par les calmes qui nous ont duré iusques au dixiesme de Septembre, qui m'ont donné de grandes apprehensions qu'il ne fust ia trop tard pour doubler le cap de Comorin ; ainsi faisant seruir quelque peu de vent d'Est & d'Est-Suest à courir au Nordest ; nous en sommes retirez & retrouué les vents de Suroest à la faueur desquels auons fait nostre route au Suest.

Le Vendredy 11. Ridel maître de la patache, me donnât le bon jour m'a aduerty que son canonnier qui estoit Anglois venoit à l'instât de mourir, qu'il auoit encore 7. ou 8. personnes de malades ; ce qui m'a occasionné en partie de faire assembler les pilotes de mes nauires & autres nauigateurs pour auoir aduis d'eux quelle route nous tiendrions, pour doubler le Cap de Comorin, soit de passer par le canal de Mammale, ou bien terrir en la coste de Malabar, ou leur ayant proposé quelques difficultez par l'vn & l'autre endroit, entr'-autres que si nous passions par le canal de Mammale en cette saison, nous abregerions nostre voyage, entant qu'iceluy passé nous nous trouuerions en plaine Mer pour poursuiure iusques à Achen, mais i'y trouuois vne difficulté, sçauoir que les Marées portoient au Noroest, & nous estoient contraires, joint qu'il faudroit tenir au lit du vent pour aller au Susuest, & ainsi le Nauire feroit peu de chemin, tellement que serions plustost terris en la coste de Malabar, que paruenus à la hauteur dudit canal. Que si faisions nostre cours pour terrir en la coste de Malabar, il y auoit apparence d'y estre en bref ; mais que ie craignois aussi que le long d'icelle

le, nous ne fuſſions ſprins de calmes qui nous retardaſſent, & qu'auions à nauiger
cent vingt lieuës pour le moins le long d'elle, auant que de pouuoir doubler
le cap de Comorin : leur ayant repreſenté ces raiſons auec quelques autrès, ie leur
demandois conſeil & aduis laquelle des deux routes nous prendrions pour eſtre la
plus breſue ; mais ſe trouuans de differentes opinions, quelques-vns ſouſtenansque
nous n e pourions paruenir à la hauteur de neuf degrez, comme eſtoit le canal, que ne
fuſſions à terre ferme, puis qu'en faiſant le Sueſt la route ne nous valoit que l'Eſt : d'autres diſoient que ſi nous courions au Suſueſt ſnous eſleuerions aſſez; enfin voyant
que tout ſe paſſoit par ſi & par non, ie leur dis que pour eſſayer de tout, nous gouuer-
nerions au Suſueſt pour voir ce que le chemin nous vaudroit, & que demain prenant
hauteur elle nous mettroit hors de different, & quo lors ſuiuant icelle nous prendrions certaine reſolution de ce qu'aurions à faire, ainſi nous fiſmes cette routte iuſqu'au lendemain midy; trouuaſmes par la hauteur que le chemin ne nous valoit que
l'Eſt Sueſt, ce qui me fit derechef faire aſſembler les Nauigateurs & Pilotes, & leur
ayant demandé leur aduis quelle route nous tiendrions, la plus-part ont eſté d'opinion d'aller chercher la coſte de Malabar par les 13. degrez ½ apportant pour raiſons
que paſſans par le canal de Mammalé qui eſt par les neuf ½ nous faudroit beaucoup de temps pour paruenir à icelle hauteur, & qu'il ſeroit à craindre qu'auant
d'y eſtre ne trouuaſſions les baſſes qui ſont au Nord de ce canal, deſquelles nous aurions bien de la peine à nous retirer, meſme que nous courrions riſque d'vn naufrage :
& apportans encore quelques autres difficultez, voyant que c'eſtoit la pluralité des
voix que de paſſer par la coſte de Malabar, ie me ſuis arreſté à cette opinion, encore
que la mienne eut eſté de paſſer par le canal, craignant les calmes le long de la coſte :
ainſi i'ay fait mettre le cap à l'Eſt Sueſt.

Le Samedy 26. nous auons veu la terre de Malabar, qui eſt fort haute & montreuſe
dans le païs, nous eſtions par les 13. degrez ½ nous auons rencontré deux galiottes,
qui à ce que ie croy, eſtoient des corſaires Malabares ; i'ay fait chaſſe ſur eux, mais y
ayant peu de vent, ils ſont bien-toſt éuanouïs de nous.

Le Dimanche 27. nous auons veu le mont Deli, qui eſt entre Cranganor &
Mangalor, & nous paroiſſoit comme vne Iſle en eſtans éloignez enuiron 8. lieuës ; Var. 15. d.
vn qu. NO.
l'aiguille varie en cet endroit 15. degrez vn quart Noroeſt : nous auons veu encore
vne galiotte qui a paſſé enuiron vne lieuë de nous ; & eſtant ſuruenu vent de Nort,
i'ay fait appareiller le batteau, pour auec la naige & la voile la pouuoir reconnoiſtre,
& commandé à la patache de tenir le vent, & moy ie larguerois auec le Nauire ; afin
de l'enclorre auec le batteau, qui iroit entre nous deux, à ce que ſi elle vouloit tenir le
vent, la patache luy peût couper chemin; que ſi elle largoit comme firent celles d'hier,
elle me rencontraſt ; elle a eſſayé du vent, puis à amené ſa voile pour l'eſchanger, & a
couru vent derriere; tellement qu'en chaſſant faiſions vne route au Suſueſt, mais elle
alloit encore vent derriere mieux que nous, & à Soleil bas eſtoit eſloignée plus de
lieuës de nous, auons veu encore deux voiles terre de nous.

Le lundy vingt-huict il faiſoit calme, & au matin nous auons veu vn nauire au
vent de nous eſloigné enuiron deux lieuës ; le batteau eſtant eſquippé de vingt-
trois hommes depuis hier Monſieur de Montcurier commandant d'edans me demanda permiſſion de l'aller reconnoiſtre, ce que ie luy accorday voyant le calme,
luy commandant de ne l'aborder pas, ains ſeulement de luy commander d'arriuer
ſur nous, & qu'il enuoyaſt dans ſon batteau ſes pilotes & leur eſcriuain pour parler à
moy : luy dis auſſi particulierement qu'il ſe donnaſt de garde des Malabares, pour
eſtre la plus grande partie eſquippez en guerre, ſpecialement dans les galiotes;
que ie ne deſirois auſſi leur faire aucun tort, ains me les rendre amis, & que ie deſirois ſeulement ſçauoir d'eux; ſi la ſaiſon pour doubler le Cap de Comorin ne ſeroit
trop aduancée comme eſtoit mon opinion, afin ſuiuant ce que i'en ſçaurois, me reſoudre d'aller droit à Ticou ſans aller à Achen : Sur le midy auons veu noſtre batteau proche dudit Nauire qui eſtoit en trait carré & veu que les noſtres auoient tiré

Seconde Partie.   § E

vn coup d'eſpoir de fonte deſſus, & luy auoit fait amener ſa grande voile & à ſon batteau qu'il trainoit derriere luy, & qui en auoit auſſi vne appareillée, & du depuis reconnu que les noſtres auoient abordé ledit Nauire de l'autre bord de nous, & veu quelque fumée de mouſquetades & poudres ſans en bien entendre le bruit, & quelque peu apres auons veu partir le batteau du Nauire, qui appareilloit pour venir ſur moy & que le nauire arriuoit auſſi, ce qui nous a aſſeuré que Monſieur de Monteurier s'en eſtoit rendu Maiſtre, dequoy fus eſtonné, veu que ie ne luy auois donné aucune charge d'aborder, ains ſeulement reconnoiſtre & luy faire commandement d'arriuer ſur noſtre nauire Admiral, comme i'en auois auſſi donné le meſme ordre à la patache, laquelle pour le calme n'a pû approcher d'iceluy non plus que nous qu'à enuiron vne lieuë.

Quelque temps apres voyant que le calme continuoit, & que ce batteau qui eſtoit party du nauire aduançoit fort peu, m'ennuyant de ne ſçauoir au certain nouuelles des nôtres, me ſuis deliberé faire mettre la ſcutte hors, & enuoyer au deuant dudit batteau pour eſtre certain de tout. Enuirõ vne heure apres eſt reuenue nôtre ſcutte, laquelle approchant de bord, ay veu, à mon grand regret, qu'ils ramenoient 5. hommes de 23. qui eſtoient dans le batteau, dont trois d'eux eſtoient fort bleſſez, entr'autres la Vigne de Roüen ayant le nez couppé tout net auec la levre de deſſus abbattuë, & 5. ou 6. grands coups de coutelas : vn Matelot Breton nommé François Monel ayant trois furieux coups de coutelas ſur la teſte : Malo ayant vn coup de picque le trauers du bras : Malet legerement bleſſé, & le jeune Girard point du tout; auſquels ayant demandé l'occaſion de leur piteux eſtat, me conterent le mal-heureux accident qui nous eſt arriué ce iourd'huy de la ſorte qui ſuit : Qu'eſtant proche de ce nauire, qu'ils diſent eſtre grand, Monſieur de Monteurier auoit crié en Eſpagnol, qu'ils amenaſſent leurs voiles, ſinon qu'il iroit à bord & les tueroit tous; iceux ne s'en haſtans autrement auoit fait tirer les deux eſpoirs de fonte & fait faire vne ſalve à ſes Mouſquetaires; & qu'alors ceux dudit nauire auoient amené leurs voiles & auoient crié qu'ils eſtoient rendus, & qu'ils arriueroient ſur noſtre nauire : Que ledit ſieur de Monteurier leur dit alors qu'ils amenaſſent encore leurs voiles dauantage, & qu'iceux ne le faiſans, ledit ſieur leur cria encore qu'ils amenaſſent tout bas, & que ceux dudit nauire reſpondirent qu'ils eſtoient rendus & qu'il vint à bord, s'il vouloit; ce qu'il fit à l'inſtant, & aborda en hanche où tous ceux qui eſtoient dans noſtre batteau monterent & tuerent ceux qu'ils treuuerent à l'arriere du nauire, & s'en eſtans rendus maiſtres s'aſſeuroient auoir le tout à eux, lors que d'auant vindrent 60. à 80. hommes le rondache & le coutelas en la main qui donnerent ſur les noſtres d'vne telle furie, qu'ils les firent rembarquer dans le batteau; mais de mal-heur ledit batteau eſtoit tellement amaré qu'ils ne peurrent deſaiſir du bord, à quoy bonne partie des noſtres eſtans empeſchez furent tuez par ceux du nauire More à coups de picques, de fleches & pots à feu qu'ils ietterent dans ledit batteau, qui par autre accident s'alla encor embaraſſer au gouuernail de ce nauire qui eſt en bricbale, tellement que les noſtres eſtans encore empeſchez à couper les haubans du maſt du batteau, afin de driuer arriere, les autres ne perdirent temps; car le coutelas en la main, firent ſauter les reſtans en la Mer, entre leſquels vn de ceux qui ſont reſchappez, nommé Malo, gagna à nage le batteau du Nauire More, à qui il coupa l'amare, & ſaüua les quatre autres qui vindrent à bord d'iceluy, puis l'appareillerent ſans attendre leurs compagnons, qui furent noyez, comme il faut coniecturer : au ſurplus qu'il y auoit dans iceluy nauire de bons ſoldats, & que s'ils abordoient noſtre patache qu'indubitablement ils l'emporteroient.

Le lendemain Mardi ving-neuf dés le point du iour ie me ſuis mis banc à banc dudit nauire auquel ne paroiſſoit perſonne : nous nous ſommes bien douté que tout s'eſtoit ſauué dans nôtre batteau; car toute la nuit led. nauire a eu le vent ſur la penne, neantmoins quelque peu apres auons veu ſept ou huict perſonnes qui se mettoient à genoux, faisans demonstration que le reste s'estoit sauué. Voyant cela ay fait equiper la scutte pour porter vn cablet à l'auant dudit Nauire, affin de le traîner derriere nous, & amener ceux de dedans, lesquels estans à bord, vis douze ou quinze miserables vieillards qui ne se pouuoient soûtenir de pauureté, & à qui les barbes blanches descendoient iusques à la ceinture, lesquels se jettans à mes pieds auec quantité de larmes & de lamentations, me donnerent plus de compassion que d'enuie de vengeance : joint qu'ayant demandé aux blessez s'ils reconnoissoient aucuns d'iceux auoir massacré des nostres, me répondirent vnanimement ne les auoir veus durant le combat, & m'estant enquis d'iceux qu'estoient deuenus ceux qui auoient tué mes gens, d'où ils venoient, & où ils alloient ; ils me dirent que ce Nauire estoit de Paname prés de Calicut, qu'ils en estoient partis, chargez de poivre pour porter à la Mecque, duquel lieu estoient partys y auoit enuiron vn Mois pour faire leur retour en Calicut : Qu'ils estoient marchands & auoient passeport des Portugais : Et leur ayant demandé dequoy le Nauire estoit chargé, respondirent qu'ils estoient pauures gens qui passoient de la Mecque pour demander l'aumosne en ceste coste, & qu'hyer ceux à qui appartenoit ce qui estoit dans ledit Nauire, s'estoient embarquez dans mon batteau au nombre de 80. & auoient embarqué leur or & argent auec eux, en sorte que ledit batteau n'auoit 3. doigts de bord, & qu'eux miserables auoient esté abandonnez d'iceux, le batteau estant par trop chargé : Ie m'estois resolu faire vn mauuais party aux meurtriers des nostres, mais voyant que ie ne les auois en mon pouuoir, & que c'estoit bien peu de recompense pour moy que de faire mourir ces miserables, qui peut-estre estoient du tout innocens, veu mesme que les nostres eschappez disent ne les auoir aucunement veus, & qu'ils disoient que les nostres estoient cause de leur mort, parce que ledit Nauire estoit rendu, & que ceux de dedans ne demandoient autre chose que de venir parler à moy, & qu'ils ne se fussent mis en estat de tuer personne, n'eût esté que quelques-vns des nostres en entrant mirent l'espée à la main, & en tuerent quelques-vns, mesmes se mettoient desia à fourager, ce qui fit resoudre le Capitaine More de faire ce qu'il auoit fait, voyant l'opportunité du calme, & le voysinage de terre. Ces raisons me firent laisser les vieillards dans leur Nauire, detestant l'ambition & l'auarice des nostres. I'enuoyay les commis visiter les Nauires, qui me rapporterent y auoir trouué force sel, dattes & vin : ne m'estant contenté de cela, j'y ay esté moy mesme auec eux, & auons treuué quelque oppium & meschant corail.

Le Mercredy dernier nous auons encore eu le Nauire derriere faisant tousiours nostre route, & auons treuué nombre de dattes qu'ay fait prendre pour victuailles, & plain deux poinçons d'oppium, & deux pacquets d'iceluy, pouuans pezer ensemble douze cens liures, quelques cent liures de corail, quelques pannes de cotton de peu de valeur, eaux rozes, coûteaux, & entends de ces vieillards, que si les nostres ne l'eussent point abordé, ceux dudit Nauire nous pouuoient fournir 40000. ducats dû Caire, qui est vne monnoye d'or valant quatre liures piece, que l'on nomme en France Sequins, & qu'ils n'auoient oublié d'emporter quant & eux.

Sur les huict heures du soir i'ay laissé aller ce Nauire, le vent estant par deuers le Noroest, auec apparence de vent pour la nuict.

Le deuxiesme d'Octobre nous estions le trauers du cap de Comorin par la hauteur de 7. degrez 50. minutes, & l'aiguille variant 14. degrez ½ : le long de cette coste, en ce temps, les Marées portent au Sud, qui nous en a fait vuider plûtôt que n'estimions : Et le 4. est decedé en ce Nauire tout subitement le meilleur de nos tonneliers nommé le Poste qui estoit pulmonique, auons encore dix ou douze malades du scorbut, & dans la patache est decedé vn autre tonnelier nommé Michel Hedoard, tellement que perdons deux tonneliers en vn iour, & la maladie augmentant dans la susdite barque, y ay enuoyé vn canonnier & vn cirurgien, sçauoir Sandre hoult Escossois, & Odet Langlois de Dieppe.

Le Mardy 6. d'Octobre i'ay fait assembler le Conseil, pour auoir auis quelle rout-

Seconde Partie. § E ij

te nous tiendrions, soit d'aller à Achen ou à Ticou. Et tous sont demeurez d'accord que c'estoit le plus expedient d'aller à Ticou, i'ay fait mettre le cap au Suest & Suest vn quart d'Est auec beau temps de Suroest.

Le Dimanche 11. la nuict auons eu vn pezant grain du Noroest qui a duré enuiron deux heures, & durant iceluy le batteau du Nauire More que nous trainions, & que ie faisois accommoder en barque du cap verd, nous a eschappé, estant amaré derriere nous, de deux cablets tous neufs, qui ont rompu tout net. La plus grande partie des outils de mon charpentier estoient dedans, qui est vne grande perte pour nous. Et sur les 9. heures du matin est suruenu vn autre grain du Soroest, qui a rompu nostre mast de mizane par les estambrais, nous pouuions estre par la hauteur d'vn degré & demy Sud de la ligne.

Le lundy 12. estions par la hauteur d'vn degré dix minutes Sud de l'equinoxial, nous estimans enuiron 75. lieuës de Ticou, nous auions veu des couleuures & petits oizeaux terrestres, qui donnoient esperance de voir en bref la terre, dequoy nous auions grand besoin; car beaucoup de personnes sont tombez malades, specialement dans la patache; le Capitaine de la galliotte nous a aduertis qu'il n'auoit plus que 4. à 5. hommes debout.

Le Dimanche 8. de Nouembre, depuis le dessus escrit auons eu vn calme continuel, qui est vne grande pitié; car la plus part de cet esquipage sont tombez malades, & dans la patache ne reste que trois personnes debout, & plusieurs decedez; il ne nous falloit que deux ou trois jours pour aller à Ticou, ou quelqu'autre lieu de la coste de Sumatra; mais ce n'a esté la volonté de Dieu, qui a eu compassion de nos miseres, nous ayant fauorisé de quelque peu de vent, qui nous a fait voir ter-re le Mercredy 11. de Nouembre par la hauteur d'vn degré quarante minutes Nord de l'equinoxial : ce qui nous a donné courage de paruenir en bref à Ticou; mais Cette terre est Pulo Nias. l'ire de Dieu n'estoit encore retirée de dessus nous : car auons eu forces calmes, & auec peu de vent de la terre qui venoit la nuit, le faisions seruir, non sans grand peril, pour estre besoin de passer entre plusieurs Isles & Islettes à nous incoñnuës, & où ie me fusse bien gardé de me hazarder specialement la nuict, sans l'extrême necessité en laquelle nous sommes, qui est telle que lors qu'il conuient ancrer & puis releuer l'ancre, il faut que i'enuoye nostre scutte esquippée pour leuer l'ancre de la patache, & appareiller les nauires; puis quand ils sont reuenus nous trauaillons à leuer la nostre, ce qui ne se fait sans d'estranges difficultez, ne restant que 18. hommes sains, & nuls dans la barque que deux ou trois, qui se traînoient du mieux qu'il leur estoit possible au gouuernail, & n'estoit l'esperance qu'auons à chaque iour d'estre à Ticou, ou bien trouuer quelqu'autre port, nous ne pourrions manouurer les Nauires, & il nous meurt telle iournée quatre personnes, & de nos principaux mariniers & officiers : Et ce iourd'huy Vendredy 27. de Nouembre est decedé le sieur Deschamps nostre cirurgien en ce nauire d'vne maladie estrange, & sembloit plus malade d'esprit & de desespoir que du corps, car n'y a que deux iours qu'il n'auoit aucun mal sur luy. Et le 29. est decedé aussi le cirurgien de la patache monsieur le Ferreur de Paris. Et voyant quelques embarquemens du pays à la voile de bord & d'autre, i'ay fait mettre vne enseigne blanche pour les faire approcher, mais voyant qu'ils ne vouloient venir, & y en ayant vn entre la terre & nous, i'ay fait esquiper la scutte pour parler à eux : cette embarcation, qu'ils appellent Parau, vouloit se sauuer à terre, neantmoins ladite scutte l'a attrapé, & ont concerté ensemble de nous mener à Ticou moyennant la somme de 35. realles de huict, ou pieces de quarante huict sols, & pour ce sujet nous ont déliuré vn Pilotte. Ils estoient de Priaman ville située 8. ou 10. lieuës au Sud de Ticou, & nous disent que Ticou n'est qu'à 7. ou 8. lieuës d'icy, par-delà quelques Islets qui sont deuant nous : & nostre pilotte nous a conduits plus proche de terre ferme, que n'eussions esté, & auions tousiours la sonde en la main, ne me fiant que de bonne sorte à tels Pilotes : & estans le trauers des susdits Islets, il nous a fait remettre vers l'eau : iceux passez nous descouurîmes vne aſſez haute pointe de la terre ferme, & y a deux battures, l'vne au bout de ladite haute pointe qui en eſt eſloignée enuiron demie lieuë, & l'autre au Sueſt d'icelle, qui peut eſtre eſloignée de terre ferme enuiron deux lieuës, & ſont bjen dangereuſes, & noſtre guide ne nous en auoit point aduerti; & nous allions droit ſur la derniere, ſans vn homme qui eſtoit au haut du grand maſt qui l'auiſa, car nous ne l'apperceuions pas de bas, à l'occaſion d'vn grain de pluye qui eſtoit ſuruenu deſſus, & noſtre guide diſoit que Ticou eſtoit encore 5. à 6. lieües à l'Eſt Sueſt de ces battures. Comme nous nous retirions de ce mauuais endroit, & que nous auions le cap au Suſueſt, nous en auons veu encore vne autre deuant nous, eſloignée de la ſeconde vne bonne lieuë: nous auons ſondé entr'-elles & touſiours trouué 16. braſſes d'eau, fonds de vaſe & quelque peu de ſablon, & giſent Sureſt & Noroeſt, ſçauoir la ſeconde & la derniere: & la nuiét nous ayant ſurpris entre icelles, i'ay fait tomber l'ancre pour paſſer la nuiét, qui auoit apparence d'eſtre manuaiſe pour les tonnerres & pluïes qui commençoient bien aſprement; ce lieu eſt le trauers d'vne habitation nommée Pageman, il s'y recouure grand nombre de poivre, & eſt le commencement des poivres de cette coſte de Sumatra, droit ſous l'equinoxial, faiſant vne grande anſe, le fonds de laquelle eſt païs plat & couuert de bois, & au dedans y a vne tres-haute montagne, faite en pic, qui ſe voit à plus de 30. lieües loin, & courant au Sueſt vn quart d'Eſt : eſtant paruenu à la pointe de cette anſe, on commence à voir les trois Iſles de Ticou, auquel lieu ſommes arriuez le Mardy premier de Decembre, bien las & fatiguez, ayans tardé deux mois à faire vn chemin, qui d'ordinaire s'accomplit en huiét iours.

Durant les calmes & le temps ſuſdit qu'auons tardé à venir en ce lieu, ſont decedez 13. perſónes dans ce Nauire Montmorancy, & 10. dans la parache, ce ſont vingt-trois perſonnes & deux tonneliers que nous auions perdu le deuxiéme d'Oétobre, & 25. en tout, qui eſt vne grande perte pour nous, & qui me porte & portera bien du prejudice pour les deſſeins que i'auois à l'auancement de cette entrepriſe : Dieu m'auoit aſſiſté au commencement de ce voyage, d'auoir eſté vn an dans ce Nauire, ſans auoir perſonne malade : Si les calmes euſſent duré 15. iours, ie croy que tout fut demeuré dans la Mer. Nous auons ancré ſur les dix heures du matin, entre le plus grand Iſlet & la terre ferme à quatre braſſes d'eau, fonds de vaze, & i'ay enuoyé la ſcutte à terre qui m'a amené vn nommé Pedro de la coſte de Malabar qui ſeruoit d'interprette aux Anglois lors qu'ils auoient faéturie en ce lieu : Il me dit que les Anglois & les Holandois auoient eſté mis hors d'icy par le Roy d'Achen il y auoit enuiron deux mois, & qu'il y auoit force poivre à terre, mais que nous n'en pourrions acheter ſans vne licence du Roy d'Achen, à qui toute cette coſte appartient. Dauantage cet Interprette m'apporta vne lettre d'vn nommé Benheuile & d'vn nómé la Boulaye, de l'equipage du Viſadmiral, leſquels m'aduiſoient que le dernier de Iuillet ou enuiron le Nauire l'Eſperance noſtre Viſadmiral eſtoit arriué en ceſte coſte à enuiron vingt lieües d'icy, & que monſieur Graué Capitaine d'iceluy s'eſtoit deliberé d'équipper ſon batteau de quinze hommes pour enuoyer en ce lieu de Ticou, pour recouurer des rafraichiſſemens & de l'eau, dequoy ce Nauire eſtoit entierement dépourueu, & pour ce ſujet s'eſtoient embarquez dans ce batteau du Queſne & le Sec deux de ſes principaux commis, auec le pilote Patri, & Franciſco Nicquet Interprete Indien, qu'auions embarqué à Dieppe, & onze tant matelots que ſoldats, leſquels eſtans venus à terre, rencontrerent vn Nauire Holandois en cette rade, qui leur tira vn coup de canon, & les penſa couler à fonds. Les Commis s'eſtans plains de cela, ils dirent pour excuſe qu'ils penſoient qu'ils fuſſent Anglois : Leſdits Commis auec le batteau furent donc à terre, & demanderent permiſſion au Gouuerneur de ce lieu d'auoir quelques rafraichiſſemens, ce que le Gouuerneur leur accorda fort librement, & les receut tres-humainement. Les noſtres ayans chargé leur batteau de viandes & fruitages, partirent de ce lieu pour retrouuer leur Nauire, ce qu'ils ne pûrent faire, & y retournerent encore par deux fois, outre la premiere, ſans le pouuoir rencontrer; c'eſt pourquoy ils demeurerent audit lieu vendans leurs armes pour viure, & au mois d'Octobre estoient morts sept d'iceux, sçauoir les Commis du Quesne & le Sec, le Pilote Patri, & quatre mattelots : des sept autres les quatre estoient partis au mois d'Octobre dans vn Nauire Holandois, qui auoit emmené aussi le batteau, & prenoit la routte d'Achen; & les trois autres dans vn autre Nauire Holandois pour Bantan, tellement qu'il n'a resté icy que l'Interprette Indien, qui estoit à quelque lieuë de Ticou dans le païs, qui gagnoit sa vie à cueillir du poivre, & lequel i'ay incontinent enuoyé chercher. Ie fus bien estonné de ces nouuelles, & m'esmerueillay comme monsieur Graué enuoyoit son batteau si loin de luy, & qu'il y mettoit des personnes si necessaires comme estoient deux de ces principaux Commis, & vn Pilote : ie fus tres-marry de leur mort, m'asseurant bien qu'ils feroient grande faute, & eussent esté grandement necessaires dans ledit Nauire; & considerant bien tout ce que dessus, i'eus grand doute qu'il ne fut arriué fortune audit Nauire, veu que l'on n'auoit entendu depuis parler de luy. Ce qui me fit enquerir encore plus exactement dudit Pedro pour sçauoir ce qu'il auroit entendu des deffuncts Commis touchant ce Nauire, quel traittement ils auoient receu des Anglois & Holandois qui auoient encore facturie en ce lieu lors qu'ils y arriuerent; le traittement de ceux de ce païs enuers eux, & l'occasion de leur mort & de cinq autres personnes en si peu de temps; à quoy il me dit que l'opinion des Commis estoit que ledit Nauire auroit esté forcé de leuer ou quitter l'ancre par quelque grain ou tempeste qui leur seroit suruenuë au lieu où ils estoient arriuez, & que n'ayans peû ratraper ledit lieu, ils auroient lasché à Bantan, esperant que moy passant par icy, comme ie leur auois promis ie les recueillerois & embarquerois pour les mener audit lieu de Bantan; Que le lieu où estoit ancré le Nauire estoit vne grãde Isle à l'Oest de ce lieu esloigné enuiron de vingt lieuës, en laquelle ledit Nauire n'auoit asseurement fait naufrage, ny le long de cette coste, parce que diuers Paraus allans & reuenans tant en icelle Isle que le long de cette coste, n'auoient apperceu ny reconnu aucun bris de Nauire qui pût faire soupçonner la perte d'iceluy, & que le Gouuerneur s'en estoit informé exactement.

Pour le fait des Holandois qu'ils auoient fait du pis qu'ils auoient peu aux nostres, & que lors qu'ils tirerent le coup de canon sur le batteau, les auoient ja bien reconnus pour François, & auoient desia parlé ou parloient ensemble, & qu'alors ils n'auoient aucune dispute contre les Anglois; les nouuelles de leur accord leur estant paruenuës du precedent, qu'ils auoient dit tant au Gouuerneur qu'Habitans de ce lieu, que les François estoient des voleurs, & que ceux-cy venoient reconnoistre la descente de Ticou pour les sacager, & ainsi qu'ils feroient bien de ne leur permettre aucune descente, ny octroyer aucuns rafraischissemens: Qu'ils auoient eu de grosses disputes auec nos Commis, specialement contre le Sec, qui leur disoit haut & clair que les François auroient bien le moyen de se vanger quelque jour des outrages qu'ils leurs faisoient, & que les Holandois ne les voulurent iamais assister d'aucune chose, ny durant leur santé, ny durant leur maladie, seulement à quelques matelots desquels ils auoient besoin : Que pour les Anglois ils les auoient assisté de tout leur pouuoir, & les nostres ne pouuoient en aucune façon se plaindre d'eux. Pour le fait du Gouuerneur, qu'il les auoit aidez & assistez en tout & par tout, & n'auoit iamais creu, non plus que les habitans, qu'ils eussent le dessein que leur faisoient entendre les Holandois; remarquant bien l'affliction des nostres, & la malice des Holandois, qui desiroient venir eux seuls aux Indes, & qui auoient fort mal traité depuis quelque temps le Roy de Iacatra & vsurpé sa terre, qui estoit l'occasion pour laquelle le Roy d'Achen les auoit chassez de Ticou: Pour le fait de leur mort qu'à la verité cette année auoit esté extrememẽt maladiue, & que depuis long-temps il ne s'en estoit veu vne pareille, y ayant eu grande mortalité des habitans mesmes, & que les maladies ne faisoient qu'acheuer, dequoy peu de personnes auoient esté exemptes; neantmoins qu'aucuns auoient soupçonné les Holandois de leur auoir par quelque moyen aduancé leurs iours, n'estans decedez que ceux qu'ils hayssoient le plus; & qu'ils n'estoient les premiers ausquels ils eussent donné ou fait donner du poifon, dequoy plufieurs Anglois eftoient morts : Ie m'enquis alors au fufdit Pedro ce que les Holandois auoient fait au Roy de Iacatra, & fi Bantan auoit efté affiegée par eux : Il m'affeura qu'elle l'eftoit encore, tellement que perfonne du cofté de la Mer n'y pouuoit entrer, & n'y auoit de prefent aucun commerce ne trafic en ladite ville : Que les Holandois auoient prins Iacatra, & chaffé le Roy qui s'en eftoit fuy, & ne fçauoit-on qu'il eftoit deuenu; qu'ils auoient razé l'antienne ville, & bafty vne notable forterefle, & faifoient vne ville à la mode de leur pays, qu'ils peuploient de toutes fortes de nations, & l'auoient fort perfuadé d'y aller demeurer, luy promettant d'affez honneftes partys : Enfin qu'aprefent ils eftoient maiftres du deftroit de Sonda, & que perfonne n'y pouuoit nauiguer fans leur paffeport : Quelque peu apres Francifco Nicquet Indien de l'equipage du Nauire l'Efperance, m'eft venu voir, qui m'a confirmé tout ce que Pedro m'auoit dit, & luy demandant particulierement l'eftat de l'equipage de monfieur Graué, lors qu'il s'embarqua dans le bateau, il m'affeura que depuis noftre feparation il y eftoit mort neuf hommes, entr'-autres le Capitaine Careme, à l'enfeueliffement duquel au fortir du Nauire fut tiré vn coup de canon, qui creua & tua trois hommes : qu'il y auoit plufieurs malades, entr'-autres monfieur le Telier premier Commis, & le Capitaine Soinet leur Pilote, & manquoient d'eaux; voila de bien grands accidents, & entr'-autres celuy de la perte de leur batteau, auec des perfonnes qui leur eftoient fi neceffaires comme de leurs principaux Commis, vn Pilote & les meilleurs matelots, & n'en fçaurois que iuger depuis 4. mois qu'ils font partis d'icy, fans que l'on ait entendu aucunes nouuelles d'eux, ny qu'ils ayent enuoyé pour fçauoir qu'eftoit deuenu leur batteau & l'equipage d'iceluy : dauantage la ville de Bantan affiegée, en laquelle n'y pouuant traiter, ie leur auois ordonné de venir incontinent en ce lieu, & confiderant que l'on n'a trouué aucun bris ny remarque de vaiffeau perdu, & qu'ils deuoient auoir encore cent hommes, eux ayans cent vingt-quatre ou cent vingt-cinq hommes quand ie les quittay, qui eftoit de grandes forces, ie ne pouuois conjecturer de quel cofté ils auroient tourné; ce qui me fit refoudre d'enuoyer à Achen & à Bantan à quelque prix que ce fut, pour en auoir des nouuelles, que ie prie Dieu nous donner bonnes, afin d'auoir quelque confolation parmy tant de calamitez.

Le Mercredy deuxiefme de Decembre le Roy & le Gouuerneur de la part du Roy d'Achen m'ont enuoyé dire que ie pouuois venir à terre quand i'aduiferois bon eftre, & qu'ils me donnoient affeurance; ainfi la releuée i'y ay efté auec prefens, fans lefquels on n'eft pas bien venu en ce païs-cy, tant pour les perfonnages cy-deffus nommez, qu'autres principaux Officiers, & auffi pour quelques-vns qui auoient affifté, & aux maifons defquels auoient logé ceux de noftre Vis-Admiral. Eftant paruenu au lieu où eftoient lefdits Gouuerneurs qui m'attendoient fur le bord de la Mer, fous vn Baly ou toict, ainfi nommé entr'-eux, ils me firent honorable reception; & leur ayant declaré de quelle nation nous eftions, & que la traitte des poivres dont i'auois entendu ce lieu eftre tres-abondant m'y auoit emmené, mefme auffi l'efperance que i'auois d'auoir des nouuelles de mon Vice-Admiral, & que les François eftoient ja connus du Roy d'Achen, auquel ils auoient payé les premieres couftumes d'entrée, qu'en cette confideration cette terre luy eftant fuiette, ie n'auois douté d'y eftre le bien venu : Parquoy les fupplios de nous octroyer la traitte libre, tant de victuailles que de marchandifes; à quoy ils me dirent, que ja par ceux du batteau de noftre Vis-Admiral ils auoient entendu qui nous eftions, & qu'ils ne defiroient autre chofe que de traitter auec nous; mais qu'ils ne le pouuoient faire fans auoir premierement vn paffe-port du Roy d'Achen, fans lequel ils ne la pouuoient octroyer, qu'ils ne miffent leur tefte en vn euident danger : Que pour des victuailles ils me permettoient d'en acheter, moyennant que ie les payaffe en realles & couteaux, & non en d'autres marchandifes; que fi ie voulois aller à Achen demander permiffion au Roy d'é-

tablir vne facturie en ce lieu, que ce seroit tout ce qu'ils desiroient. Ie les remerciay de leur bonne volonté, & leur dis que ie n'auois pas creu qu'il falut aller à
Achen pour traiter par deçà, qu'en cela mon ignorance me rendoit excusable
Que pour le present ie n'y pouuois aller, pour estre mes gens tres-fatiguez & malades, & qu'il me conuenoit pour le moins vn mois à les faire reuenir sur pied.
Que pour ce sujet ie les priois de me donner permission de loüer vne maison en
la ville pour mettre les malades, & laisser quelques gens à terre pour acheter des
victuailles pour nous autres, à quoy ils me repartirent qu'il y auoit vne infinité
de mauuaises gens en ce lieu, desquels ils ne me pouuoient respondre, c'estoit
pourquoy craignant quelque accident en mes gens, ils me prioient les dispenser
de me permettre cela; mais que pour deux hommes ie les pouuois laisser à terre
pour nous acheter ce qu'il nous seroit de besoin, & cela durant l'espace seulement
de cinq iours. Voyant qu'il n'y auoit pour lors autre chose à faire auec eux, ie me
retiray en la maison d'vn Chinois, ou i'eus vne infinité de visites des plus signalez,
qui tous me promettoient assistance & asseurance de faire charger nos Nauires de
poivre en peu de temps, pourueu que i'eusses permission du Roy d'Achen, sans laquelle ils ne pouuoient du tout rien faire auec moy : & ayant remercié quelques
vns qui auoient assisté les nostres du batteau du Vice-Admiral, tandis qu'ils auoiét
esté à terre, ie me suis retiré à bord.

Le Ieudy 3. de Decembre sçachant qu'vn Parau alloit à Achen, & partoit ce
soir, ay obligé le maistre d'iceluy par quelques presens & promesses de remunera-
tion, s'il treuuoit nostre Vice-Admiral à Achen, de luy déliurer vne lettre
que i'adressois à Monsieur Graué ou autre de son esquipage.

Le Dimanche 6. i'ay fait marché auec vn Malaye Maistre de parau resident à Ticou nommé *Paucianon* d'aller à Bantan ou Iacatra porter vn de mes gens à bord du
Vice-Admiral, à condition qu'il seroit icy de retour dans vingt iours, moyennant
la somme de cent realles, & qu'il fust prest à partir dans deux iours, dequoy en
auons fait vn escrit & donné respondant de Pedro Ferreiro de Goa interprete
des Anglois, resident & marié à Ticou, lequel ne desire non plus que le Maistre
du Parau, que le Gouuerneur ou autres de Ticou ayt connoissance qu'il soit allé
en ces lieux; & ce iour mesme i'ay esté voir le Gouuerneur, tant pour le remercier
d'vn Bufle & de quelques fruicts qu'il m'auoit enuoyé les iours passez, qu'aussi
pour luy demander derechef de m'accorder vne maison pour mettre nos malades, ce qu'il m'a octroyé moyennant quelque present que i'auois fait preceder,
ainsi i'en ay fait descendre 43. & loüé 2. Mestis de Bengala pour faire leur cui-
sine; plus trois Chirurgiens que i'ay enuoyé aussi auec eux, le Religieux, vn Commis & Francisco Carnero Portugais; tellement que i'ay 50. hommes en ladite maison, & tous ces iours icy i'ay eu diuerses visites & presents de fruitages & cabris,
& cette releuée, le Gouuerneur de Priaman (qui est vne ville à huict lieuës de celle-cy) m'a enuoyé visiter & fait present de quelques cabrits, me priant fort de le
venir voir audit lieu de Priaman, & qu'il me feroit la meilleure reception qu'il
luy seroit possible; Ie fis quelques presens à ceux qui estoient venus de sa part, les
priant de dire à leur maistre que ie me tenois grandement obligé enuers luy de
l'honneur qu'il me faisoit, qu'à la premiere occasion ie ne manquerois de l'aller
voir auec le petit Nauire ou patache, pour le remercier plus particulierement de
ce qu'il m'auoit enuoyé.

Le Mardy huict de Decembre est venu vne galiotte d'Achen, y auoit vn mois
qu'elle estoit partie de ce lieu ayant tardé en quelques endroits de cette coste;
ceux de dedans m'ont asseuré qu'il n'estoit arriué audit lieu d'Achen aucun nauire
François; mais que l'on m'y attendoit: Suiuant cét aduis ay esté certain que nostre Vis-Admiral n'y estoit point, & qu'il falloit de necessité qu'il fust à Bantan
ou Iacatra, ce qui m'a fait depescher au plustost le Parau cy-deuant accordé &
ay fait embarquer dedans Maistre Isaac Veron canonier, homme qui pour auoir
demeuré

demeuré en ce païs plusieurs années , tant aux Molucques auec les Espagnols , que dans le détroit de Sonda auec les Holandois , & fait le voyage dernier de Bantan auec moy , le jugeay propre pour cette entreprise plus qu'aucun autre , iceluy sçachant le langage Malaye , dauantage homme que ie tenois tant pour son âge qu'experience assez iudicieux : Pour l'encourager à faire diligence luy fis de grandes promesses s'il me rapportoit response des lettres que ie luy deliurois , pour porter à monsieur Graué auquel i'escriuis bien amplement ce qui s'estoit passé dans ce Nauire depuis nostre separation ; les mauuaises nouuelles que i'auois apprises icy de son batteau , & de ceux qu'il auoit enuoyé dedans ; & l'occasion qui me detenoit en ce lieu.

Le Ieudy 10. de Decembre sont arriuées trois galeres appartenantes au Roy d'A- chen , & venoient dudit lieu ayans vn Elephant dans chacune auec quelques 300. hommes. Les habitans de Ticou disent que le Roy d'Achen doit encore enuoyer nombre d'hommes auec encore quelques Elephans pour faire la guerre à vn Seigneur qui s'est reuolté de son obeïssance , qui reside entre Priaman & Andripouri ; voyant cela & considerant que i'ay 50. hommes à Ticou , & 50. à l'Islet pour raccommoder nostre fustaille , & que nostre scute va & vient iournellement esquipée de huict à dix hommes , en sorte qu'il ne me reste que fort peu d'hommes dans ce Nauire , & qu'il vient quelquesfois 80. à cent des habitans de la terre , tant de ceux qui me viennent voir , que d'autres pauures gens qui apportent des œufs , fruicts , poules , poisson , & autres vitres à vendre : l'ay fait fermer les escoutilles auec cloux & cheuilles , & fait vne barriere entre le grand mast & l'habitacle ou mast de Mizane , qui est deffenduë de deux gros pierriers montez sur roüe , & cinq autres pierriers sur ledit habitacle & corps de garde , le tout commandant sur le tillac , afin que lesdits habitans demeu- rassent sur la belle ou autour du grand mast , & à ladite barriere y a vne porte que ie fais garder par deux mousquetaires & deux halebardiers , qui l'ouurent lors que ie permets à quelqu'vn du païs de descendre en ma chambre , à ce que s'il leur prenoit enuie d'attenter quelque chose sur nous , cét ouurage leur en puisse faire perdre l'en- uie ; & en effet de la sorte que le tout est basti , 200. hommes sur le tillac feroient peu , pourueu qu'on fut le moins du monde sur ses gardes.

Le Dimanche 13. i'ay esté à terre , tant pour entendre Messe , que pour voir comme se portoient nos malades , que par debuoir visiter le Roy & Gouuerneur , & leur de- mander permission de seiourner encore en ce lieu 15. ou 20. iours. Ay treuué que les malades recouuroient peu à peu leur santé ; & ayant esté voir le Roy & Gouuerneur , m'ont accordé terme de 15. iours à demeurer encore icy , me coniurant d'aller au plu- stost à Achen , pour auoir permission du Roy de traitter par deçà , ce que chacun desi- re infiniment que nous ayons icy facturie plustost qu'autres nations : Ie leur asseuray que ie ne demandois autre chose , & que si mes gens auoient recouuert leur entiere santé auiourd'huy , ie m'y en irois dés demain : Me prierent aussi n'entrer en aucun soubçon qu'eux ny ceux de ce païs eussent enuie me faire aucun tort ; qu'ils auoient entendu que ie m'estois fortifié dans mon Nauire , & appresté beaucoup de canon plus que ie n'auois quand i'arriuay ; à quoy ie respondis que c'estoit à quoy ie n'auois aucu- nement pensé , & que si i'auois aucune deffiance d'eux , ie ne viendrois à terre si libre- ment , ny ne laisserois cinquante hommes malades en leur pouuoir : Qu'à la verité i'auois fait faire vne barriere , mais que ce n'estoit que pour empescher plusieurs per- sonnes qui entroient droit dans ma chambre sans parler à personne , & que ie ne con- noissois , & qu'il estoit venu tel pescheur à qui i'auois fait autant d'honneur qu'à vn Orancaye (ou gentil-homme signalé) & tel Orancaye que i'auois fait retirer pensant que ce fut quelque importun : Qu'à cette occasion craignant retomber en telle faute , i'auois fait faire ladite barriere , à ce que personne n'entrât dans ma chambre sans que ie sçeusses premierement quel il estoit : Que pour le canon i'a- uois fait veritablement monter quelques pieces depuis peu , à l'occasion que i'auois entendu qu'il y auoit deux Nauires Holandois proche d'icy , contre lesquels ie les auois apprestées si d'auanture ils m'attaquoient. Ils me dirent alors que i'auois plus d'occafion de douter les Holandois que non pas eux, toutefois que fi ie defirois ils empefcheroient bien qu'aucun de la terre vint à bord de mon Nauire : Ie les remerciay, les affeurant que i'eftois bien content de les voir, qu'ils eftoient les biens venus, & que ie n'auois aucune deffiance d'eux. Apres auoir pris congé d'eux me font venus vifiter les Capitaines des trois Galeres, qui m'ont affeuré de rechef n'eftre venu à Achen aucun Nauire François.

Le Samedy 19. m'eft venu voir à bord le fils aifné du Roy de Ticou, auec grande fuite & magnificence à leur mode ; & l'ayant receu le plus honorablement qu'il m'a efté poffible, il a demeure la plus grande partie de la releuée en ce Nauire, ou ie luy ay fait quelques prefens.

Le foir apres fouper eft arriué le Parau que i'auois enuoyé d'icy il y a onze iours, où eftoit monfieur Ifaac Veron, portant les lettres que i'efcriuois à monfieur Graué. La promptitude du retour dudit Parau, joint que monfieur Ifaac n'eftoit dedans, me donnerent quelque efperance qu'vn Nauire que ceux de ce païs depuis peu m'auoient aduerty eftre à 16. lieuës d'icy, feroit noftre Vice-Admiral; mais ayant fait monter le maiftre du parau me donna d'autres nouuelles que ie n'efperois, à fçauoir que 4. iours apres leur partement de ce nauire ils arriuerent au port de Surobaya qui eft en cette cofte de Sumatra par les 4. degrez Sud de la ligne equinoxiale, où ils virent vn nauire Holandois à l'ancre, auquel Ifaac Veron voulut parler, encor que ledit maiftre de Parau die qu'il le luy defconfeilla : neantmoins y furent, ou ledit Veron ayant appris que Bantan eftoit tellement affiegé, qu'aucune nation n'y pouuoit entrer, & que noftre Vice-Admiral eftoit à Iacatra defnué d'hômes, ne luy en reftant que 25. ou 26. & qu'il auoit efté en telle extremité le long de cette cofte, que fans vn Nauire Holandois qui l'affifta d'hommes, il fut demeuré par les eaux, ne luy reftant que 4. ou 5. hommes, defquels monfieur Graué & monfieur le Telier en eftoient. Ledit maiftre de Parau me defliura vne lettre où eftoit contenu ce que deffus. Dauantage que le Maiftre du Nauire Holandois, le Marchand, & deux ou trois François l'auoient aduerty que le deftroit de Sonda eftoit plein de gens de guerre de Iaua, tant en Paraus que Caracaus, & qu'ils ne laiffoient rien paffer qu'ils ne miffent à mort de quelle nation que ce fuft, & quelle enfeigne qu'il portaft, qu'ils venoient furieufement à bord fans parlementer, tuans tout, ayant pour chaque tefte vne fomme d'argent du Roy de Bantan, quand ils luy en portoient, qui auoit efté occafion qu'entendant telles nouuelles n'auoit trouué à propos de paffer outre dans ledit Parau, & que treuuant la commodité de ce Nauire, duquel le maiftre & marchand luy promettoient de le porter dans 7. ou 8. iours à Iacatra, auoit refolu ne perdre cette occafion, & me renuoyer le Parau pour me porter fa lettre, m'aduertiffant derechef que ie ne m'eftonnaffe de ce que i'entendois par cette lettre, & que tout eftoit encor en pire eftat qu'il ne me le mandoit, & qu'il efperoit en bref eftre à bord de noftre Vice-Admiral, ou ayant defliuré mes lettres, il efperoit en rapporter de certaines nouuelles : Qu'il auoit eu de grandes fatigues dans le Parau, les jambes luy ayant enflé pour eftre continuellement dans l'eau : Voila à peu prés le contenu des lettres dudit Veron, qui met auffi que les Holandois auoient mené le Vice-Admiral deuāt Bantan, & delà à Iacatra, à caufe que les guerres eftoient fi grandes deuant ledit lieu de Bantan que perfonne n'en pouuoit approcher : je fus extremement marry d'entendre telles nouuelles qui me mettoient encor plus en peine que du precedent, & fafché contre Ifaac Veron d'auoir failly fi lourdement que d'auoir efté à bord dudit nauire Holandois, veu que ie luy auois recommandé expreffement de ne s'arrefter à aucun nauire, mais de les fuyr, & s'il eftoit poffible aller droit treuuer noftre nauire l'Efperance, & m'en rapporter de certaines nouuelles : Et confiderant bien ce que Veron m'efcriuoit ; ie treuuay expediant de faire affembler le lendemain 20. le Confeil deuant lequel ie fis lire la lettre de Veron, leur demandant aduis de ce que ie deuois faire en vne affaire fi importante, & fommes demeurez vnaniment d'acord qu'il ne nous conuenoit pas aller à Bantan auec ce nauire ; puifque nous eftions fuffifamment aduifez que le pays

eſtoit en guerre , & que noſtre charge y ſeroit bien mal aſſeurée, ou au contraire al‑
lant à Achen elle le ſeroit, & que ſeroit ioüer à tout perdre que d'y aller ; parce que
ne pouuant partir d'icy qu'au mois de Ianuier prochain , il nous faudroit la plus gran‑
de partie du mois pour en faire le chemin, & le mois de Feurier pour eſſayer à y faire
noſtre trafic; que ſi nous ne le faiſons dans ledit mois , il ſeroit trop tard au mois de
Mars de reuenir de là pour Achen, le long de cette coſte , ſuiuant que quelques-vns
de ce pays nous ont aduertis ; tellement qu'il faudroit attendre vne autre ſaiſon pour
reuenir à Achen, en vn pays plein de guerre, auquel peut-eſtre nous ne pourrions re‑
couurer des viures pour de l'argent,& ainſi qu'il valloit bien mieux prendre le certain
d'Achen que l'incertain de Bantan : joint que s'il y a quelque choſe à faire en ce lieu,
noſtre Vice-Admiral le peut faire ſans nous. Et afin d'aſſiſter le Vice-Admiral d'hom‑
mes, s'il en a beſoin, & luy faire ſçauoir cette deliberation, & luy donner ordre de
ce qu'il doit faire : la patache ſeroit eſquippée au pluſtoſt,dans laquelle le Capitaine du
Bucq Maiſtre dudit nauire (& preſent en ce conſeil) s'embarqueroit auec 20. hom‑
mes, afin de promptement aller trouuer le Vice-Admiral & l'aſſiſter de ſon eſquipage,
s'il eſtoit beſoin, ſoit de retourner en France, s'il peut auoir ſa charge à Bantan, ou
au deffaut venir trouuer ce nauire au pluſtoſt à Achen , ſuiuant l'ordre qu'on luy
enuoira par ladite patache qui partit le 23. Decembre.

Ie donnay vn ordre par eſcrit, tant au Capitaine de Buc, qu'à Monſieur Draion
commis dans la patache, bien ample, pour les marchandiſes qu'il auoit fait charger ,
qui conſiſtent en fer, plomb, vn poinſon & vne caiſſe pleine d'oppium, vne caiſſe
de couſteaux & les paques qui s'eſtoient trouuez dans le nauire venant de la Mec :
que pour le fer, plomb & vn ſac d'argent de 450. realles , ils eſtoient de la cargaizon
de ce nauire.

Le Vendredy 25. de Decembre i'ay commencé à faire embarquer nos eaux & fai‑
re reuenir ceux qui ſe portoient bien à terre de nos malades, qui commencent
tous à recouurer leur ſanté; & le dernier i'ay fait reuenir chacun à bord.

Le Vendredy premier de Ianuier mil ſix cent vingt & vn, eſtant deſia tout preſt de
faire voile, ie fis aſſembler le Conſeil, auquel ie propoſay la derniere reſolution que
nous auions priſe, & les occaſions qui nous y auoient meu, & leur fis relire la lettre
d'Iſaac Veron, & l'ordre que i'auois donné au Capitaine du Buc, les priant derechef
de bien conſiderer ſi cette reſolution nous ſeroit aduantageuſe, & que iuſqu'à preſent
nous auions encore le choix d'aller à Bantan auſſi bien qu'à Achen ; que ſi nous al‑
lions à Bantan nous nous pourrions reioindre tous enſemble , & ſi nous trouuions oc‑
caſion d'y charger., que ce ſeroit le moyen de nous en retourner en France ; que ſi
allions à Achen ne pourrions pas nous entreuoir ſi-toſt, & outre cela noſtre ſaiſon
ſeroit perduë cette année pour s'en retourner en France : Qu'auſſi d'aller à Bantan, il
eſtoit à craindre, y treuuant la guerre, comme auons aduis qu'elle y eſtoit, que nous
ne perdions la plus grande partie de cette année pour auoir noſtre charge , parce que
nous ne pouuons retourner de Bantan à Achen que iuſques au mois d'Aouſt ou Sep‑
tembre qui vient : c'eſt que par l'ordre que i'ay donné au Capitaine dn Buc, qui eſt
bien ample , s'il y a quelque choſe à faire à Bantan , il le peut faire ; parquoy ie les
priois derechef de me donner aduis & conſeil ſur ces difficultez, vnanimement ils me
dirent qu'il n'y auoit point de reſolution meilleure que celle d'aller à Achen, parce
que ce ſeroit s'expoſer à beaucoup d'incommoditez d'aller à Bantan, ſi nous n'yauions
le trafic libre ; & que c'eſtoit ioüer à perdre tout que d'y aller : ou allant à Achen, du
moins ſerions aſſeurez d'auoir la charge de ce nauire, & à Bantan cela ſeroit du tout
incertain, veu les aduis que nous auons d'Iſaac Veron, & de ceux de pardeçà, qui
diſent n'y auoir à preſent aucun trafic ; c'eſt pourquoy nous auons conclud derechef
d'aller à Achen.

Le Dimanche 3. au point du iour nous auons deshallé auec quelque peu de vent de
la terre. Ce lieu de Ticou eſt par la hauteur de vingt minutes Sud de la ligne equino‑
xialle : Le pays dans la terre ferme eſt tres-haut,& ſur le bord de la Mer fort bas, cou‑

Seconde Partie.   § F ij

1621.

uert d'arbres & arrouzé de pluſieurs petites riuieres qui font le pays Mareſcageux , & pluſieurs belles prairies où ſe nourrit quâtité de Buſles & Bœufs, qui y ſont à raiſonnable compte, ſçauoir 4. à 5. realles chacun. Le païs eſt aſſez fertile de ris, beſtail, poules, canards , & quantité de bons fruicts, comme Durions, Ananas, Mangoſtans, Ramboutans, Bananes, Patates, Mangues, Grenades, Oranges, Citrons, Gilomons, Melons d'eau , Concombres , Raues , & autres à moy inconnus , & grande quantité de beau poiure, & meilleur fans comparaiſon que celuy de Bantan, qui eſt la richeſſe du païs: d'autres choſes rares, marchâdiſes, drogues, ou manufactures, il ne s'y en treuue point. la ville de Ticou eſt peu de choſe, & peut eſtre eſloignée du riuage de la Mer enuiron demie lieuë : Il y a ſur le riuage quelques maiſons & vne forme de halles, qui ſont vis à vis de l'Iſlet, ou ancrent les Nauires : le tout ne pouuant contenir tant de la ville que du vilage 800. maiſons , encor bien mal baſties & faites de roſeaux de peu de force & auec peu de commodité, & dedans les terres le pays ne laiſſe pas d'eſtre fort peuplé , principalement au pied des montagnes ou croiſt le poiure. Il y a vn Roy de la terre qui porte encor le nom de Roy de Ticou, mais il eſt Sujet du Roy d'Achen, lequel y met vn Gouuerneur, qu'il change de trois ans en trois ans, & ſans lequel le Roy de Ticou ne peut rien faire de quelque petite importance que la choſe fuſt : & ainſi les eſtrangers ont plus affaire du Gouuerneur que du Roy : meſmes le peuple redoute bien dauantage le Gouuerneur, qu'ils nomment *Pangaran Lima*. Le peuple qui habite la ville eſt Malays , & on ne parle autre langage ; comme on fait tout du long de cette coſte , iuſques au pied des montagnes. Dedans les terres il y a des naturels du pays, qui ne reconnoiſſent point le Roy d'Achen, & ont leurs Roys particuliers, & vn langage particulier : Ils ſont Idolatres, mangent chair humaine , & poſſedent les Mines d'or, qui ſont en bon nombre en cette Iſle , & d'où ils en tireroient beaucoup, s'ils eſtoient entendus aux Mines ; mais ils ne le recueillent que par les rauines des eaux, & dans quelques petites foſſes, qu'ils ne font gueres profondes : Ils l'eſchangent auec les Holandois ou habitans du long du riuage, contre du poiure, ſel, fer, & pagnes de cotton teintes en rouge, ou perles venantes de Suratte, qui ont vn grand debit à Ticou : Ils prennent auſſi de l'argent ; & l'or entre les mains des Malays eſt auſſi cher qu'en France, & à Achen dauantage. Les Malays ſont tous Mahometans, fort ſuperſtitieux, & neantmoins grands larrons, & on n'eſt pas trop en ſeureté dans les maiſons la nuict, & encore moins dans les champs : Ils ſont de couleur oliuaſtre, ils tiennent leurs femmes enfermées, & ne les void-on aucunement par les ruës. L'air du pays eſt tres-mal ſain, particulierement depuis le mois de Iuillet, iuſques à la fin d'Octobre, ou regnent des fievres tres-cruelles, & peu ou point remediables : La pluſpart de ceux du batteau du Vice-Admiral en ſont morts, & de preſent nous en auons quelques-vns de malades & vn à l'article de la mort ; & ſi ce n'eſtoit le poiure, ie croy que peu de gens y viendroient : Il ſe recueille en tout temps, mais le plus grand nombre en Decembre, Ianuier & Feurier. On ne le peut enleuer ſans la permiſſion du Roy d'Achen, où il faut aller pour l'obtenir, & apportant lettres du Roy, qu'ils appellent Chappa, marque ou cachet, alors on trafique librement auec tous ceux de la terre, ſans que le Roy ny le Gouuerneur y puiſſent apporter aucun deſtourbier ; & ſans cette permiſſion, ils ne laiſſent enleuer vne once de poiure, ny permettent de deſcendre aucunes marchandiſes ; & ainſi faute d'auoir eſté à Achen, ie n'ay pû rien faire par deçà, ſinon quelque huict mille liures de poiure venu de nuict de Priamam, lequel i'ay eu à raiſonnable compte, & marchandiſe fort bonne & bien nette. Les marchandiſes de Suratte ſont tres-requiſes pour ce lieu, & s'y debitent en grand nombre, comme auſſi quelques vnes de Manſulipatan : Les realles y ont auſſi cours, mais en auoient grand nombre lors que nous y arriuaſmes : La monnoye d'Achen n'y a aucun cours, & n'ont autre monnoye entr'eux que des petits grains d'or, ainſi qu'il vient de la mine ; ils les peſent auec des balances : Le poiure ſe vend par bahar qui eſt vn poids d'enuiron 360. liures poids de marc , ils ne font point d'eſtat des ſacqs ; il y a 15. pour 100. d'entrée & de ſortie pour le Roy d'A-

chén, ſçauoir 7. ½ pour les realles qui payent auſſi bien comme autres marchandiſes,
& 7. ½ pour la ſortie ; c'eſt à dire que faiſant ſortir tant de poivre que vous voudrez,
ils ne s'enquierent dequoy vous l'achetez ; mais il faut payer de 100. bahars de poivre 15. pour le Roy, ou bien le payer en realles, appreciant premierement le poivre, & à plus haut prix qu'il ne couſte, autrement ils le prendroient en eſſence.
Plus 25. realles pour chaque cent bahars pour le Roy de Ticou, ½ de realle pour ba-
harrès pour le pezeur ; il y a encore 10. à 12. perſonnes à qui il faut faire quelques preſ-
ſents, mais ils ne ſont pas de grande importance, & ſur tout il fait bon auoir l'amitié
du Gouuerneur, & ſe garder des tromperies des Malais, qui moüillent le poivre, ou
y mettent du ſable noir ou pierrettes.

Le lundy 4. au point du jour nous n'eſtions encor qu'à ſix lieuës de Ticou, & le
matin eſt decedé Monſieur le Thuilier de Rouen Commis dans ce nauire ; il eſtoit
malade d'vne violente fiebvre chaude qui l'a emporté en 4. ou 5. jours.

Le Ieudy 14. nous eſtions par la hauteur de Barros, qui eſt vne des principales places de cette coſte, appartenant au Roy d'Achen comme Ticou, & on ne peut trafiquer non plus ſans ſa permiſſion : C'eſt my-chemin de Ticou à Achen ; il s'y recouure grande quantité de benjoüin qui leur ſert de monnoye : le pays eſt fort beau &
abondant en toutes ſortes de vins & fruictages, il n'y croid aucun poivre ; mais aſſez
bon nombre de canfre, qu'ils ne donnent à moins de 14. & 15. realles le catti qui eſt
de 28. onces : les realles ont peu ou point de cours en cét endroit, il y faut des marchandiſes de Suratte, ou de la coſte ; & ceux de la coſte achetent à Achen le canfre
au prix que deſſus, & tant qu'ils en peuuent recouurer, comme font auſſi les Anglois
& Holandois pour porter en Suratte & dans le deſtroit de Sonda ; i'auois deſſein de
ſurgir deuant cette ville deux ou trois iours, tant pour y prendre vn pilote, que pour
reconnoiſtre s'il y auoit quelque choſe à faire ; mais le vent venant de la terre ne l'a
pas permis.

Le Samedy 23. nous auons veu les hautes terres d'Achen & remarqué les Iſles qui
ſont vers l'eau de la rade, vers leſquelles nous auons adreſſé noſtre route, en intention de paſſer entre elles pour nous mettre en la rade d'Achen, ce que nous n'a-
uions pourtant peu faire que huict iours apres, encore qu'il n'y eut que 4. lieuës iuſques à cette rade ; mais faute d'vn pilote, nous eſtans obſtinez de paſſer par le canal,
qui eſt le plus proche de terre, & que nous voyons ſeul ouuert ; dans lequel nous
rencontraſmes de grands vents de Sueſt, qui nous eſtoient directement contraires,
où nous perdiſmes vn ancre ; & non ſans grand trauail, nous parumes à vne lieuë
& demie de la rade qui eſt vis à vis de l'embouchure de la riuiere, ſur le bord de laquelle il y a vne fortereſſe qui ſe rend remarquable par vne moſquée qui eſt dedans :
En cette rade eſtoit vn nauire Anglois & vn nauire de Suratte ; Pedro me demanda
permiſſion d'aller à terre & reuint le ſoir auec deux matelots de l'eſquipage du Vice-
Admiral ou de ſon batteau, qui fut à Ticou, nommez André Croiſſant & Iean Loc-
quet, qui firent le meſme rapport que deuant touchant le batteau enuoyé à Ticou
par le Vice-Admiral.

Le Dimanche trente Ianuier i'ay fait deshaller auec peu de vent de la terre, i'ay
eſté moüiller l'ancre proche du nauire Anglois qui peut eſtre d'enuiron 600. tonneaux ;
& apres auoir ſalüé la ville de cinq coups de canon, ledit Anglois m'a ſalué de trois
coups & l'ay reſalüé d'vn autre. Incontinent eſt venu vn batteau de la part du Roy
auec pluſieurs de ſes Officiers & vn de ſes Eunucques qui portoit ſa chappe qu'ils appellent, qui eſt vn cris ou poignard à manche & fourreau d'or, appartenant au Roy,
dequoy il ſe ſert d'ordinaire lors qu'il mande quelqu'vn, ou qu'il commande quelque choſe par qui que ce ſoit ; il faut ſuiure incontinent cette chappe ou ſignal, qui
eſt proprement vne aſſeurance que le commandement ou la perſonne vient de la
part du Roy ; de meſme qu'en noſtre pays celuy qui porte d'ordinaire vne bague en
ſon doigt s'il deſire auoir quelque choſe des ſiens par vn homme inconnu, il luy deli-
urera ladite bague pour enſeigne & remarque ; à ce qu'on luy enuoye ce qu'il de-

mande. Celuy qui portoit cette chappe, apres vn grand silence & respect des Officiers, qui l'accompagnoient, qui estoient en bon nombre, me fit dire par vn Interprete nommé Pedro Lamenço qu'il auoit amené, que le Roy auoit agreable ma venuë en ses terres, & qu'il m'auoit enuoyé sa chappe, afin que ie descendisse promptement à terre. Croyant que ce fut pour parler à luy, ie me suis incontinent appresté, mais il a conuenu premierement payer le droit des Officiers ou coustumes, qui se sont montez à plus de 80. realles, outre vn grand miroir qu'il m'a conuenu donner pour accompagner la chappe, & vn pour l'Orancaye Laxemane qui est son plus grand confident & quelques petits pour ses principaux Officiers; apres cela nous nous sommes embarquez, & sommes entrez dans la riuiere & mis pied à terre proche de la maison des Anglois où le Capitaine d'icelle m'est venu receuoir, & me prier de prendre son logis, comme aussi a fait le Capitaine des Holandois, me conuiant fort d'aller disner chez luy, dequoy l'ay remerciay; & comme ie n'auois encore de maison, & que le Capitaine Anglois me conuioit auec beaucoup d'affection, i'ay esté chez luy, où il m'a fait tres-bonne reception, me priant de ne prendre d'autre maison que la sienne, tandis que ie serois icy, & qu'elle estoit du tout à mon seruice: Apres disné nous fusmes voir ensemble vne maison proche de celle des Anglois qui est assez commode; mais le Pangaran Caualo ou Capitaine du guet, à qui elle appartient, m'en demandoit cent realles tous les mois: ce prix me semblant excessif, ie l'ay laissé, apres luy auoir offert pourtant quarante realles tous les mois. La iournée se passa en plusieurs discours entre les Capitaines Anglois, Holandois & moy; iceux me contans vne infinité de griefs, qu'ils disent receuoir iournellement de ce Roy, qui ne leur veut vendre le poivre à moins de 54. realles le bahar, qui est excessiuement cher, & qu'ils en auoient offert iusques à 40. realles, qui est encor tres-cher; ie m'estois attendu de l'acheter au plus 30. realles, comme on m'auoit donné à entendre à Ticou, que c'estoit tout le plus haut prix qu'il y pourroit valoir. Voyant que ie ne pouuois parler cette iournée au Roy, & qu'il m'auoit encore vne fois renuoyé sa chappe pour me dire que ie luy enuoyasse vne esmeraude qu'il auoit entendu dire que ie portois au doigt, apres auoir fait response que ie ne manquerois à luy porter demain, encore qu'il la demandast tout à l'heure, i'ay pris congé des Anglois & Holandois pour m'en retourner à bord.

Le lundy premier Feurier ie suis retourné à terre, en chemin ie rencontray quelques Portugais à qui le Roy d'Achen auoit fait mettre les fers aux pieds, lesquels m'aduiserent qu'ils sçauoient de certain que les Holandois & Anglois auoient resolu de m'empoisonner, & que ie me donnasses bien garde d'eux; & disoient sçauoir cela par celuy mesme à qui ils auoient ordonné apprester le morceau, qui estoit vn cappade ou chastré demeurant en la maison des Anglois & à leur seruice. Ie les remerciay de l'aduis, & leur dis que ie ne croyois point qu'en la maison des Anglois on me voulut iotier ce tour là, toutesfois que ie m'en donnerois de garde: Sur cela ils me dirent qu'ils sçauoient bien que i'irois disner auiourd'huy, & que ie n'y allasse pas, & quelques-vns d'eux m'en prioient auec grande affection, disans qu'il leur restoit vne seule esperance de sortir de captiuité, qui estoit par mon moyen, & ainsi qu'ils auoient interest en ma conseruation. Ie leur dis que ie ne pouuois m'excuser d'y aller auiourd'huy puis que i'auois promis. Enuiron deux heures auant ce rencontre monsieur Renoud Prestre m'auoit aduerty qu'vn matelot nommé la caraque de mon esquipage luy auoit dit enuiron la mesme chose; ie fus voir quelques maisons qui ne m'accommodoient point, & delà fus disner en la maison des Anglois: Le Capitaine de laquelle nommé Maistre Robert me fit tres-bonne reception & encore meilleure chere, & ie ne m'apperçeu point qu'ils me donnassent rien à boire & à manger qu'ils n'en vsassent de mesme. La releuée les Officiers du Roy sont venus en ladite maison des Anglois me demander l'esmeraude, ie leur ay deliurée; & ils me dirent que ie ne pouuois parler au Roy iusqu'apres demain; voyant cela i'ay esté reuoir ce Pangaran Caualle pour le contenter de quelques droits qui luy sont deubs, qui se ſerminerent par 12. realles & vn miroir : Et là deſſus conſiderant que i'importunois les Anglois , meſmes qne i'eſtois aduerty qu'il n'y faiſoit trop bon pour moy , me de tiberay à quelque prix que ce fuſt de loüer ladite maiſon , afin de n'eſtre importun, & me mettre hors de danger. Ainſi i'accorday auec luy pour la ſomme de cinquante realles par mois , & dés l'heure meſme y laiſſé 4.ou 5. hommes pour accommoder la maiſon , qui s'eſtend en vne grande court, auec trois corps de logis & vn puits, & proche de la riuiere.

Le Mardy 2.de Feurier ie me ſuis treuué fort mal ; depuis dix heures du matin iuſques à quatre heures de releuée i'ay fait plus de quarante ſelles, & depuis quatre heures de releuée iuſques à minuiĉt de grands vomiſſemens : tellement que craignant que l'aduis des Portugais ne fut veritable, i'ay pris du cocos des Maldiues (qu'on tient par-deçà pour aſſeuré contrepoizon) auec du bezoard, & le lendemain prins encore de cette medecine ; & encore que ie fuſſes extrememeut las & debile, ie ne laiſſay d'aller à terre, & fus droit à noſtre maiſon, que i'ay trouuée n'eſtre encore en eſtat de m'y pouuoir retirer la nuiĉt, & m'y promenant dedans, le ſieur Renel commis, m'a aduerty qu'il auoit entendu ce matin de mauuaiſes nouuelles, à ſçauoir que noſtre Vice-Admiral auoit eſté pris deuant Bantan, des Holandois & Anglois, & qu'ils auoient partagé enſemble ce qu'ils auoient treuué dedans, & maſſacré la plus grande partie de l'equipage; & que s'ils auoient la force de nous en faire autant icy, qu'ils ne manqueroient de le faire : Ie luy demanday qui l'auoit aduiſé de cela, il me dit que c'eſtoit vn Holandois, qui pour quelque meſcontentement s'eſtoit retiré d'auec eux, & enfuy dans les terres, & mis ſous la proteĉtion de l'Orancaye Laxeman, & qu'il eſtoit en vn corps de logis de noſtre maiſon. Ie luy dis que ie ne me pouuois charger d'aucun Holandois, & que dans mon equipage n'en y auoit qu'vn ſeul; parce que le voyage paſſé ils auoient pris pretexte à Bantan de nous quereller, pour auoir des Holandois eſquippez auec nous, & les auoient retirez, encore que fuſſent des principaux Officiers de nos Nauires, & perſonnes qui nous eſtoient tellement neceſſaires ; que faute d'iceux, conuint laiſſer audit lieu vn de nos Nauires. Et voyant ce perſonnage en poinĉt de ſe rendre More, ſi ie le laiſſois aller ſans quelque eſperance, & m'imaginant qu'il me pouuoit ſeruir d'Interprette pour parler la premiere fois au Roy , veu qu'il auoit la langue bien penduë , & parloit naturellement le langage de ce païs, ie l'aſſeuray de ne parler en façon quelconque de luy aux Holandois ny Anglois, puis qu'il les redoutoit de la ſorte. Que s'il pouuoit patienter iuſques à ce que ie fuſſes preſt de partir d'icy ſans ſe declarer à perſonne, ie ferois mon poſſible pour l'embarquer, qu'en attendant ce temps, ie l'aſſiſterois de ce qu'il auroit beſoin. Car mon Interprete Pedro que i'auois emmené de Ticou fut icy tres-mal traitté des Officiers du Roy, diſans qu'il m'auoit donné à entendre & perſuadé pluſieurs choſes qui n'eſtoient point, ſur quelque difficulté que ie fis du commencement pour le payement de leurs couſtumes, tellement qu'ils l'intimiderent, de ſorte qu'il me dit que quand ie luy donnerois tout ce qui eſtoit dans mon Nauire, il ne ſe preſenteroit deuant le Roy s'il ne le mandoit : fus auſſi aduerty hier ſoir, que le faĉteur Anglois luy auoit fait de grandes reproches de s'eſtre mis à mon ſeruice, qu'il ne le pouuoit faire eſtant entretenu de la Compagnie d'Angleterre, meſme l'auoit menacé de luy faire vn mauuais tour s'il ne ſe retiroit d'auec moy, & dés ce matin m'auoit demandé congé de ſe retirer chez les Anglois, voyant bien qu'il ne me ſeruiroit de rien icy. Pour retourner au Holandois ou Suede, conſiderant ce qu'il m'auoit dit du commencement, ie n'y trouuois rien de vray-ſemblable ; mais rapportant les paroles que i'ay entendües ce iourd'huy d'aucuns de nos matelots, qui beuuants auec ceux du Nauire Anglois, ont ſçeu d'eux qu'eſtans auec vn Nauire Holandois vers le deſtroit de Sonda, ils firent la chaſſe ſur vn Nauire penſant qu'il fut François, & que le Holandois demeurant de l'arriere enrageoit qu'il ne pouuoit venir à bord, & que leur Nauire qui eſtoit meilleur de voille, attrapa celuy qu'il pourchaſſoit qu'il reconnut eſtre Anglois, parquoy quitta ladite chaſſe, & en aduertit les Holandois. Dauantage leſdits matelots

Anglois dirent qu'eftant icy ils auoient entendu que ie n'auois vingt hommes debout, & s'eftoient deliberez de nous prendre, & que lors que nous eftions dans ce deftroit ils croyoient que nous n'ozions venir à la rade depeur d'eux, & qu'aucuns auoient propofé de nous y aller trouuer ; & lors que nous parufmes hors du deftroit pour nous en venir en la rade, le Bofman de leur Nauire demanda au Maiftre (qui fe nomme Maiftre Man) s'il tireroit fur nous, & que le maiftre luy refpondit qu'il n'en auoit aucune commiffion ; tellement qu'approchans, & qu'ils virent que nous eftions beaucoup plus d'hommes qu'ils ne s'eftoient imaginé ; ils fe contenterent de nous tirer trois coups de canón de falut : i'infere par là que ce n'eft donc manque de bonne volonté qu'ils ne nous prennent, mais que c'eft manque de force ; tellement que ie ne fçay que penfer en tout cecy ; car ie doubte que les Holandois ne me faffent courir tous ces bruits afin de m'intimider : d'autre cofté ie confidere que le vin fait pluftoft dire la verité aux matelots que la gehenne, & qu'il n'y a rien d'impoffible à cela, veu qu'on n'a ouy nulles nouuelles dudit Vice-Admiral à Ticou.

Le Cap. du vaiffeau Anglois me dit que le General des Holandois fe qualifioit Roy de Iacatra, & me môtra de la monnoye qu'il faifoit battre en ce lieu, qui eft d'vn mauuais aloy, comme moitié argent moitié cuiure, où d'vn cofté il y a vn lion qui en vne main tient vn coutelas, & en l'autre des fleches, & au reuers en lettres romaines *Traiectum* auec la datte de l'année au deffous. Que ce General leur faifoit payer fept ou dix pour cent de droit d'entrée ou fortie des marchandifes qu'ils d echargeoient dans Iacatra ou enleuoient de ce lieu, qu'il les auoit fait loger hors la ville, & ne leur permettoit d'entrer dans la fortereffe, & vne infinité d'autres particularitez.

Le 3. ie fis prefent au Sabandar de deux harquebuzes, vne piece de camelot ondé, vn miroir & deux bouteilles d'eau roze, & là deffus me fit beaucoup de promeffes, m'affeurant que fi i'auois enuie d'auoir facturie à Ticou, qu'il m'y affifteroit. Le foir ie fuis retourné à bord fans parler à aucun Anglois ne Holandois, defirant peu à peu d'icy en auant nous diftraire de cette frequentation.

Le Ieudy quatriefme fuis demeuré à bord, ceux de terre m'ont aduizé, qu'on me preparoit vn mauuais breuuage dans le nauire Anglois, fi i'y allois.

Le Samedy les Anglois m'ont conuié de difner dans leur nauire, où feroit auffi le fieur Reifembrot facteur des Holandois ; ie les remerciay de tant de courtoifie, & que i'eftois honteux d'auoir fait fi bonne chere auec eux, fans m'en eftre encore vangé : que ie ne manquerois pourtant d'y aller, fi ce n'eftoit que ie fuffe contraint d'aller à terre parler au Roy : Que cela aduenant, le Capitaine Ridel, que ie leur montray, tiendroit ma palce, qui leur feroit meilleure raifon que non pas moy : Ils me dirent que ie pouuois bien dilayer cela iufques apres demain, & que ie pouuois bien amener auffi le Capitaine Ridel & le Patron Beruile qu'ils conuient auffi : ie leur promis de faire tout ce qu'il me feroit poffible pour m'y treuuer, & ainfi me deffis d'eux ; & le lendemain de bon matin ie fus à terre, & fis porter le prefent que ie pretendois faire au Roy d'Achen, m'enuoyant excufer vers les Anglois pour auoir entendu que le Roy me deuoit mander, & dis au Cap. Ridel qu'il y allaft, l'auertiffant de l'occafion pourquoy ie ne m'y treuuuois afin qu'il s'en donnaft garde. Et auffi-toft que i'ay efté à terre ay fait apprefter & nettoyer ce que ie deuois prefenter au Roy fuiuant la Couftume, que ie fis le plus ample & magnifique qu'il me fut poffible, m'eftant imaginé que pour obliger le Roy d'Achen à me proteger, il feroit à propos de me feruir d'vne des lettres de cachet du Roy que i'ay en blanc, & la faire adreffer au Roy d'Achen, & luy faire dire que ce que ie luy prefentois venoit de a part du Roy de France, encore que la lettre n'en fit mention : ie la fis traduire en Por-tugais pour luy en faire entendre le contenu, par le moyen d'vn Interprete qui entendoit ce langage.

Or en la fuperfcription fis mettre à noftre tres-cher Frere le Roy d'Achen, puis la fermé auec le feel ou eftoient les armes de France, auec cire rouge : afin donc de ne prefenter chofe du tout indigne de la grandeur du Roy de France, ie ne m'amufay à rechercher des chaînes de verre efmaillez & autres telles chofes de peu de valleur,

leur, comme il y en auoit dans le Nauire appartenants à Messieurs de la Compagnie, à
ce que ie ne donnasse occasion aux Anglois & Holandois de dire que ie m'auoüois
fauscement de mon Prince, ie destinay donc presenter ce qui ensuit.

Des armes complettes de caualier entierement grauées & dorées aussi claires &
nettes que si elles fussent sorties le iour mesme des mains de l'ouurier.

Vn coutelas façon d'Allemagne, la garde grauée & dorée, dans laquelle ioüe
vn pistolet qui se bande par le pas-d'âne, & qui prend feu sans faillir par vn declic en
forme de bouton qui est de l'autre costé dudit pas-d'âsne ou coquille.

Six mousquets, les canons partie dorez & grauez, & le fust enrichi de nacre de
perle.

Deux fers de picque esmaillez & dorez.

Vn tres-grand miroüer, pouuuant couster en France 100. liures, qui se treuua
cassé, & que ne laissay de presenter dans sa caisse, disant estre tres-marry d'vn tel
accident, & que l'ayant receu entier, & ayant charge de le presenter, ie n'ozerois
l'auoir reporté en France.

Deux pieces de camelot ondé cramoisi.

Deux grands flasques plein d'excellente eau roze.

Ce que dessus ayant esté appresté & mis en ordre en nostre maison, i'ay eu plusieurs visites de diuerses Nations, qui trouuoient tous le present magnifique, specialement le Capitaine du Nauire de Suratte, qui me dit qu'vn tel present à son Prince
le grand Mogol seroit mieux employé qu'au Roy d'Achen. Est venu aussi le Sabandar auec plusieurs Officiers & Escriuains de Lalfandegue ou Doüane, prendre par escrit le contenu de ce que ie desirois presenter, me demandans s'il n'y auoit autre chose, & que ie regardasse de l'estendre & augmenter de tout ce qu'il me seroit possible.
Que leur Roy estoit vn grand Seignr, & peu dans les Indes comparables à luy : qu'ils
auoient crainte pour moy que les choses dont ils prenoient memoire ne fussent gueres considerables deuant luy. Ie leur respondis que ie sçauois bien la grandeur du Roy
d'Achen, que ie sçauois bien aussi la valeur de ce que ie luy presentois, qui ne proue-
noit d'vn particulier, mais d'vn Roy tres-puissant, & qui pouuoit estre receu de
quelque Potentat que ce fut : Enfin reconnoissant ceux-cy insatiables ie ne perdis dauantage de temps à contester contr'-eux, & finis par leur dire que le Roy de France
ne m'auoit donné autre chose pour déliurer au Roy d'Achen.

Le lundy 8. de Feurier enuiron my-releuée le Sabandar m'a aduerty que le Roy
me manderoit en bref, & que pour ce sujet il enuoyoit quatre des principaux Orancayes de sa Cour pour m'emmener vers luy auec deux Elephans : ainsi i'ay fait mettre le present en ordre, & couurir chaque piece de toile teinte en jaune, sans laquelle
on ne peut rien presenter deuant le Roy, le tout a esté porté auec les ceremonies
suiuantes.

Premierement sur vn fort grand Elephant il y auoit vne chaire couuerte, dans
laquelle s'est assis vn des principaux Orancayes ou Seigneurs, qui m'a enuoyé vn
grand plat d'argent couuert d'vne toillete brodée d'or & de soye de diuerses couleurs, dans lequel i'ay mis la lettre. Le susdit ayant pris le plat, a fait commandement
à vn autre Orancaye de monter sur l'autre Elephant, puis le Sabandar monta : apres
on m'y fit mettre aussi; & vn autre par derriere moy; tellement que nous estions qua-
tre sur l'Elephant, & i'estois enclos entre deux personnes : Voicy l'ordre de la marche. Quatorze ou quinze hommes prindrent chacun vne piece du present, & au sortir de la maison on les fit marcher deuant auec six trompettes, six tambours, & six hau-
bois, qui sonnerent tousiours iusques à ce que nous fusmes dans le chasteau, où il y a
prés d'vne lieuë de chemin : Suiuoit l'Elephant qui portoit la lettre, puis deux Orancayes montez sur cheuaux Arabes, puis l'Elephant sur lequel i'estois monté, & quatorze ou quinze de mon équipage de costé & d'autres : apres trois Sabandars, & tous
les Officiers de l'Alfandegue qui suiuoient à pied; ainsi allans parmi les ruës, menez
comme des espousées, nous arriuasmes en vne grande place deuant le chasteau, où

Seconde Partie. ,   5 G

nous miſmes pied à terre, & entraſmes en la premiere porte du chaſteau ou on fit retirer les miens, & ne permirent à aucun d'y entrer : de là nous paſſaſmes encore deux
portes : puis on me fit aſſeoir ſous vn grand ſali, ou on me fit quitter mes ſouliers, ce
que ie ne voulois faire ; mais voyant que ie perdois temps, veu qu'on ne peut entrer
là où eſt le Roy, ſans premierement les oſter, ie ſuiuys la couſtume des autres : Cependant tout fut porté dedans la chambre du Roy, & quelque temps apres on m'apporta
la chappe, laquelle on me mit entre les mains, eſleuant cette chappe par deſſus ma teſte, puis la rendant à celuy qui me l'auoit apportée, me dit que ie le ſuiuiſſes, que le
Roy me mandoit, ce que ie fis accompagné du Sabandar & d'vn Orancaye. On nous
fit quelque peu attendre à la porte de la chambre qui eſt couuerte de lames d'argent.
Vn Eunuque en ſortit, qui dit au Sabandar, que le Roy ſe trouuoit plus indiſpoſé que
de couſtume, toutefois puis que i'eſtois ſi proche qu'il me fit entrer; & lors deux hommes me prindrent chacun par vne main, & me menerent ainſi dans la chambre, ou
incontinent on eſtendit vn tapis de turquie, ſur lequel on me fit aſſeoir les jambes
croiſées, comme c'eſt la couſtume du païs : puis ceux qui me tenoient ſe retirerent;
ainſi ie ſaluay le Roy à l'vſage de la terre, qui eſt de joindre les mains, & les porter
ſur le front, inclinant quelque peu la teſte, ſans oſter le chapeau qui veut : mais pour
moy ie l'oſtay, n'eſtant accouſtumé de le tenir ainſi ſur ma teſte parlant à des perſonnes de cette qualité.

Le Roy eſtoit ſur vn lieu eſleué enuiron de deux pieds, il me fit dire par le Sabandar, que le Roy de France ſon frere l'obligeoit grandement des preſens qu'il luy auoit
enuoyez ; & que quand il luy auroit enuoyé dix bahars d'or, il ne luy auroit pas
fait tant de plaiſir que de luy enuoyer les armes, leſquelles il trouuoit tres-belles:
Que pour mon particulier il m'eſtimoit, puis que ie luy auois apporté chôſes auſquelles il eſtoit grandement affeétionné, faiſant fort eſtat des fers de picque & de l'eſpée
qui tiroit, laquelle il me fit mettre entre les mains pour luy faire feu. Et ſur cela ouurit la lettre, laquelle il me fit déliurer pour luy en faire entendre le contenu, par le
moyen du Sabandar, qui me ſeruoit d'Interprete, qui me donna bien de la peine,
parce qu'il parle fort peu Portugais, & moy qui ne me pouuois guieres mieux faire
entendre, ſpecialement pour le ſtile de la lettre qui n'eſt ſelon leur vſage, tellement
que la premiere partie qui commence par TRES-ILLVSTRE nous arreſta tout
court, & m'aduiſay de dire apres tres-cher frere, ce que le Roy treuua bon, & dit
qu'il ſçauoit bien que les Princes Chreſtiens commençoient ainſi leurs lettres, & que
ie ne pouuois faire entendre au Sabandar le reſte de la lettre : Ie luy dis que ie luy en
declarerois en bref la ſubſtance, qui eſtoit, qu'auec la permiſſion du Roy de France
mon ſouuerain Prince & Seigneur, i'auois pris la hardieſſe de venir baiſer les mains
de Sa Grandeur, & luy demander licence de traitter en ſes terres, comme il le permettoit aux autres eſtrangers : Qu'affin d'obtenir plus ſeurement cette mienne demande, i'auois importuné Sa Maieſté tres-Chreſtienne de cette lettre, addreſſée à ſa
Grandeur, à ce qu'il luy pleût en conſideration m'oétroyer traitte libre aux terres de
ſon obeïſſance, & ne permit qu'il m'y fut fait aucun empeſchement : Que ſa Ma-
jeſté tres-Chreſtienne proteſtoit en cas pareil proteger les Sujets de Sa Grandeur,
ſi dauanture il en venoit aucuns en ſes Royaumes, & qu'elle auroit tres-agreable
que par le moyen du trafic entre les ſujets de Sa Grandeur & les ſiens, elle eut connoiſſance d'vn ſi grand Prince ; qu'il deſiroit que ſes Sujets continuaſſent ce negoce, ſpecialement ſi ceux de Sa Grandeur & les ſiens en receuoient quelque vtilité.

Qu'il m'auoit donné liberalement les Armes pour en faire preſent à Sa Grandeur,
pour luy faire voir quelque eſchantillon des ouurages auſquels ſes Sujets excelloient.
A quoy il me fit dire par le Sabandar, que i'eſtois le bien venu, & que ſa terre
eſtoit aſſeurée pour moy ; Que pour le fait de la Traitte, les Holandois & Anglois par cy-deuant auoient eu le poivre à bon marché en ſes terres ; mais que
depuis quelque temps en çà, ils auoient fait la guerre au Roy de Bantan, qui les
auoit par le precedent bien receus, mais voyant vne telle ingratitude en eux, il

eux, il auoit fait couper tous ſes poivriers afin que ces plantes ne fuſſent cauſes d'icy
en auant de luy donner de l'ennuy : ainſi à preſent tout le poivre luy reſtoit ſous ſon
obeyſſance , qui auoit eſté cauſe de l'auoir fait remonter iuſques à 64. realles le bahar , & que neantmoins à ce prix il ne deſiroit encore leur en deliurer, reconnoiſſant que c'eſtoient meſchantes gens qui ne faiſoient que piller & voller vn chacun, à
ce que le trafic des Indes demeurât entierement entre leurs mains : A cela ie repliquay , que on ſeroit eſtonné en France d'entendre l'outrecuidance de cette Nation
de vouloir mettre les Roys de ce pays hors de leurs terres, ſpecialement ceux qui les
ont receus par le precedent auec tant de courtoiſie, qu'en mon particulier ie n'euſſe
iamais eſtimé que les choſes fuſſent venuës en tel eſtat, veu que par le paſſé ils n'a-
uoient fait autre profeſſion que de Marchands ; mais à preſent ils faiſoient bien paroiſtre le contraire, & qu'ils vouloient auoir tout ; veu qu'eſtans amis du Roy de
France qui les a longuement protegez contre le Roy d'Eſpagne , neantmoins par deçà ils feignent de ne nous connoiſtre & nous font du pis qu'ils peuuent : Que ce qui
m'emmenoit en ces pays eſtoit pour faire bon & fidel trafic, n'ayant nulle commiſſion
de prendre perſonne , ny fortifier aucune place, mais ſeulement de vendre & d'acheter ; par ainſi que ie deuois eſtre tenu hors du rang de cette nation, auec laquelle ie ne
deſirois auoir affaire ne conuerſation. Sur cela il me fit preſenter dans vn grand vaze
d'or du Betel , puis dans vn plat d'argent vn de ſes habits, qu'il commanda me faire
veſtir à l'inſtant, ainſi ie me retiray hors la chambre, & par deſſus mon habit m'ac-
commoderent à la mode d'Achen ; puis me remenerent où eſtoit le Roy, qui me mon-
ſtrant les armes, me dit qu'elles luy ſeroient venuës bien à propos, s'il n'eſtoit eſté malade, pour aller mettre le ſiege deuant Malaca , & me demanda ſi i'aurois voulu l'y
accompagner : Ie reſpondis que ie m'eſtimerois tres-heureux de luy pouuoir rendre
quelque agreable ſeruice ; puis il me demanda ſi le Roy de France auoit beaucoup de
telles armeures ; combien il pouuoit mettre de gens armez à ſon ſeruice , quel âge il
auoit, à qui il faiſoit la guerre ; ſi ſes terres eſtoient beaucoup eſloignées de celles du
grand Seigneur, s'il y auoit long-temps qu'ils ſe fuſſent donnez bataille l'vn à l'autre :
à tout ie luy fis reſponſe le plus pertinemment qu'il me fut poſſible : & lors que ie luy
dis que le Roy n'auoit guerre , lors que ie partis de France , contre perſonne , & qu'a-
uec le grand Seigneur il eſtoit en trefues commencées depuis long-temps par ſes pre-
deceſſeurs , il dit qu'il vouloit auſſi faire eſtroitte amitié auec le Roy de France : Et
comme il eſtoit ja fort auant dans la nuit, me donna permiſſion de me retirer ; & apres
eſtre ſortis du chaſteau, on nous fit remonter ſur vn Elephant pour retourner chez
nous.

I'ay obmis cy-deuant à dire que ſortant du logis, & eſtant monté ſur l'Elephant entre quatre hommes, les Commis Holandois & Anglois, auec vingt ou trente des
leurs, s'eſtoient mis en embuſcade à l'entrée de la porte de la maiſon des Anglois,
qui eſt vis-à-vis de la noſtre, & lors que ie paſſay me ſaluerent : & comme ce Holandois ou Suedois que i'auois fait veſtir vint à ſortir, ils ſe jetterent ſur luy & l'enleuerent
dans leur maiſon : au cri qu'il fit ie voulus deſcendre de deſſus l'Elephant ; mais comme i'eſtois entre quatre hommes ie ne peûs, car de me jetter de coſté ; outre que l'E-
lephant eſtoit grand, ie craignois qu'il ne marchât par-deſſus moy ; tellement que ie
priay le Sabandar de faire retirer cet homme d'entre leurs mains , luy remontrant leur outrecuidance ; qui auoient oſé mettre la main ſur vne perſonne qui
aſſiſtoit de porter les preſens du Roy de France à celuy d'Achen , & qu'en cela chacun en demeuroit offencé ; proteſtant que ſi i'euſſe peû deſcendre de deſſus l'E-
lephant, que la choſe ne ſe fut paſſée de la façon : Il me dit lors qu'il le feroit retirer, mais que ne laiſſaſſions de pourſuiure noſtre chemin : Eſtant deuant le Roy ie
preſſay fort le Sabandar de luy dire le reſſentiment que i'auois de cette action ; mais
iamais n'en voulut parler, diſant qu'il n'eſtoit temps : & comme le Roy s'apperce-
uoit que ie voulois dire quelque choſe, il demandoit au Sabandar que c'eſtoit, lequel
reſpondoit n'entendre ce que ie luy diſois : ce qui me fit reſoudre le lendemain d'al-

ler viſiter l'Orancaye Laxemane qui eſt vn des principaux de cette terre, & le plus
cheri du Roy, & ſans lequel on ne peut rien faire d'importance par deçà : le luy fis
preſent de deux harquebuzes, d'vne piece de camelot ondé, d'vn miroir, d'vn mo-
rion doré, de ſix pendans d'oreilles aſſez gentils, & de deux chaiſnes de verre : Il me
receut fort gratieuſement, m'aſſeurant qu'il m'aideroit de tout ſon poſſible, & me fit
preſenter la colation, & apres pluſieurs diſcours, qui conſiſtoient en ce que le Roy
m'auoit dit touchant les Holandois & le poivre, & ayant fait enuiron les meſmes reſ-
ponſes, ie luy touché ce qui eſtoit hier aduenu à cét Holandois, que le facteur de cette
nation auoit prins au ſortir de chez nous aſſiſté des Anglois; & ſur ce que ie luy dis que
ie l'auois en partie retiré & veſtu, en conſideration qu'il m'auoit dit eſtre ſous ſa pro-
tection, l'Orancaïe me repartit promptement qu'il ne me l'auoit pas enuoyé, & que
ſi cet Holandois m'auoit donné cela à entendre, que c'eſtoit vn grand affronteur, qui
deſiroit me tromper comme il en auoit trompé pluſieurs autres, leur empruntant de
l'argent, deſquels il ſe mettoit du nombre.

   Le iour meſme pour oſter toute frequentation auec les Anglois, i'ay fait boucher
la porte de noſtre maiſon, qui eſtoit vis-à-vis de la leur, prenant pretexte ſur le batteau que ie faiſois baſtir vis à vis, & auſſi ſur l'action paſſée, de laquelle ie n'eſtois tant
marry pour autre occaſion de me diſtraire de leur hantiſe : car ne leur pouuant refuſer
le logis, pour m'auoir premierement obligé du leur, ils n'en bougeoient, & ainſi ie
ne pouuois rien dire ny faire dire qu'ils ne l'entendiſſent, ce qui ne me plaiſoit guieres, encore moins que nuittamment ils enleuoient & deſbauchoient les ſieurs Renel & la Clau commis, auec quelques eſcriuains, ce que ie m'imaginois qu'ils ne
faiſoient ſans quelque myſtere, ſoit pour leur tirer les vers du nez, & par leur moyen
ſçauoir l'eſtat de nos affaires & mes deſſeins, ou bien leur procurer quelque dommage, & encor que i'en euſſe aduerty leſdits Renel & la Clau, & leur euſſe teſmoigné
que ie n'auois telles viſites agreables, ils ne s'en pouuoient deffendre.

   Le Ieudy 11. mois de Feurier on m'eſt venu querir à bord pour parler au Roy; i'y
ay eſté, accompagné du Sabandar, apres quelques diſcours, il enuoya querir les deux
fers de picque dequoy luy auois fait preſent, & deſquels faiſoit beaucoup d'eſtat
pour eſtre par deſſus la graueure couuerts de certaines couleurs reſſemblantes à de
l'émail dequoy fait grãd eſtat, la pointe iuſques à la moité du taillant deſdits fers eſtoit
ſeulement fourbie, le Roy les voulut faire grauer & dorer par vn ſien ouurier qui les
mît au feu pour y coucher l'or; mais les retirant il treuua que la peinture en eſtoit partie : il vint auſſi-toſt en noſtre maiſon, ſçauoir s'il n'y auoit perſonne qui peût raccommoder cela, & s'addreſſa à vn Orfebure de Rouën nommé Houppenille qui luy
dit ne pouuoir refaire cela pour n'eſtre ſon meſtier de trauailler en fer : Le Roy donc
me monſtra ces fers & me demanda ſi ie n'auois perſonne qui les puſt racommoder
comme ils eſtoient, quand ie les luy apportay, ie reſpondis que non : auſſi-toſt il
commanda que l'on couppât les poings à ce miſerable, qui les auoit mis au feu : Puis
me dit qu'il auoit entendu que i'auois vn orfevre, qu'il me prioit luy faire eſmailler vn
gros anneau d'or qui pezoit plus d'vne once qu'il me déliura. Ie dis que ie ne ſçauois
ſi cét orfevre ſçauoit eſmailler ou non, & que ie ne l'auois iamais veu trauailler. Il me
fit reſpondre par le Sabandar qu'il ſçauoit bien que l'orfevre eſtoit habile homme, &
qu'il auoit deſia promis à quelques-vns de trauailler & d'eſmailler, qu'il le contenteroit, & me prioit d'auoir l'œil ſur luy, à ce qu'il trauaillât promptement à eſmailler de
rouge ſon anneau, & qu'il enuoyeroit vn de ſes orfevres qu'il me monſtra, pour apprendre la methode du mien. Il eſtoit extremement curieux de pierreries & orfevre-
ries, & qu'il auoit plus de trois cens orfevres qui trauailloient iournellement pour
luy : & ſur cela il me monſtra & fit voir vn tres-grand nombre de pierreries en œuure
& hors œuure, & qu'il fait la pluſpart percer par deux endroits, faiſant faire des coliers & chaiſnes de grandes eſmeraudes, & des baius oucaſaques à ſa mode, tout bro-
dées de ces pierreries, comme auſſi diuerſes orfeveries; comme de grands vaiſſeaux

d'or couuerts de pierreries; grand nombre d'épées, coutelas & poignards à leur mode
qui en estoient entierement couuerts, tant sur les gardes que sur les fourreaux: nombre d'agrafes ou crochets à mettre sur ses casaques, ou à la fente d'icelles en forme de
boutons, & me dit qu'en ce qu'il auoit de bajus ou casaques, il y auoit plus de trois bahars d'or employez, & aux agrafes dont pour l'ordinaire il n'y en a que six sur chaque
baju : vn bahar est plus de 350. liures poids de France : & que s'il auoit employé six
iours consecutifs à me monstrer ses joyaux & pierreries; il ne suffiroient pour me faire
tout voir : Ie ne sçay s'il me dit cela afin que i'admirasse ses richesses, mais tât y a qu'en
deux ou trois heures de temps que i'ay esté là, i'en ay veu vn grand nombre , la pluspart desquelles sont plustost pierres de parade que de valeur, & hors de ses mains elles
ne vaudroient à beaucoup prés ce qu'il les estime , neantmoins parmy ces pierres i'en
ay veu quelques-vnes de grand prix, principalement trois diamans qui peuuent estre
de quinze à vingt carats chacun , deux fort grands rubis, & vne esmeraude vieille roche qu'il eut dernierement en sa conqueste de Pera, qui est vne des belles pierres
qu'à ce que ie croy se puisse rencontrer.

Le Mercredy 17. & ses iours precedens, i'ay esté empefché à faire trauailler nostre
orfevre pour le Roy, qui le charge tousiours de nouuelle besogne, & voudrois à present n'auoir iamais veu l'orfevre dans le nauire, croyant que le Roy se plaisant à son
ouurage, ne retarde mon affaire pour faire esmailler ses joyaux. I'ay commençay à
faire bastir vn batteau du bois que i'auois fait abatre auant que venir icy, & embarqué
dans le nauire, mais comme il en manquoit encore beaucoup, & que i'auois besoin de
loüer vn batteau pour en faire couper à des Isles proche de cette rade , i'ay esté chez
l'Orancaïs Laxemant, tant pour le prier & faire souuenir de la permission de coupper
du bois, qu'aussi à ce qu'il m'accommodast d'vn batteau d'enuiron de 15. tonneaux
de port qui luy appartenoit, ce qu'il m'a accordé moyennant vingt realles pour vn
mois, qui est bien cher : mais la necessité contraint la loy, & ne peut-on rien faire en
ce païs qu'auec notable interest, s'entend pour ceux qui ont le maniment des affaires
du Roy, & ie n'ay peû auoir icy vne piece de bois, sans premierement auoir la permission du Roy, que i'ay obtenuë par le moyen du loüage de ce batteau , sans quoy il
eut conuenu que i'eusses fait vn present audit Laxemant de la valeur de plus de vingt
realles : Ie priay aussi ledit personnage que lors que le Roy me manderoit ie peusses
faire entrer quand & moy mon Interprete , que i'auois accordé depuis 10. ou 12. iours
en çà à raison de dix realles par mois, qui est vn vieillard de Cochin nommé Domin-
go Valé : car pour mon Pedro de Ticou, ils n'ont iamais permis que ie m'en sois serui,
& a esté contraint de s'en retourner. Il me promit d'en parler au Roy, lequel quelque
peu apres m'enuoya querir par le Sabandar : de hazard i'auois sur moy deux chaisnes
de verre faites en forme de turquoises que ie presentay au Roy, dequoy il fit bien de
l'estar, encore qu'elles fussent de peu de valeur : le Commis Holandois y estoit qui les
croyoit estre veritablement de turquoises : le Roy fit iouster ses cocqs, pariant contre plusieurs Orançayes; & apres auoir demeuré là plus de trois heures, il me donna
congé, commandant au Sabandar de m'emmener le ledemain à midy au chasteau, &
qu'il me vouloit donner à disner: le lendemain le Sabandar ne manqua de venir quelque peu apres midy chez nous pour aller au chasteau, & nous y auons esté par la riuiere : le Roy estoit dans vne salle quarrée tenduë & pauée de tapis de turquie, où il m'a
fait soir; & apres m'auoir fait donner le betel dans vn grand vaisseau d'or, le couuercle couuert d'emeraudes, & fait quelques demandes sur la grandeur & puissance des
Princes Chrestiens, vindrent enuiron trente femmes, chacune auec vn grand vaze
d'argent couuert entre leurs bras, qu'elles mirent à terre sur le tapis; chaque vaze
estoit couuert d'vne toilette d'or , ou d'ouurages de soye meslée de fil d'or , & de quelques pierreries trainans à terre : ces femmes ayans quelque peu demeuré debout, le
Roy commanda que l'on mit à diner deuant moy : alors on descouurit ces vases qui
ont le circuit d'vn grand bassin à lauer, & si profonds & hauts auec le couuercle de
plus de deux pieds & demy, de chacun d'eux on tira six plats d'or pleins de confitu-

Seconde Partie.　　　　　　　　　　　§ G iij

res, viandes & patifferies accommodez à leur vfage ; tellement qu'en moins de rien ie me vis enuironné de vaiffelle d'or & diuers vaiffeaux du mefme metail, en quelques-vns y ayant de l'eau, en d'autres certains breuuages ou faulces, aufquelles ie ne touché, & vn fort grand tout plain de ris, & deux autres à cofté faits de tombacque, qu'ils eftiment plus que l'or, dans lefquels eftoit le ris de l'ordinaire du Roy (le ris feruant de pain par routes les Indes) dequoy il me commanda de manger, & que ie treuuay fort bon, eftant accommodé, & ayant quelque gouft de maffepain : puis il me fit donner à boire dans vn petit gobelet d'or porté dans vn grand baffin du mefme metail par vn Eneuque : par le moyen du Sabandar. Ie beus à la fanté de fa Grandeur, luy fouhaittant meilleure en bref qu'elle n'eftoit de prefent, & penfant vuider ce petit gobelet, la force du breuuage me le fit bien-toft quitter, & penfois auoir beu du feu, en forte qu'il me prit vne grande fueur : Il me dit qu'il falloit acheuer puifque i'auois beu à fa fanté, & qu'il eftoit bien marry de ne pouuoir boire à celle du Roy de France, & qu'il vuideroit tout : ie le fuppliay de me permettre d'vfer d'autre breuuage ; ainfi on m'en apporta d'autre, & me reforçoit fort de manger & de boire : enfin bien ennuyé que le difner duroit long-temps, tant pour eftre incommodé des genoux, à caufe qu'il faut eftre affis les jambes croizées, & ne point montrer le bout des pieds, que pour n'auoir grand appetit : Ie priay le Sabandar de faire en forte que la bonne chere ceffaft en mon endroit ; le Roy demandant ce que ie difois, fit leuer tous les plats, & me fit boire encore vn coup à fa fanté ; puis on apporta vn fort beau tapis à fonds d'or, qu'il fit mettre entre le lieu où il eftoit, & ou i'eftois, puis vindrent 15. ou 20. femmes qui fe rangerent le long de la muraille, & accordant leurs voix auec quelques petits tambours, chacune en ayant vn à la main chanterent (à ce que le Sauandar me dit) les conqueftes que ce Roy a fait de fon Regne ; puis entrerent par vne petite porte deux femmes ou filles bien bizarement veftuës & tres-belles, & ie n'euffe pas creu qu'il y en euft eu de fi blanches en vn pays fi chaud, pour eftre leurs veftemenstels que ie n'en ay iamais veu de mefmes ; cela m'eft difficile à exprimer, tant y a que c'eftoit tout or. Premierement par-deffus leur cheueux elles auoient vne forme de chapeau fait de papillottes d'or, qui brilloient beaucoup, auec vn pennache d'vn pied & demy de haut, fait auffi de papillottes, & portoient ce chappeau pendant fur vne oreille : elles auoient de grands pendansd'oreilles, faits auffi de papillottes d'or, qui leur tomboient iufques fur leurs efpaules : le col quafi tout couuert de carquás d'or, & pardeffus les efpaules vne forme de jubon qui ferroit le col & s'eftendoit en pointes courbées, comme on reprefente les rais du Soleil ; le tout de platines d'or, fort curieufement grauées : par deffous vne chemife ou baju de thoille d'or, auec foye rouge qui leur couuroit la poitrine, & auec vne grande ceinture fort large faite de papillottes d'or : elles eftoient ceintes au deffus des hanches, ou eftoit attachée vne panne de thoille d'or à la façon du païs, & par deffous vn calfon auffi de thoille d'or qui ne paffoit le genoüil, ou pendoient plufieurs petites fonnettes d'or : les bras & les jambes nuës ; mais dequis le poignet iufques au coude, tout couuert de groffes menilles & jazerans d'or, auec pierreries : comme auffi au deffus du coulde, & depuis la cheuille des pieds iufques au gras des jambes : à leur ceinture auoient chacun vn cris ou efpée, la garde & fourreau couuerts de pierreries, & en la main vn efuentail, vn grand efuentail d'or, & plufieurs petites fonnettes à l'entour : elles vindrent fur le tapis auec beaucoup de grauité à la cadence des tambours & des voix, ou auffi-toft elles fe profternerent à genoux deuant le Roy : puis ayans fait la Sombaye (qui eft le falut, mettant les mains jointes fur la tefte) commencerent à danfer vn genoüil à terre auec diuers mouuemens du corps, des bras, & des mains, puis debout auec beaucoup de difpofition, & en cadence : elles mettoient quelquesfois la main au cris, puis autrefois comme fi elles euffent tiré de l'arc ; apres comme fi elles euffent eu le rondache & le coutelas en main ; cela dura enuiron demie heure, puis fe remirent à genoux deuant le Roy, à mon aduis bien laffes, car il me fembloit qu'elles auoient chacune plus de quarante liures d'or fur elles : neantmoins elles danferent auec beaucoup de difpofition & de bonne grace, & pour auoir veu baller diuerfes fois en France ; ie m'imagines que fi ceux qui le difent y entendre auoient veu cette danfe , ils diroient que cela ne fentiroit point fon barbare. Enfin apres auoir veu tant d'or, & voyant que la nuict s'auançoit craignant d'eftre elbloüy durant l'obfcurité, i'impetray mon congé, ce que le Roy m'octroya , me faifant premierement donner dans vn grand baflin de tombaque , deux cens petites pieces d'or de fa monnoye, qu'ils appellent mas de dix fols piece, qu'il me dit eftre pour auoir du betel. Apres l'auoir remercié de tant d'honneur qu'il m'auoit fait, ie m'en retourné par la riuiere chez nous auec le Sabandar, qui me jura n'auoir encor veu faire tel accueil à nul eftranger comme le Roy me faifoit, & qu'à tous les eftrangers qu'il auroit feftoyez, il n'auoit iamais veu que le Roy eut fait venir aucunes de fes femmes pour danfer, & remarquay vne chofe, que tous ceux qui eftoient dans la fale durant ce bal, fermerent tous les yeux; car il n'y va pas moins que la vie à ceux qui regardent les femmes du Roy : en mon particulier tant qu'elles danferent ie regarday toufiours, me confiant qu'il ne les auoit fait venir affin que ie fermaffe les yeux, & que c'eftoit en intention que ie remarquaffe fa magnificence, pour en faire rapport en France. A la verité fi la magnificence confifte à poffeder beaucoup d'or, ie croy que peu de Princes Chreftiens eigaleront le Roy d'Achen, mais il le garde bien, & ne fait aucune defpenfe ny prodigalité pour f'en deffaire , & dernierement il me dit que depuis qu'il auoit efté couronné Roy, il auoit amafsé plus de cent bahars pefans d'or, fans compter les pierreries, l'argent & les marchandifes, felon ce que i'ay fupputé, ce feroit enuiron dix-huict millions de liures tournois, à compter le bañar à 360. liures poids de marc, & ceux de ce païs tiennent que fes predeceffeurs ont laifsé auffi de grands trefors qu'il poffede encore ; car cette place d'Achen n'a point encore efté ruïnée ne pillée d'aucune Nation; & le Roy d'Achen fait fouuent cette rodomontade qu'il ne craint les forces d'aucun Prince Eftranger, finon du grand Seigneur ou Empereur des Turcs : que ceux de deçà tiennent deuoir conquerir quelque iour cette place , fuiuant vne ancienne Prophetie qu'ils ont de longue main apprife de pere en fils.

Le 19. de Feurier me font venu trouuer à bord vn Orancaye nommé Alicq Raja principal Officier de L'alfandegue auec deux Sabandars enuoyez par le Roy pour luy apporter mes efpées, l'vne defquelles ie luy auois promis, qu'il auoit entendu eftre belle, & que ie n'auois pas lors qu'il me la demanda : ie leur ay fait la meilleure reception qu'il m'a efté poffible, ils n'ont couru peu de rifque à la fortie de la riuiere y ayant vne barre qui eft tres-dangereufe, fpecialement le foir à l'occafion des brizans de deuers l'eau qui font rompre la Mer fur cette barre, & en ont efté tellement effrayez qu'ils n'ont ozé retourner & ont couché à bord, & le lendemain matin i'ay fait efquiper noftre fcutte dans laquelle, ils fe font embarquez, apres leur auoir fait quelques prefents de peu de valeur dequoy ils eftoient fort contens, m'affeurans qu'ils ne manqueroient faire rapport au Roy de la bonne reception que ie leur auois faite : & deux ou trois iours apres le fufdit Alicq Raja me vint dire que le Roy treuuoit les efpées belles & qu'il defiroit les faire accommoder pour fon vfage ; ie luy dis que ie n'en auois pas d'autres, & que de neceffité i'en auois befoin d'vne, ne pouuant & n'eftant couftume de France de fortir fans efpée, & que fi i'en pouuois recouurer par deçà qui me fuffent propres que ie les luy laifferois de bon cœur ; le lendemain il m'en renuoya vne qui n'eftoit accompagnée de poignard & retint vne efpée françoife, la garde à rapport d'argent, la lame ondée & grauée comme auffi le poignard , & vne efpée efpagnolle les gardes dorées, ceux qui me rapporterent l'autre efpée m'affeurerent qu'il en faifoit bien de l'eftime à caufe que les lames ne fe fauffoient point en les pliant, & celle qu'il me renuoya qui eftoit vn eftoc, ils l'auoient fauffée à force de la plier; que s'il ne l'euft fauffé il l'euft auffi retenuë : qu'il auoit donné charge de me dire qu'il me donneroit vn cris ou poignard à la mode du pays.

Eftant reuenu du Nauire à terre ay treuuay les fieurs Renel & la Clau malades, ce qui me fafche, car en l'eftat où ils font ne me peuuent nullement affifter ; ie commençois à faire connoiftre Renel, afin qu'il puft trafiquer & faire le negoce du poivre auec le Sabandar & l'Orancaye Laxemane ; voire mefme obtenir du Roy qu'il puft conferer auec luy pour le fait de la traitte, ce dequoy j'auois defia ouuert quelque propos deuant le Roy fur vne fupplication que ie luy fis les jours paffez, qu'il luy plût donner charge à quelqu'vn de fes Officiers de commencer à faire quelque ouuerture du prix qu'il defiroit vendre fon poivre, il me dit que i'euffes encore vn peu de patience qu'il fçeut au certain le nombre qu'il en auoit, & qu'apres il en feroit luy-mefme le marché auec moy ; à quoy luy repartis, que pour mon particulier la chofe eftoit de grande importance, & que ie ne pouuois faire cela fans l'affiftance des marchands de mon Nauire, à quoy il ne me refpondit rien, & changeant de propos, m'enquift fi le Vice-Admiral que i'auois enuoyé à Bantan eftoit grand Nauire, & luy ayant refpondu comme celuy qui eftoit en fa rade, me demanda combien il pouuoit bien valoir, & luy ayant fpecifié vne affez grande fomme, me demanda fi c'eftoit autant de perdu, puifque les Holandois l'auoient pris. Ie dis auffi toft que ie ne croyois pas qu'ils euffent ozé faire cela, & qu'ils n'auoient raifon, puis que le Roy de France n'auoit guerre contre eux: Alors fe foufriant me dit, en eftes-vous encor en doute?l'attendez-vous icy ? ie repliquay qu'il me tardoit encor à venir, fuiuant l'ordre que ie luy auois donné : Que fi i'auois ma charge ie ne l'attendrois, m'affeurant qu'il n'auroit que faire de moy veu les courtoifies que ie receuois de fa grandeur, que i'efperois qu'il continueroit à tous les François, qui par cy-apres luy viendroient baifer les mains. Il dit lors comme parlant à vn cahcun, qu'il ne viendroit point icy, & que iamais ie ne le reuerrois, puis s'adreffant à moy, auant qu'il foit peu vous ferez certain que ie dis verité, car ie le fçay bien ; puis, que ce foucieront les Holandois de prendre fon Nauire, quand il leur en faudroit rendre dix autres, gaigneront-ils pas affez quand les François ne reuiendront plus : & s'addreffant à moy, ie leur garderay bien icy de prendre le voftre, leur facturie & celle des Anglois valent dauantage, mais hors cette rade ie ne me mefle plus de vos differends : Ie le remerciay : & repliqua ; lors que vous m'apportaftes les armes, vous dis-ie pas que voftre Nauire qui eftoit à Bantan ne viendroit pas icy, i'auoüay que c'eftoit la verité, encore qu'il ne me fouuint, m'en euft parlé alors, du moins le Sabandar ne me le fit entendre, comme il ne fait à mon aduis beaucoup d'autres chofes.

C'eft vn mal pour moy que ie nepeus faire entrer icy mon Interprete, & nul n'ozeroit y venir s'il n'eft mandé, & font bien contans de n'y côparoître ; car s'ils bronchent le moins du monde en leursdifçours, ou qu'ils difent quelque chofe qui ne luy foit agreable, encore que ce foit ce qu'on leur commande de dire, il n'y va que de leur vie, comme il aduint il y a quelque temps à l'Interprete des Holandois nommé Pedro Lorenço, qui parlant franchement ce que les Holandois luy difoient, le Roy treuua cela fi mauuais, qu'il commanda fur l'heure qu'il fut fié en deux tout vif, ce qui eut efté executé fans les Anglois qui ioignant quelques prefens auec leurs prieres le firent efchapper ; & de cette heure en eft encore difgratié; encore qu'autre fois il eut efté envoyé par le predeceffeur de ce Roy Ambaffadeur en Hollande, & qu'il foit naturel d'Achen & d'affez bonne famille.

Nous fommes paruenus en la fin de ce mois fans que i'aye pû encore rien faire pour l'achapt du poivre, pour n'y auoir perfonne qui oze rien vendre que le Roy n'en ayt donné la permiffion & vendu le fien, & ie n'ay peu non plus parler au Roy qui eft extremement irrité contre quelqu'vn des plus grands d'icy ; mefme il en a fait executer trois à l'occafion qu'en fa derniere conquefte de Pera, il a efté aduerty que lefdits Orancayes auoient treuué quelques joyaux en ce lieu, lefquels ils auoient partagé enfemble, & rompus en diuers morceaux, & expofé depuis en vente ; ce qu'ayant efté reconnu & rapporté au Roy, il s'en eftoit mis en colere, en forte que l'execution cy-deffus mentionnée en eftoit enfuiuye, & tant qu'il eft en cette humeur, perfonne n'oze luy propofer aucunes chofes, & tiennent par deçà que les nouuelles Lunes luy efmeuuent plus cette humeur que tout autre temps.

Le

Le quatriefme de Mars, depuis l'execution des trois Orancayes s'en eft enfuiuy beaucoup d'autres; mefmes noftre hofte s'eftoit fenty de fa colere, l'ayant demis de fon office de Merigne ou Sergent Major, ayant en garde & commandement fur vn Quartier de cette ville, qui eft celuy où nous demeurons, dequoy i'ay efté marry pour m'auoir coufté plufieurs dons pour gagner fon amitié ; afin que rencontrant des noftres efcartez la nuict, où en tauernes & autres telles maifons, il leur fift telles affres qu'ils ne s'auanturaffent de fortir la nuict hors la maifon, ce qu'il pratiqua tres-acortement ; car pour leur donner terreur y furprift noftre Interprete Pedro de Ticou lors qu'il eftoit encore icy, & le lia & garotta iufques au iour, puis l'expofa contre vn pilori à la veuë de tout le monde la journée toute entiere, fans luy permettre d'auoir vne fois d'eau, & s'il en demandoit luy faifoit prefenter de l'vrine & fiante de cheual, & au partir delà luy conuint payer douze realles, ce qui efpouuenta tellement les noftres qu'ils n'ozoient fortir la nuict; ce qui m'euft efté impoffible empefcher autrement, car noftre maifon, non plus que les autres, n'eft cloze que de hayes, par deffus lefquelles on a beaucoup de peine à paffer.

Et le Samedy 6. l'Hofte fufmentionné a efté enuoyé querir comme il eftoit chez nous pour fe iuftifier d'vne accufation qu'il auoit retins quelque butin en la guerre de Queda paffé deux ans, a efté lié tout preft d'eftre fait mourir ; mais trois cens taels valans plus de 1200. realles luy ont rachepté la vie pour cette fois auec quelques prefents faits à l'Orancaye Laxeman, qui la grandement affifté en ce befoin: Et le lendemain ie fus voir ledit Laxeman pour fçauoir de luy quand ie pourrois parler au Roy pour le fait de mon negoce, luy remontrant le temps qu'il y auoit que i'eftois arriué en ce lieu fans auoir encore fait que defpenfer : il me dit qu'il en parleroit au Roy la premiere fois qu'il le verroit en eftat de luy en pouuoir parler : puis me demanda fi ie n'auois eu nouuelles de mon nauire, & luy ayant refpondu que non, me dit que fi i'efperois qu'ils vinffent en bref feroit plus à propos pour moy de les attendre, & qu'il me donneroit vn expedient de vuider en bref d'icy ayant deux nauires à charger, & qu'acheptant partie du poivre du Roy, il y auroit moyen d'obtenir Ticou pour les reftans, toutefois que ie ne parlaffes du tout qu'il m'auroit propofé cela. Ie luy dis que i'auois bien penfé à cela, mais que ie commençois à douter quelque inconuenient aufdits Nauires, veu que ie n'en auois aucunes nouuelles, & le fuppliay me dire s'il en auoit entendu quelque chofe. Il m'affeura que non; mais qu'il feftonnoit qu'ils ne venoient, puis que ie difois y auoir enuoyé exprés de Ticou pour les faire venir, & qu'il feftoit enquis d'vn Parau qui eftoit venu depuis trois iours d'Andripouri qui n'auoit rencontré le long de cette cofte aucun nauire.

Le Dimanche 7. enuiron vne heure deuant Soleil leué, il a fait icy vn grand tremblement de terre, en forte qu'il fembloit à ceux qui eftoient dans les maifons que le comble les accabletoit; j'entends dire que d'ordinaire toutes les années il y en a trois ou quatre, toutesfois qu'il y auoit trois ans paffés qu'il n'en y auoit eu, & difoient dauantage, que leur Cady ou Euefque auoit predit ce tremblement il y a quatre ou cinq jours, & qu'il viendroit fur la pleine Lune, comme de fait il y eft furuenu : ie ne fçay s'ils difent verité ou non; car au precedent on n'en parloit point; ils font grand eftat de ce Cady, difans que de connoiffance d'homme, ne s'eft veu Perfonnage de fi grand fçauoir dans Achem.

Le Mardy 9. de Feburier, ie fus faluer le Roy auec quelques prefens, fans lefquels on n'eft autrement le bien venu, & ie les portay affez raifonnables, à ce qu'il m'octroyaft ce que i'auois enuie de luy demander, qui eftoit d'auoir permiffion d'acheter du poivre des particuliers, ce qu'il ne veut permettre iufques à ce que le fien foit vendu, & qu'il tient toufiours à moitié plus haut prix que l'autre; & de prefent les Anglois & Holandois luy en ont offert 48. realles du bahar, & ne leur a voulu donner à moins de 64. realles, qui eft exceffiuement cher ; cependant, des particuliers on le pourroit auoir à huict taels en or; vn tael d'ordinaire eftoit 4. realles; mais depuis que nous fommes arriuez icy, l'or a remonté & les realles baiffé; tellement qu'en vn tael il y a 16. mas qui eſt vne petite monnoye d'or , & pour 4. realles on auoit leſdits ſeize mas qui eſt quatre mas pour realle , & à preſent qui veut changer des realles en or on n'en a que 14. & encore n'eſt-il recouurable, qui eſt vne tres-grande perte : l'oc- caſion de cela eſt que le Roy a tout entre ſes mains , & qu'il fait courir vne petite monnoye de plomb parmy le peuple qui s'en deffait touſiours à quelque prix que ce ſoit pour auoir de l'or ; neantmoins les rigoureuſes punitions que le Roy fait execu- ter enuers ceux qui l'expoſent à moins de ſon ordonnance, & que dás le pays les real- les n'ont aucun cours ny auroient en cette Ville, n'eſtoit ceux de Suratte & de Man- ſulipatan qui les enleuent , & ne font guere autre retour d'icy , apres auoir vendu leurs marchandiſes , qui ſont icy autant neceſſaires pour l'vſage & trafic de ceux de par deçà que le ris, & ſur leſquelles ils font de grands profits, & n'y ayans à preſent Nauires de Suratte en ce lieu qui recueillent, leſdites realles cela eſt cauſe qu'elles ſont ainſi abbatuës, ce qui m'incommode fort ; car outre la perte qu'il y a , ie n'ay moyen d'amaſſer de l'or ſeulement pour faire la deſpence de la maiſon : & cependant le poi- vre des particuliers s'écoule peu à peu ſoubs main, tant entre les mains des Anglois qui ont grand nombre d'or , à l'occaſion qu'il leur vient tous les ans Nauires de Sura- te chargez de marchandiſes , leſquelles ils vendent toutes comptant , à payer en or, auec lequel ils facilitent grandement leurs achapts quand ils en ont la permiſſion , & encore qu'ils ne l'ayent de preſent, ils ne laiſſent neantmoins d'en amaſſer peu à peu.

D'autres de cette ville qui ont quelques moyens en argent comptant, l'em- ployent auſſi en poiure , afin de le tenir en reputation , & le reuendre auec quelque auantage : Nonobſtant cela, ſi i'auois permiſſion d'achepter, i'en pourrois auoir trois ou quatre cens bahars en peu de temps , perdant quelque choſe ſur les realles ; ce que ie n'ay voulu faire iuſques à preſent, penſant les faire reuenir à leur prix ordi- naire ; mais ceux de deçà ſont bien certains que ie n'ay autres marchandiſes : Comme i'eſtois pour prier le Roy qu'il m'octroyaſt la permiſſion ; il m'a mis ſur d'autres diſ- cours ; & luy ſuruenant quelques autres occupations, m'a remis au lendemain com- mandant qu'on me deliuraſt vn Elephant pour nous porter chez nous , & quelque peu apres que ie fus au logis vindrent ſix de ſes Officiers auec chacun vn plat d'or couuert , dans leſquels il y auoit diuerſes paſtes & confitures que le Roy m'en- uoyoit de ſon ſouper : Et le lendemain, ie ſuis retourné au Chaſteau auec le Sabandar qui en toutes ſes allées & venuës m'accompagne , ne laiſſant en aucune façon entrer mon Interprete : Nous auons trouué que le Roy faiſoit iouſter ſes coqs, pariant d'aſ- ſez groſſes ſommes contre les Orancayes qui y eſtoient en grand nombre : A l'intrade il me fit donner vn cris ou poignard où y a la valeur de 5. à 6. liures d'or à la poignée ; l'ayant remercié , & le voyant plus occupé à ſes coqs que ſur mon negoce ; ioint que ie me treuuois vn peu indiſposé, & qu'il eut falu attendre encore ſix heures auant que de pouuoir parler à luy, ie me retiray, m'imaginant en moy-meſme que le Prince me feroit plus d'honneur que de profit , pour commencer à le reconnoiſtre tres adonné à ſon particulier profit, & qui n'aſpire qu'à amaſſer, poſtpo- ſant tout à ſon auarice ; ce que ie remarquay principalement , en vne action qui s'eſt paſſée auiourd'huy, lors que i'eſtois à la iouſte des cocqs, qui eſt, que pariant contre tous, quelqu'vn d'entr'eux apporta vn cocq aſſez moyen, leur couſtume eſt d'en cher- cher vn autre égal, à peu prés, de la meſme corpulence, pour iouſter encontre, il ne s'en trouua pour lors de ſi petits, celuy qui l'auoit preſenté, dit qu'on ne ſe trauaillaſt d'en chercher vn pareil, que l'on y miſt le premier venu, n'importoit pour la grandeur : Vn Orancaye, qui auoit en garde quelques cocqs du Roy, (car le Roy leur en dóne ſelon leur moyen & deſpenſe,) en preſenta vn bien grád, celuy à qui eſtoit le petit parie har- diment côtre le Roy, qui reparie encore nouuelle ſomme ; le grand eſt en peu de téps matté & abbatu, le Roy ſe picque de cela, demáde à celuy qui auoit mis en ieu le grád toq, pourquoy ce petit auoit plus de force que le grand ; l'autre reconnoiſſant le Roy en colere s'humilie tant qu'il peut demandant pardon , qu'il ne pouuoit comprendre l'occafion de cela:à quoy le Roy repart qu'il la comprenoit bien , que c'eftoit qu'il auoit mal nourri fon cocq , & qu'il luy oftoit fon ris pour le donner à fes garces, ou bien que luy-mefme le mangeoit , & fur cela commanda qu'on luy couppât vne main par le poignet, ce qui fut auffi toft executé ; car fortant du chafteau, ie vis qu'on l'emmenoit chez luy eftropiat : l'infere de cela que la perte eft grandement fenfible à ce Prince, & qu'ayant refusé 48. reales du bahar de fon poivre, il n'eft pour me le donner à meilleur compte, quelque demonftration qu'il me faffe de me porter plus d'affection qu'aux autres eftrangers.

En retournant par la riuiere auec le Sabandar, nous entrâmes en quelques dif-cours fur ce que i'auois prefenté le iour d'hier au Roy, fe plaignant que ie ne les luy auois montré premier, parce que le Roy de loin les luy montrant, en demandoit la va-leur, mais que pour ne fçauoir que c'eftoit, il eftoit demeuré honteux ; par ainfi qu'v-ne autre fois ie luy monftraffes ce que i'auois enuie de prefenter. Ie refpondis que ce que i'auois prefenté eftoit vn colier de perles fauffes, deux pendoreilles de verre, & quelques bagues d'efmail : que pour eftre le tout de peu de valeur, & les ayant mis dans ma poche, ie ne m'eftois fouuenu de luy en faire montre, iufques à ce que ie les prefentay au Roy. Il me dit qu'il ne faifoit autrement de confequence de cela, mais qu'à l'aduenir lors que ie voudrois parler de la Traitte, il eftoit neceffaire que ie com-muniquaffes auec luy de quelle façon ie la demanderois, & auec quelles conditions, mefmes que nous la pouuions commencer enfemble auant que d'en parler au Roy, afin qu'il luy peût mieux faire entendre. Ie luy dis que i'en eftois content, encor que ie ne le defiraffe pour courtier de ce negoce, entant qu'il n'en faifoit l'office, veu que c'eft le deuoir d'vn courtier de moyenner que les deux partis f'accordent à quelque raifonnable condition, mais qu'il eftoit tout d'vn cofté qui eftoit de celuy du Roy, luy faifant tout acheter à bon marché, & vendre tout ce qu'il auoit bien cher ; à quoy il me repartit que i'auois grand tort d'eftimer cela de luy, veu qu'il me preferoit à qui que ce fut ; ie le remerciay de fon affection.

Le iour fuiuant il vint chez nous, & me propofa ce que i'aurois enuie de donner du bahar du poivre du Roy, ie luy dis qu'il conuenoit premierement fçauoir le prix que le Roy me le defiroit vendre ; il me dit que les Holandois & Anglois luy en auoient offert quarante-huict realles, & qu'il le tenoit à foixante quatre : ie luy dis qu'à ce prix ie ne pouuois acheter. Lors il me demanda quel prix i'en voudrois donner, ie luy dis que ie ne prendrois la hardieffe de faire vn prix au poivre du Roy, fçachant ce qu'il en a refusé des Holandois, que ie ne luy defirois procurer aucune perte, mais profit par le moyen des droicts de fortie que ie luy payerois s'il luy plaifoit me permettre d'acheter des vns & des autres aux terres de fon obeyffance & icy, à quoy il me dit que cela ne fe pouuoit faire que premierement le poivre du Roy ne fuft vendu, qu'il me portoit grande affection, & que peut-eftre il me le donneroit au prix que les Holandois luy auoient offert : ie luy reparty là deffus que i'eftois grandement obligé au Roy, que le bon vifage qu'il me montroit toutes les fois que ie luy allois baizer les mains m'en rendoit certain, & que ie tafchois par tous moyens d'y demeurer, afin de pouuoir tefmoigner au Roy de France que fes lettres m'euffent donné ce credit vers le Roy d'Achen, & qu'en faueur d'icelles il m'auroit grandement obligé ; ce qui fe confir-meroit bien dauantage, s'il luy plaifoit m'octroyer Ticou, pour auoir la charge de mon nauire, ce que ie ne pouuois faire icy veu la cherté du poivre du Roy, lequel ie ne pouuois achepter fi ie ne voulois remener mon nauire en France vuide, ou à my charge : Le Sabandar me demanda alors quel prefent ie ferois au Roy pour auoir la permiffion de trafiquer audit lieu de Ticou, & combien ie luy donnerois pour me la procurer ; ie luy dis alors que ie n'auois rien pour le prefent digne du Roy, que neantmoins i'auizerois ce que j'aurois à faire là deffus, & que le foir ie luy enuoyerois dire ma refolution, luy promettant que fi il faifoit quelque chofe pour moy, ie le re-connoiftrois bien amplement : Et là deffus fus communiquer auec les fieurs Renel & la Clau ce qui nous feroit le plus expedient, & calculant exactement ce que ie pouuois faire icy, treuuafmes que Ticou nous feroit, fans comparaifon, plus profitable encore qu'il me deubt coufter 3000. realles pour auoir cette permiffion; ainfi i'enuoyay le Portugais Francifco Carnero chez le Sabandar pour fonder ce qu'il demanderoit, tant pour le Roy que pour luy, lequel à fon retour me dit que ledit Sabandar luy auoit fait vn long difcours fur la difference du profit qu'il y auoit d'acheter du poiure à Ticou au refpect d'icy, & que le Roy n'accorderoit iamais cette permiffion, qu'on ne luy payaft bien, difant, que les Holandois & Anglois l'auoient demandée au Roy, à condition de luy donner deux Nauires chargez de marchandifes, moyennant qu'ils y puffent auoir facturie pour 8. ans, & que fi ie luy voulois donner 4000. realles il me feroit auoir ce lieu pour deux ans, pourueu que ie faffe prefent au Roy de vingt mille realles. Le Portugais m'ayant fait ce rapport ie demeuray eftonné d'vne fi grande demande, & m'imaginay à l'inftant que le Sabandar eftoit vn grandiffime voleur, & ainfi que ie ne deuois aucunement m'amufer à luy, & ie propofay de m'adreffer à l'Orancaye Laxemane, afin de fonder fi par fon moyen ie ne pourrois obtenir cette permiffion. Parquoy le Samedy 13. i'ay efté chez luy & luy propofay le long-temps qu'il y auoit que i'eftois icy fans auoir encore aduancé mes affaires; qu'à prefent la faifon approchoit, qu'il conuenoit que i'y donnaffe ordre : Il me demanda pourquoy le Vice-Admiral n'eftoit pas encore venu, & fi ie n'en auois aucunes nouuelles, ie luy dis que non, & que ie doutois fort que les Holandois ne l'euffent arrefté à Bantan ; & que fi ie n'en auois nouuelles par tout ce mois, ie ne faifois plus compte de le reuoir, & fur cela ie commençay à luy dire que le poiure eftant fi cher, ie ne pouuois l'acheter fans faire vne notable perte; & que pour ce fujet ayant confideré là où j'en pourrois auoir à meilleur marché, i'ay treuuay que Ticou me feroit l'endroit plus propre pour faire mon achapt aux terres de l'obeiffance du Roy, & que fçachant qu'il en falloit premierement obtenir icy la permiffion, ie n'auois trouué meilleur & plus affeuré chemin pour obtenir icelle permiffion que par fon moyen, fçachant que s'il me vouloit fauorifer en ce deffein, le Roy me la permettroit; que pour reconnoiffance d'vn tel bien-fait, je luy ferois prefent de 400. realles, & au Roy de quatre piece de canon de fer pefantes 3500. liures chacune; Il me dit là deffus qu'il ne me confeilloit de faire cette requefte au Roy; lequel me portoit grande affection, & auoit enuie de me charger en ce lieu de fon poiure : Ie dis que le Roy m'obligeoit beaucoup, mais que ie n'en pouuois achepter au pris que les Holandois luy auoient offert, à quoy il me repartit qu'il ne fçauoit la volonté du Roy, laquelle pourroit eftre telle en mon endroit, que ie n'aurois occafion de m'en plaindre, qu'au furplus pour les quatre pieces de canon que ie defignois prefenter au Roy, que ce n'eftoit chofe qui luy fuft propre en ayant fi grande quantité, qu'il n'en fçauoit que faire ; ie luy dis que ie fuiurois en cela & en tout autre chofe fon confeil; mais que la faifon s'approchant qu'il conuenoit donner ordre à mes affaires, me faifoit eftre importun en fon endroit, & ainfi prins congé de luy, reconnoiffant bien que ce perfonnage faifoit peu de compte de 400. reales, & qu'il conuenoit parler d'vne autre façon, fi ie defirois auoir ledit lieu de Ticou.

Le 23. de Mars, paffé 4. à 5. jours ay efté occupé pour le rachapt de 4. Chreftiens Portugais refidant en Negapatan captifs du Roy d'Achen, lefquels il n'auoit voulu vendre iufques à prefent, quelques prieres que luy en euffent fait les Capitaines Anglois & Holandois, qui auoient paffé par icy depuis deux mois en çà, il les faifoit trauailler à des maifons qu'il fait baftir, leur faifant porter des pierres, tellement qu'ils eftoient en grande mifere ; & vn Capitaine More dudit Negapatan nommé Cognali Marca ayant commiffion de les achepter, & pour ce ayant enuiron 400. realles que ceux de la charité dudit Negapatan luy auoient deliuré pour en faire les frais, me pria auec les fufdits Chreftiens de leur affifter à en prier le Roy & l'Orancaye Laxemane, ce que ie fis; le Roy me refufa pour la premiere fois, difant que les Portugais de prefent eftoient fes ennemis : Apres auoir quelque peu fongé, il me dit qu'il ne me vouloit refufer pour, cela & que ie parlaffe à Laxemane ; ainfi i'y fus au partir de-là ; mais il demandoit de grosses sommes , sçauoir pour cinq qu'ils eltoient 1000. taels en or, ce qui nous arresta tout court ; nous luy disimes que nous n'auions que 400. realles pour leur rachapt, dequoy i'en donnois la moitié d'aumosnes, sans les auoir iamais connus, ny que i'en esperasse nulle recompense : que pour luy il leur presteroit les 200. autres iusques à ce qu'ils eussent le moyen de luy rendre.

Le lendemain nous treuuasines l'Orancaye plus doux , mais n'y en auoit plus que 4. à deliurer à l'occasion que le Roy en vouloit retenir vn pour le seigner quand il en auroit besoin, ou autres de sa maison : Est à noter que les miserables estans captifs & n'ayans dequoy viure sinon des aumosnes qu'on leur donnoit ; ennuyez d'vne si honteuse vie, contrefirent les Chirurgiens, & comme la pluspart des Portugais demeurans aux Indes, sçauent la pluspart seigner ; ils firent faire icy des lancettes, ou en acheterent des Chirurgiens Anglois & Holandois, & se mirent en effet d'operer , ce qu'ils firent si heureusement (Dieu les assistant en leur necessité) que la pluspart de ceux qui estoient seignez d'eux ; receuoient allegement ; tellement que prenans vn mas pour chaque operation , ils eurent le moyen de viure grassement , n'incommoder & n'importuner personne, & outre cela payer des hommes pour faire leur tasche ou trauail ordonné par le Roy, & auoient amassé chacun quelque chose, & tel auoit iusqu'à 60. realles. Enfin il cousta plus de six cens realles ; tant pour le Roy que pour l'Orancaye Laxemane , & encore plus de cinquante realles à diuerses autres personnes ; tellement que Cognali ne pouuant subuenir à tant d'argent, ils eurent recours à moy qui les assistay de 128. realles pour acheuer du tout à les rendre libres, & auoient encore 9. ou 10. de leurs garçons ou matelots qu'ils me prioient fort de racheter & retirer des mains de ceux qui les auoient en charge, lesquels afin de leur faire renoncer leur Baptesme, les tourmentoient outre mesure , & ja 3. ou 4. n'ayant pû subsister auoient succombé. Ie les asseuray que i'y ferois tout mon possible ; mais qu'à present le poiure estoit si cher, que ie n'esperois auoir de l'argent à suffisance pour charger mon Nauire ; il m'estoit bien difficile ; Neantmoins que si ie voyois & trouuois quelque inuention pour les retirer ie ne manquerois, & que si mon Vice-Amiral venoit, qu'à quelque prix que ce fust ie les racheterois ; ie consolay aussi le vieil Pilote qui auoit esté retenu pour chirurgien, l'asseurant que ie procurerois sa desliurance, & que ie n'espargnerois 150. reales de mon particulier pour luy en faciliter le moyen : Pour les cent vingt-huit realles que i'auois frayez ; retins vn d'entr'eux nommé Pedro Tamares, natif & marié à Lisbonne, afin de m'aider par-deçà, veu le deffaut des Commis, ausquels il n'y a plus gueres d'esperance qu'ils recouurent leur santé, luy promettant que s'il me seruoit fidellement, ie luy donnerois sa liberté, soit icy où en France. Durant ce rachapt solicitay l'Orancaye Laxeman, afin de faire quelque chose auec le Roy, & me suis presenté deux ou trois fois auec mon Interprete pour entrer dans le Chasteau ; mais il y auoit tousiours quelque execution que le Roy commandoit, & estoit tousiours en d'extrêmes coleres ; pendant lesquelles il ne faisoit bon parler à luy d'affaires ; & ce matin Laxeman m'a enuoyé aduertir que ie le vinsse trouuer, & qu'entrerions ensemble dans le Chasteau, ce que ie me suis incontinent deliberé de faire ; mais comme i'estois pour sortir, est venu le Sabandar auec vn Eunuque, m'aduertir que le Roy me demandoit ; & ainsi m'a conuenu aller droit au Chasteau, sans aller chez l'Orancaye, où estant, a peu tardé que la Chappe ne soit venuë ; & suis entré en la Chambre du Roy auec le Sabandar, & l'ay trouué fort en colere, faisant tourmenter fort cruellement cinq ou six femmes, qui me fust vn spectacle bien desagreable , & considerant que c'estoit vne mauuaise saison pour faire quelque chose auec luy, & en tirer quelque courtoisie ; comme ie me l'estois promis, puis qu'il m'enuoyoit querir luy-mesme ; l'ayant salüé & presenté quelques chaisnes de verre, il ne s'amusa à cela , comme il faisoit du precedent quand ie luy en portois ; mais ne faisoit que commander d'augmenter les supplices à ces miserables, qui durerent plus de trois heures auec de grands tourments ; tellement que i'auois horreur d'vne telle

Seconde Partie   H iij

cruauté, & euffe bien voulu eftre hors de-là ; car ie voyois que chacun auoit
grande peur , parce que fa colere augmentoit toufiours & les fupplices pareillement.
Enfin, il enuoya l'Orancaye Laxeman dehors commander quelqu'autre execution, puis quelque peu apres fit retirer ces miferables qui auoient efté ainfi tour-
mentées, & commanda qu'elles euffent les pieds & poings couppez, puis les corps iettez à la riuiere , & quelque peu apres me demanda ce qu'il m'en fembloit : I'eftois fi
attenué d'auoir veu fi long-temps fupplicier proche de moy, que ie ne luy fçauois
que refpondre ? toutesfois contre ce que i'en penfois, ic luy dis que les Royaumes
ne fe pouuoient maintenir fans la Iuftice ; lors il repliqua, que s'il permettoit encore vne fois fans punition, ce qui s'eftoit paffé cette nuit, fa vie ne feroit gueres
affeurée, & là deffus fit vn long difcours, reprochant aux Orancayes qu'ils difoient
qu'il eftoit mefchant & cruel, & ne confideroient pas que c'eftoient les mefchancetez d'eux-mefmes qui attiroient l'ire de Dieu fur eux, qui fe feruoit de luy pour les
punir : Qu'ils n'auoient occafion fe plaindre de luy, qu'il les laiffoit viure auec leurs
femmes, enfans, efclaues, & poffeffions fuffifantes de les nourrir & entretenir, les
maintenoit en leur Religion, & empefchoit les Roys voifins de les emmener hors
leurs maifons efclaues, & aux eftrangers de les piller : Qu'il auoit autresfois
veu Achen, retraitte de meurtriers & brigands, où le plus fort fouloit le foible, &
les grands oppreffoient les petits, & qu'en plein iour conuenoit fe deffendre des voleurs auec les armes, & de nuit fe barricader dans les maifons ; l'à où de prefent il
n'eftoit befoin d'armes de iour, ny de portes au maifons la nuit ; que c'eftoit l'occafion
pourquoy il eftoit hay d'eux, parce qu'il empefchoit leurs mefchancetez, extorfions,
maffacres & voleries ; Qu'ils faifoient des Roys à leur fantafie, puis les faifoient
mourir quand ils en eftoient ennuyez ; que fa Mere eftoit encore de ce temps-là, &
ainfi le vouloit faire tuer, pour y mettre vn autre qui fut meilleur que luy : Que fon
oncle auoit cõmencé de remedier à ce defordre ; mais qu'il acheueroit de l'empefcher
du tout : Et proferoit cela auec tant de vehemence & auec des regards fi furieux, que
chacun auoit grand peur, & tous eftoient profternez le vifage en terre criants mife-
ricorde ; mefme l'Euefque ou Cady, qui eft perfonnage d'vn grand refpe & entr'eux,
& des plus nobles familles d'Achen, & aagé de quatre-vingts ans & plus. Ie fus encore là enuiron vne heure, que trouuant occafion de me retirer auec le Sabandar,
nous fortifmes du Chafteau, & m'enquerant de luy, de l'occafion des fupplices, il me
dit, que la nuit paffée, 5. ou 6. femmes de fa garde eftans couchées pour dormir affez
proche de la Chambre ; vne d'entre-elles s'ecria affez effrayement, ce qu'entendant le
Roy, demanda ce que c'eftoit, fut refpondu que ce n'eftoit rien, & voyant que pour
quelques autres demandes qu'il fit, on ne luy refpondoit à propos, il fit veiller le
refte de la nuit celles qui eftoient dans la chambre, leur donnant charge de bien
efcouter au trauers les portes, qu'il fit bien fermer fi elles n'entendroient perfonne, &
diffimula iufques au poinct du iour, qu'il enuoya querir promptement celles qui
auoient crié ; lefquelles eftant deuant luy s'informa de l'occafion de ce bruit ; aucunes
refpondirent que ce n'eftoit rien ; mais voyants qu'il fe mettoit en colere, vne luy dit
que celle qui eftoit proche d'elle auoit crié ; Le Roy luy cõmande de dire promptement
la verité, elle refpondit, que dormant, il eftoit venu quelqu'vn par deffous le lieu
où elle eftoit, qui au trauers des bambuz ou rofeaux, furquoy elles couchent, l'auroient piquée par la cuiffe auec vn cris, que cela l'auoit fait crier, & que les autres
s'eftoient efueillées ; alors le Roy leur demanda fi elles auoient entendu quelqu'vn ;
quelques vnes dirent que non, autres, que fi, dauantage, qu'elles auoient trouué le
cris, que le Roy fit apporter, & qui ne fut reconnu de perfonne : Alors il enuoya querir le Merigne d'elles, ou Capitaine du guet, qui eft auffi vne femme qui a cette
Office dans le Chafteau, luy demanda s'il eftoit entré quelqu'vn la nuit dans
le Chafteau, refpondit que non ; lors s'adreffant à celles fous qui le cris auoit efté
trouué, demanda qui l'auoit apporté, qui les auoit piquées auec, qui les auoit
fait crier, pourquoy elles ne luy auoient pas dit la verité lors qu'il leur fit demander

que c'eftoit, & voyant qu'elles ne luy refpondoient rien, il s'irrita & tomba en foupçon que l'on attentoit à fa vie, & que c'eftoit fa propre mere qui luy brafloit
cette trahifon, & qu'elle auoit apofté ces femmes pour faire quelque allarme, afin
de lefaire fortir de fa chambre pour le tuer aifement, qui fut occafion qu'il fit ainfi
torturer les femmes qui auoient crié & le Merigne mefme : Lefquelles nonobstant
les tourmens exceffifs ne confefferent rien du tout, ny chargerent perfonne; & ie
n'euffe iamais creu qu'il peuft y auoir tant de refolution & de conftâce en courage de
femme, parce que nulle d'elles, ne fit iamais vne feule plainte ny requefte pour fa
vie, encore que le Roy leur dit par diuerfes fois, qu'il fçauoit bien que fa mere
eftoit la caufe de tout cela, & qu'ils diffent promptement la verité, qu'il leur par-
donneroit; & que le Cady les exhortaft à fe defliurer des tourments qui augmente-
roient à l'efgal de leur obftination, & qu'vn chacun leur criaft aux oreilles d'auoir
pitié d'elles mefmes, elles ne varierent iamais; & vne ayant demandé quelque peu
de relafche, comme on croyoit qu'elle alloit tout dire, fe iette à corps perdu fur la
gorge d'vne miferable que l'on tourmentoit proche d'elle, qui eftoit celle qui auoit
crié ; & s'efforçoit auec les dents de l'eftrangler, & comme on l'euft retirée, elle
dit que celle-là par fon cry eftoit caufe du mal qu'elles enduroient, que pour elle, elle
ne fçauoit que dire, qu'on fit de fon corps ce que l'on voudroit, qu'elle ne s'en foucioit plus, puis qu'elle s'eftoit aucunement vangée ; & vne autre affez vieille ne pouuant fupporter les tourmens, & s'euanouiffant de moment en moment, le Roy ennuyé commanda qu'on la fit mourir ; elle entendant cela, d'vn vifage gay remercia
le Roy de la faueur qu'il luy faifoit, qu'en recompenfe elle luy fouhaittoit mille années de longue & heureufe vie, & lors qu'on leur couppa les pieds & les poings, (à
ce que i'ay entendu, de quelques vns qui virent l'execution,) celles qui auoient encore quelque fentiment les prefentoient elles-mefmes aux bourreaux, difant qu'elles
efperoient & attendoient il y auoit plus de dix ans cette heureufe iournée, qui les
ofteroit hors des trauaux du Chafteau : Et encore que ces femmes n'ayent chargé
perfonne, le Roy n'a pas laiffé d'arrefter fa mere ; à laquelle i'ay entendu qu'il a fait
auffi donner la queftion, & enuoya l'Orançaye Laxeman, lors que i'eftois dans le
Chafteau faire tuër fon propre nepueu, fils du Roy de Ioor, difant que c'eftoit ce
ieune Prince que fa mere vouloit faire Roy; & à ce foir i'ay appris qu'il a encore
fait mourir le fils du Roy de Bintan qu'il tenoit aux fers, & le fils du Roy de Pan, qui
luy eftoient pareils, & dit-on qu'il fera encore mourir fa mere, à quoy il y a bien
de l'apparence ; car il a defia pris toutes fes richeffes; & a fait encore mourir cinq
des principaux Seigneurs de fa Cour qu'il eftimoit fauorifer fa mere. Voila vn terrible remuèment, & de grandes cruautez fondées fur vn foupçon. Ce Prince eft
horriblement cruel, & à prefent ne luy refte perfonne de fon fang, que fon fils
qu'il a déja chaffé par trois fois bien rigoureufement, mais à prefent il commence à rentrer en grace : Il eft tenu d'vn chacun, encore plus cruel que le pere , &
eft mal voulu de tous, qui eft fa feureté ; car les loüanges que chacun donnoit au
fils du Roy de Ior, ont efté la feule occafion de fa mort : C'eftoit vn beau Prince,
affable, courtois, & qui par fa familiarité gaignoit le courage de beaucoup de
perfonnes; il pouuoit auoir dix-huict ans enuiron , ne fe mefloit d'aucunes
chofes, qu'à paffer le temps, en quoy il faifoit bien, & eut encore mieux fait,
s'il l'euft paffé au mieux qu'il euft peu dans fa maifon, fans gagner l'amitié de
perfonne, que de fon oncle, l'humeur duquel il deuoit auoir reconnu, par l'e-
xemple de ceux qu'il fait mourir iournellement ; car ie peux dire qu'il ne s'eft
paffé gueres de iours, depuis que ie fuis icy, qu'il n'ait fait mourir quelqu'vn, &
quelquefois plufieurs, & ne prend en tous fes deffeins confeil ny aduis de perfonne : Enfin ie tiens que depuis long-temps il ne s'en eft veu de pareil , il a exterminé quafi toute l'ancienne Nobleffe, & en refait d'autres, qui à mon aduis
feroient plus heureux de demeurer roturiers, & eftre efloignez de luy.
Le vingt-fept ennuyé d'eftre icy fi long-temps fans rien faire, ie fus chez Lo-

rancaye Laxeman, le prier de parler au Roy pour le fait de mon negoce, & enfin qu'il le fouuint de ma Requeste; ie luy fis prefent d'vne bague efmaillée, auec cinq diamans d'Alençon, taillez en facettes, qui brilloient beaucoup, & le lende-main dés le poinɛt du iour, le Roy m'a enuoyé mander, afin que ie viffe le com-bat de deux Elephans; ie ne manquay d'y aller à l'inftant; & dans vne fort grande court, proche du corps de logis où il eft d'ordinaire il fit venir deux Elephants qui auoient chacun vn cable amaré aux pieds de derriere, & vindrent inconti-nent plufieurs perfonnes auec de longues picques qui ont le fer fourchu: Les Elephants fe ioignirent auec des heurlemens, mais incontinent le Roy les fit fe-parer & fit fermer vne grande feneftre d'où il regardoit, à caufe qu'ayant pris l'air il tomba efuanouy, ainfi le combat ceffa: Quelque peu apres il me fit appeller & me montra la bague que ie donnay hier à l'Orancaye, me dit que Laxeman luy en auoit fait vn prefent, & me demanda pourquoy ie luy auois donnée; ie luy dis que le merite dudit Orancaye & l'affeɛtion que i'auois reconnu qu'il me portoit, m'auoit obligé de luy prefenter, ioint que ie luy auois fait vne priere d'auoir mes affaires en recommandation, & fupplier fon Alteffe de me permettre de pouuoir acheter du poiure par la ville: il demanda alors, combien ledit poiure valloit, on luy dit huit taels le bahar; alors il me dit qu'il me donnoit permiffion d'acheter, mais qu'il en auoit auffi affaire, & que nous acheterions tout ce qu'il y auroit par la ville; que ie commençaffe acheter de mon cofté, qu'il feroit acheter du fien; & fur cela il fift diftribuer à quelques vns vne grande boëtte plaine de mas, me di-fant que ie ne le fiffe hauffer du prix qu'il valloit; ie le remerciay bien-humblement, & penfant vuider d'affaires, tandis qu'il eftoit en humeur de me faire du bien; ie luy demanday, s'il luy plaifoit me faire vendre fix cens bahars du fien; il dit qu'il eftoit mon amy, & qu'il ne m'en vouloit vendre pour eftre trop cher, parce qu'il auoit iuré de ne le bailler à moins de feize taels le bahar, & que perfonne n'en auroit qu'il ne payaft ce prix; là deffus il luy prit vn efuanouiffement, & quelque peu apres eftre reuenu, il nous fit figne de fortir tous, ce que ie fis des premiers, bien content que i'auois obtenu cette permiffion, qu'il y auoit long temps que ie pourchaffois: Et le lendemain, i'ay fait publier par la ville cette permiffion, à ce qu'vn chacun fceut que ie pouuois acheter du poiure, & que ceux qui en auoient me le peuffent hardiment vendre.

Le refte du iour, & le fuiuant, ie fus empefché à la depéche de Dom Francifco Carnero Portuguais, lequel y a quelques iours me propofa (fur quelque repri-mende que ie luy fis,) qu'eftant inutile pardeçà, pour rendre feruice à Meffieurs de la Compagnie, il s'eftoit imaginé vn deffein qui leur apporteroit beaucoup d'v-tilité, fi d'auanture ils auoient deffein de continuer le trafic des Indes; qui eftoit, que puis qu'il n'y auoit plus rien à faire pour les François à Bantan, qu'il conuenoit neceffairement qu'ils euffent faɛturie en ce lieu; mais comme ce n'eftoit rien de l'a-uoir icy, qui n'en auoit vne en Surate; parce que les realles & autres marchan-difes de France ne font propres pour ce lieu, & il y auroit à perdre, de venir dire-ɛtement de France icy acheter du poiure, au lieu que paffant par Suratte, les realles s'y efthangent auec vn honnefte profit, & fur diuerfes marchandifes qu'on pourroit recouurer en France, il y auroit plus de cent pour cent de gain, à les vendre en Su-ratte & acheter des marchandifes de ce lieu, propres pour cette Ifle, fur lefquelles il y a d'ordinaire trois cent pour cent de profit, & qui s'y debitent en grand nom-bre, & defquelles ils ont autant de neceffité, que de ris pour manger: Qu'alors cette faɛturie d'Achen rendroit plus de profit qu'aucune autre Place, que l'on pourroit s'imaginer dedans les Indes: Ainfi, que fi ie luy voulois donner permiffion de paf-fer dans le Nauire de Peribey pour Manfulipatan, qui partoit en Compagnie de Cognali, & luy defliurer quelques fommes d'argent pour faire fon voyage, il iroit par terre du lieu de Manfulipatan en Cour du grand Mogol, à qui appartient Surate, & fe faifoit fort d'obtenir cette permiffion, moyennant que ie l'affiftaffe d'vne Lettre de cachet du Roy de France pour le Grand Mogol, & vne de ma part, contenant l'occasion pourquoy ie l'aurois enuoyé, & desliuré cette Lettre auec vn autre que i'escrirois à certain orfevre François, qui reside & suit la Cour dudit Mogol, vers lequel il a grand credit; & qu'auec quelques connoissances qu'il auoit du temps qu'il y auroit esté, & quelques adresses que Peribey luy promettoit, il s'asseuroit de n'auoir aucune difficulté pour obtenir cette licence. Ce Portuguais ne faisoit que iouër, mesmes contre le Sabandar, qui ayant perdu contre luy me suscite tousiours quelque nouueau Monopole, pour se recompenser auec gros interests de la perte qu'il a faire; & quoy que ie puisse dire à ce Portugais, ie ne le peux empescher de iouër: car il a grand aduantage, par le moyen de quelques faux dez, qu'il a apportez de France, il gagne continuellement, & il y a deux ou trois iours que sa fraude fut descouuerte, comme il iouoit contre vne femme, de laquelle il auoit gaigné plus de deux cens reales; que suruenant quelque different sur le ieu, Carnero n'estant pas autrement beau iouëur, qu'en gaignant; frappant de sa main sur la table, il rencontra vn de ses dez qu'il briza, dont il sortit quelques goutelettes de vifargent, qui disparurent incontinent, la table ayant quelque pente; ce qui estonna grandement les assistans, croyant qu'il y auoit quelque enchantement en ce fait; & ce qui les confirma le plus en leur opinion, est que Carnero recueillit promptement les pieces du dez, auec les restans, qu'il ne voulust depuis monstrer; tellement qu'vn Marchand de Bengala, qui parloit Portuguais, & qui auoit perdu aussi quelques realles, m'en conta l'Histoire, me priant particulierement & auec grande instance, que ie l'esclaircisse de ce que ce pouuoit estre; & sur ce que ie luy fis paroistre de n'entendre pas ce que c'estoit de dez, il m'en montra quelques vns façon d'Achen, & me faisoit de grandes protestations, que d'vn qu'auoit Carnero il en estoit sorty vn esprit, qui auoit esté visiblement apperçeu de tous, & s'estoit esuanoüy incontinent, & qu'ils estoient aussi grandement estonnez, qu'il ne perdoit iamais, & que contre tous ceux auec qui il auoit joüé, il n'auoit perdu vne seule fois.

Le 3. d'Auril, comme i'estois sur le point de faire quelques achapts de poiure, par le moyen du Sabandar, & que nous estions à debattre sur le prix, & que i'en offrois iusques à 32. realles du bahar, & qu'il y auoit apparence que i'en pourrois auoir quelque partie, pourueu que le Sabandar commençât luy-mesme à m'en vendre & liurer, à l'occasion que plusieurs qui en auoyent, voyant que le Roy achetoit, n'ozoient m'en vendre, & crainte que le Roy leur reprochat qu'ils m'auroient preferé à luy : comme nous estions donc sur cela, & que ie pratiquois le Sabandar, afin qu'il m'en liurast seulement 20. bahars, pour mettre en train les autres, & qu'il m'auoit promis dés demain de les faire pezer, le Roy le fit arrester prisonnier, & mettre aux fers; & m'estant enquis de l'occasion, on me dit que le Roy luy ayant desliuré quelques ouurages pour faire esmailler par nostre orfevre, & ordóné de les retirer de ses mains, certain iour prefix, l'orfévre estant tombé malade, & n'ayant peû acheuer ce qu'il auoit commencé au temps limité, le Roy les ayants promis à vne sienne fauorite; comme il les demanda pour luy donner, sçachant qu'elles n'estoient encore faites ou acheuées, il se fascha contre le Sabandar, disant qu'il s'amusoit à son profit particulier & negligeoit ce qu'il luy auoit recommandé; ainsi nostre marché est demeuré sans effet. Le 10. veille de Pasques, nostre batteau a esté acheué, qui a esté vn ouurage bien long, faute d'ouuriers, qui entendissent bien leur mestier; ie pensois l'enuoyer à bord chargé de poiure, mais depuis que i'ay obtenu la permission du Roy d'en achepter ie n'en ay peû auoir vn seul bahar, nul n'ozant commencer à m'en vendre, & pour excuse, ils disent que le Roy achete; d'autres qu'ils ne veullent de realles, mais de l'or en mas qui est monnoye courante au pays, & qui est grandement dificile à present à recouurer, & si peu que i'en ay, ils m'en rebutent la moitié pour estre rognez, ou bien y en auoir de grandes qui en valent 4. nouuellement forgez, & qui ne sont de si bon aloy que les anciennes; & encore que le Roy fasse coupper pieds & mains à ceux qui les refusent, neantmoins les marchands veulent voir premierement quel payement on leur donnera; puis ne le voyant à leur fantaifie, ils tiennent leur marchandife à fi haut prix qu'il faut tout laiffer, ce qui me donne bien de la fafcherie, car i'auois grande efperance d'amaffer en bref bonne partie de poiure au prix de 32. reales comme le Sabandar m'affeuroit, & ne doutes que fans fon emprifonnement, & qu'il eut commencé à m'en liurer, comme il m'auoit promis, moyennant quelque reconnoiffance de ma part, i'en aurois defia affez bonne partie, veu que les Holandois & Anglois n'ont permiffion d'en acheter à prefent, qui nonoftant cela ne laiffent de me deftourber beaucoup.

Le 15. d'Auril i'ay découuert que le Roy m'auoit joué vn tour, duquel ie ne me deffiois pas, & qui me demontre bien fon extrême defir d'amaffer de l'argent, & qu'il n'y a recommandation, prefens ny affection qui le puiffe détourner de preferer fon particulier profit; car il n'a fait mettre le Sabandar aux fers à l'occafion de fes bagues, mais qu'ayant fçeu par quelque efpie que ie commençois à faire marché de poiure, & que le Sabandar n'auoit pas bien compris fon intention, lors qu'il me donna permiffion d'acheter, & qu'il acheteroit auffi; que c'eftoit qu'il ne me vouloit pas refufer la permiffion, que ie luy demandois pour ne me defobliger pas, & que ie ne prinfes quelque refolution de me retirer d'icy, comme i'auois au precedent declaré à Laxemane, que f'il ne m'eftoit permis trafiquer librement auec les vns & les autres, que ie ne voulois perdre icy dauantage de temps; & que l'occafion pourquoy il auoit ordonné & fait déliurer l'argent deuant moy pour acheter du poiure pour luy, eftoit afin que ie n'en peuffes auoir que par fes mains, f'affeurant bien que perfonne n'entreprendroit de m'en vendre tant qu'il en acheteroit; & de fait à ce que i'ay appris, fi quelqu'vn eut cõmencé, mal luy en eut pris, car iournellement il s'enqueroit fi quelqu'vn m'en auoit vendu. Le Sabandar encore que tres-malicieux, & qui a donné de tres-pernicieux aduis au Roy pour les eftrangers, & qu'on tient par-deçà eftre en partie caufe que le Roy veut retirer par deuers foy tous les poiures qui croiffent en fes terres, pour leur donner tel prix qu'il aduifera bon eftre, n'entendit pourtant à ce coup l'intention de fon maiftre qu'il ne croyoit pas fi diffimulé en mon endroit; tellement que l'ayant depuis appris, il m'enuoyoit diuers meffages, me priant que ie fiffes en forte vers le Roy, qu'à mon occafion il ne fut difgracié; mefmes fes parens & enfans me reprochoient que pour m'auoir fait plaifir il eftoit en danger de fa vie. Voyant les longueurs & difficultez qu'il y auoit en l'achapt du poiure, ie fis deffein de laiffer icy 5. ou 6. hommes defquels eut efté befoin y auoir deux Commis, aufquels i'euffes laiffé la moitié de l'argent que i'auois dans ce Nauire, affin que fuiuant la permiffion que i'auois ils en peuffent acheter du poiure qu'ils garderoient dans la maifon, & auec partie de l'autre moitié i'acheterois icy des marchandifes propres pour la cofte de Manfulipatan, ou ie les irois vendre durant le mois de Iuin & Iuillet, & le proueu l'employer en marchandifes propres pour icy, & m'y en reuenir en my-Septẽbre ou à la fin de ce mois au plus tard, afin que le proffit que ie pourrois faire en ce voyage moderât la cherté du poiure, & que ie peuffes auffi apporter en France quelques marchandifes defdits endroits, qui pour eftre trop cheres par-deçà ne font achetables: auffi que durant ledit voyage nous aurions nouuelles certaines de nos Nauires, fans lefquelles ie ne peux retourner en France, puis la faifon m'y conuioit, eftant encore propre pour aller audit lieu, & y fejourner, & pour retourner au temps fufdit; mais nous auons encore beaucoup de malades pour entreprendre cela, & la plus grande difficulté eft que ie n'ay perfonne pour laiffer icy qui y fut propre; car la Clau s'en va expirant, & ne me refte que deux jeunes efcriuains encor malades, & qui en païs fi difficile, outre le peu d'experience qu'ils ont; & ayans les Anglois & Holandois ennemis, & parmy vne Nation qui croit meriter vers Dieu que de tromper le Chreftien; ioint l'auarice du Prince, ce feroit iouer à tout perdre; eftant tres-marry pourtant de ne pouuoir executer ce voyage qui eut apporté vn notable profit; car il n'y a rien à faire par-deçà qui y vient directement, & fpecialement auec des reales où elles ont fi peu de valeur que de Suratte, de la cofte Coromandel & de Pegu, ils ne viennent à autre fin que pour les enleuer, & font peu d'autre retours. Le lendemain i'allay voir le Roy, afin d'interceder

pour le Sabandar ; mais il m'interrompit en changeant de propos , me demanda
ſi i'auois acheté du poiure , ie luy reſponds qne non , parce que les Marchands n'en
vouloient vendre à perſonne ſa Grandeur achetant , & qu'en mon particulier ie ne
m'eſtois auſſi mis en effet d'en acheter , iuſques à ce que ſon achapt fut acheué; qu'alors
i'eſſayerois d'auoir ce qui reſteroit; il ſe mit à rire , puis me dit , qu'il n'achepteroit plus
iuſques à ce que i'euſſe fait mon emploite ; ie le remerciay , puis parlant en langage de
dedans les terres , riant auec les Orancayes , qui n'eſt guere ſa couſtume , il fuſt bien
long-temps ſans me rien dire ; puis fit iouſter les coqs, tant que m'ennuyant, ioint l'exceſſiue chaleur & l'incommodité d'auoir les iambes croizées , ie demanday licence
de me retirer , ce qu'il m'octroya; puis quelque peu apres me fit reuenir & me demanda ſi ie ne voulois acheter de ſon poiure , ie luy dis , qu'il en feroit ce qu'il luy plairoit; lors il me demanda combien ie luy en voudrois donner du Bahar ; ie m'excuſay
diſant n'auoir la hardieſſe de faire le prix de ſon poiure ; qu'il luy pluſt me dire ce qu'il
le vouloit vendre ; il me repeta diuerſes fois ; que ie fiſſe vne offre , ie dis donc à mon
Interprete que i'en donnerois trente-deux realles, l'Interprete ne peut parler au Roy;
lequel ſe montre tres-ſeuere vers telles gens , voire à tous ſes vaſſaux , iuſques aux
Orancayes , n'ozeroient l'auoir regardé en face , tellement qu'il portoit la parolle à
Alicq Raja qui ne voulut la redire au Roy, qui demandoit touſiours ce que i'auois dit,
l'autre côtinuoit de répondre qu'il n'auoit pas bien entendu l'Interprete, & approchant
dudit Interprete , me diſoit en Malàis, qu'il ſçauoit que i'entendois par-cy par-là , que
i'offriſſe d'auantage ; ie faiſois paroiſtre auſſi ne l'entendre pas : Ie dis à l'Interprete
qui eſtoit bien empeſché , & qui me vouloit faire entendre ce que Allic Raja me
vouloit dire , qu'il continuaſt à interpreter trente-deux reales du bahar, ou vn catti de
reales , le Roy ne comptant les reales que par bahars & catti , & vn catti fait iuſtement 32. reales, ſi elles ſont de poids : Enfin ceſtuy-cy continuant à dire qu'il n'entendoit pas bien l'Interprete , & m'ennuyant de tel patelinage , ie parlay tout haut en
Malais , & dis mon offre , le Roy ſe teut quelque temps; puis dit qu'il auoit veritablement iuré , que qui luy offriroit moins de deux catti ou ſoixante-quatre realles du
bahar de ſon poiure, il ne ſeroit pas bien-venu aupres de luy : Neantmoins que de ma
part il ne le trouuoit pas mauuais , mais qu'il ne pouuoit me le donner au prix que ie
le demandois ; que les Holandois & Anglois luy en auoient offert vn cati & demy du
bahar ou quarante-huit reales; qu'à ce prix-là i'en prinſes ce que i'aduiſerois bon eſtre;
ie le priay de m'excuſer ſi ie n'en pouuois prendre à ce prix , que les Anglois & Holandois auoient meilleure bourſe que moy , & faiſoient d'autres trafics qui compen-
ſoient la cherté du poiure ; il me dit là deſſus , que ie n'en prinſe que 1000. bahars:
Ie l'aſſeuray n'auoir d'argent à beaucoup prés pour le payer; mais qu'à 32. realles ie les
prendrois; pour dire cela Alicq Raja ne le voulut iamais , & quoy que le Roy dit
deux ou trois fois qu'il repetaſt mon dire, il ſe proſternoit criant ou demandant pardon
& miſericorde : Enfin, le Roy ſe faſchant , il fut contraint de le dire , mais au lieu de
trente-deux realles, ou vn catti, il profera catti ½ , ce qu'entendant ie le releuay auſſi-
toſt , & dis en Malais vn catti ſeulement : Enfin demeurant ſur cela , & voyant que
ie n'auois aucunes nouuelles de mon Nauire , que ie ne doutois à preſent eſtre retenu des Holandois , & ainſi que ie ne pouuois auoir du poiure que par les mains, ou aux
terres du Roy d'Achen, i'offris pour 400. bahars vn catti ¼ , qui ſont 40. realles, mais
il ne voulut baiſſer de 48. diſant , qu'en cela il me preferoit aux Holandois , auſquels
il ne l'auoit voulu donner à ce prix; que ie luy faiſois fauſſer ſon ſerment , ayant iuré
de ne le bailler à moins de 64. realles, que ie n'en priſe pluſtoſt que 550. bahars ie
l'aſſeuray eſtre choſe que ie ne pouuois faire.

Souuent ie faiſois reflexion ſur ce haut prix , & que ie n'aurois aſſez d'argent pour
charger le Nauire , ou ie penſois en auoir aſſez pour le charger & laiſſer vne facturie
bien fournie d'argent ou marchandiſe ; d'autre coſté ie regardois que ſi ie n'achetois
de ſon poiure , que ie n'en pourrois auoir par la ville, comme l'experience m'en auoit,
ja rendu trop certain , & que les Marchands meſmes m'auoient aſſeuré que ie perdois

temps de chercher d'autres moyens d'auoir du poiure pardeçà, si ie n'en achetois premierement du sien, & que c'estoit la coustume, & que personne n'oseroit m'en auoir vendu publiquement, si ie n'en auois premierement du sien; ce dequoy le Sabandar nostre hoste, & plusieurs autres m'auoient aussi asseuré : Mais quand i'oyois parler d'vn prix si excessif, cela me faisoit rechercher tous autres moyens; mais ie connois bien qu'il est trop asseuré qu'il n'y a point de trafic à present à Bantan, & qu'il faut necessairement acheter du poiure de luy, qui en veut auoir; ainsi demeurant comme cela & voyant qu'il ne baissoit de prix, & qu'il me fit dire deux ou trois fois que ie ferois bien d'en prendre 500. bahars, que cela faciliteroit mon negoce: Ie me voulus retirer, il me dit comme ie me leuois, qu'il ne seroit à point de parler à moy le mois qui vient, à l'occasion qu'il vouloit prendre quelques remedes contre son mal, ainsi que ie ferois bien de vuider d'affaires à present auec luy : Ie luy fis encor l'offre de quarante realles, le suppliant de me le donner à ce prix, que ie dirois par tout l'auoir acheté 48. Il dit qu'il ne me le donneroit à moins, & que c'estoit sa resolution; le voyant ferme là, ie m'aduisay de luy proposer vn autre expedient, sçauoir que ie prendrois 300. bahars de poiure à son prix; & qu'il me donnast permission d'en acheter 300. autres à Ticou, à cela, il me dit que i'en achetasse le plus que ie pourrois par la ville, que si ie n'auois mon entiere charge, il me contenteroit en sorte que ie ne me plaindrois de luy; mais que ie prinse 500. bahars de son poiure, ie luy dis n'en pouuoir prendre que 300. à vn si haut prix, & n'estoit la promesse qu'il me faisoit de me donner permission d'acheter autres 300. bahars de poiure à Ticou, que ie n'en pourois prendre du tout ; voyant que ie n'en voulois prendre d'auantage, il donna charge à quelqu'vn de ses Officiers de me les faire liurer en bref, en leur baillant luy-mesme la clef où il estoit ; ie le priay lors de me faire escrire la permission de Ticou; puis qu'il seroit destourbé en autres choses le mois qui vient. Il me dit qu'auant que ie fusse prest de partir d'icy il auroit acheué ce qu'il auoit entrepris ; ainsi qu'apres nous en expleterions, puis se couchant, il nous fit tous retirer : Ie remarquay bien que là ou le Prince est Marchand, il y a bien peu à faire pour des particuliers, specialement estrangers comme nous, qui sommes outre cela extremement trauersez des Holandois & Anglois. Le dernier de ce mois d'Auril, i'auois encore 64. bahars du poiure du Roy, à pezer : Ce retardement est prouenu par la chicanerie des Officiers de l'Alfandegue, qui sont de grands & insignes voleurs, tant pour le poids des realles que pour liurer le poiure, où ils n'obmetent aucune sorte de supercherie pour faire tomber ceux qui ont affaire auec eux, en appointement de leur donner ; mais quoy que i'aye sceu faire, ie n'ay peu assouuir leur insatiable auarice; tellement que perdant patience, nous en sommes venus aux parolles, dequoy ils se trouuent bien offencez : Car ils rencontrent peu de personnes, qui ozassent seulement auoir pensé ce que ie ne crains de leur dire: Et pensant en acheter d'autre des particuliers, i'ay trouué chacun froid, disant tous qu'ils ne vouloient aucunes realles, tellement que i'ay pris deliberation d'en changer en mas, ou monnoye d'or du Pays : Pour ce sujet i'ay employé vn courtier pour proposer aux Holandois & Anglois, que n'ayant autre marchandise pour acheter du poiure que les realles, desquelles on ne vouloit qu'à grande perte, ils prinssent vne partie de mes realles au prix courant & me baillassent de l'or en eschange, dequoy en auoient nombre, afin que ie ne fusse contraint de donner les realles au prix qu'on me les demandoit, à ce qu'elles demeurassent à leur prix ordinaire de 4. mas, & à present on ne veut donner que 3. mas, & encore s'en pourroit changer peu : Qu'en cela il y alloit de leur interest particulier; mais ils ne voulurent entendre à cela, encore que ie leur offrisse de prendre leur or à 3. mas pour realle, & depuis leur offris encore deux pour cent dauantage, aymant mieux qu'ils eussent ce proffit, que non pas les Mores; aussi que ie considerois, que changeant seulement 4. ou 5000. realles en or, seroit moyen de passer les restantes à 4. mas, comme ie n'en auois voulu bailler à moins ; mais mon courtier m'asseura que c'estoit temps perdu que d'en esperer d'eux, & qu'il reconnoissoit bien qu'ils auoient aidé eux-mesmes à les faire baisser pour me destourber & me procurer domage, & que ialoux de ce qu'ils n'auoient licence d'achepter du poiure comme moy, ils tafchoient par tous moyens de me le faire achepter bien cher; à la verité c'eft vn des vrays moyens de ce faire, que d'auilir les realles.

Et auiourd'huy i'ay fait marché de 100. bahars de poivre à raifon de 8. taels vn quart à payer en or, fur l'efperance que i'auois que lefdites nations m'en changeroient quelque partie, mais voyant qu'il n'y a rien à faire auec eux, ie me deliberay de prier l'Orancaye Laxeman de m'en changer quelque partie à dix pour cent de perte, ce qu'il me promit: mais retournant le lendemain porter les realles, il fe dédit, difant que par la ville on les changeoit à trois mas & demy: que fi ie voulois en changer à ce prix, qu'il m'affifteroit de mil taels qu'il me voulut faire déliurer à l'inftant, encor que ie n'euffe porté quand & moy que la quarte partie des realles; ie ne les voulus prendre, m'excufant fur la grande perte; fpecialement le poivre eftant fi cher; neantmoins eftois refolu de les prendre, lors que mon marchand commenceroit à pefer; & ie luy enuoyay dire de les aprefter pour le lendemain; mais comme i'auois enuoyé au poids il fe dédit, tellement que reconnoiffant vne fi perfide nation, & qu'il n'y auoit aucun moyen de trafiquer auec eux; ie me fuis deliberé de fortir d'icy le pluftoft qu'il me fera poffible, auant que les mauuaifes faifons foient plus auancées, & ce qui m'y fait encore le plus refoudre, eft que le quatriefme du prefent ayant acheué de faire pefer le poivre du Roy, ils m'ont retenu 21. bahars, qu'ils n'ont voulu laiffer fortir de l'Alfandegue, que ie n'euffes payé les droits; ce qui m'eftonna beaucoup, ne croyant que le Roy vendant fon poivre fi cher, & qu'il faifoit par force en prendre à fon prix, il en conuint encor payer les droits; ce que fi i'euffes fçeu, ie me fuffes bien gardé d'en acheter du tout, & premier que d'en faire le marché, ie demanday à mon Interprete, fi le Roy faifoit payer le droit de fon poivre, qui m'affeura que non: Ie fus chez l'Orancaye luy faire plainte de la rigueur de ceux de l'Alfandegue, & fur tout de ce qu'ils me vouloient faire payer les droicts des 300. bahars de poivre, que le Roy m'auoit vendus; il me dit qu'il eftoit befoin de les payer auffi, & que ie demandaffes aux Anglois & Holandois f'ils ne les auoient pas toufiours payez. Ie le priay neantmoins de dire au Roy, que lors que i'auois pris fuiuant fon commandement 300. bahars de poivre, que ce n'eftoit en intention d'en payer aucuns droits, comme i'auois entendu dire qu'il n'en faifoit payer non plus. Il me dit qu'il ne porteroit cette parole au Roy. Ie le priay donc de me donner moyen de parler à luy: Il m'affeura que le Roy n'auroit cela agreable, & qu'en fon particulier il fe garderoit bien de fe mefler de cette affaire. Ie me retiray, & m'enquis fi les Holandois payoient, ce qui me fut acertené, tant par eux qu'autres, eftre veritable; neantmoins i'en voulus parler au Roy, & ne les payer qu'il ne l'ordonnât, mais il ne fut poffible de parler à luy, & en parlant encore de cette affaire auec l'Orancaye, fur ce que ie luy dis eftre encore en doute fi le Roy entendoit que ie payaffe fes droits, il me demanda qui m'auoit mis cela en la tefte, & fur ce qu'il apperceut que ie tançois le Gilobaffa ou Interprete, il fe doubta de la verité que fçauroit efté luy: ainfi le reprenant tres-aigrement, & voyant qu'il ne répondoit point, il le voulut faire lier à vn potteau, mais ie luy fis entendre qu'il eftoit de mes domeftiques, que ie le priois de le laiffer retourner quand & moy chez nous, auquel lieu ie luy reprochay le tort qu'il m'auoit fait, & quelques autres chofes qui s'eftoient paffées, outre qu'on m'aduertit que c'eftoit vn efpie de l'Alfandegue, qui leur auoit fait des rapports que i'acheptois du poivre nuitamment; tellement que les aduenuës de noftre maifon eftoient gardées toutes les nuicts: Ie luy donnay donc fon congé, & vuiday de compte auec luy. Il fait grandement dangereux auoir de telles gens en fon feruice, & encore qu'il eût efté baptifé & né de parens Chreftiens, & vefcu en Chreftien l'efpace de quarante ans, & qu'il en fit profeffion chez nous, neantmoins en fa maifon il eftoit More, viuoit felon leurs couftumes, & faifoit inftruire fes enfans en la loy de Mahomet, & telles fortes de gens font bien plus mefchans que les Mahometans mefmes, car ils n'ont aucune Religion, & par confequent nulle confcience: deux ou trois iours apres que ie luy eus deffendu le logis, voyant qu'il n'y auoit remede,

Seconde Partie.   I iij ie payay les droits à l'Alfandegue, qui sont sept pour cent pour les droits du Roy qu'il fait payer en argent à raison de ce qu'il a esté vendu; & pour les droits des Officiers de l'Alfandegue qu'ils appellent Cayda, nouuellement imposé, à raison de dix pour cent des droits du Roy. Droit du pezeur vn mas pour chaque bahar.

Comme ie faisois le payement des droits, on emmena mon Interprete qui m'a-uoit donné à entendre que le Roy ne prenoit aucuns droits du poiure qu'il vendoit, le-quel ils amarerent contre vn arbre en la court de l'Alfandegue, & le chargerent de fers : Ie me retiray en la maison, & quelque peu apres entendis que le Roy auoit commandé qu'on le fit mourir. Plusieurs personnes croyans que ce fut à ma requeste, me vindrent faire des prieres de luy sauuer la vie, ie les asseuray ne luy auoir pour-chasé aucun mal, & qu'il y auoit bon espace de temps que ie n'auois fait parler ny pû parler au Roy, neantmoins l'Orancaye estant venu, & l'Alfandegue sçachant sa mi-iere, l'augmenta par le vouloir faire sier en deux : il fut rudement fustigé, & luy cousta plus qu'il n'auoit gagné auec moy pour se retirer d'entre leurs mains.

Le 15. de May, i'ay amassé quelques petites parties de poiure ; & en eusse peû auoir en assez bon nombre à 8. taels vn quart, voire 8. taels si i'eusse eu de l'or, & en real-les, ils me demandoient 38. & quelques-vns, voire la pluspart des naturels d'Achen n'en vouloient point du tout, ce qui me reculoit beaucoup; & changeant des realles en or, les 8. taels vn quart faisoient 37. realles ½, & vn autre mal suruenoit à cela, que cet-te monnoye d'or d'ordinaire est rognée par les Chinois, & en ont aussi beaucoup de fausses ; tellement que pour choisie qu'elle soit, s'il faut payer vn bahar de poiure, ce-luy qui reçoit en refuse le plus souuent les deux tiers ou la moitié, & quelquefois da-uantage ; en sorte qu'il faut auoir vne grande patience pour faire vn payement : car ils ne les pezent pas, & ne les prennent qu'à la veüe, les considerant les vns apres les autres. Que s'il y a la moindre casseure, ou que le bord soit quelque peu esboulé, en sorte que le rond soit si peu que rien imparfait, ils n'en prennent point du tout : ce qui m'a fait acheuer vn marché qu'il y auoit plus de six semaines que ie debatois, mais i'e-stois contrecarré d'autres ; i'en auois offert du commencement 32. realles, puis 34. la partie estant notable, à sçauoir de 300. bahars, il ne laissoit à moins de 40. & au-jourd'huy ie l'ay conclud pour 38. realles ; cette partie appartient à vn personnage tres-riche, qui se qualifie Xerif Nepueu de IESVS-CHRIST ; il est Arabe, ou delà aux enuirons, & grand Docteur en la Loy de Mahomet ; il a icy quelque reputation de prophetiser, & s'est auancé de vouloir faire quelques remonstrances au Roy d'A-chen, qui ne s'en soucie gueres, & qui luy a ordonné de demeurer en sa maison, sans se mesler de ses deportemens ; tellement que depuis quelque temps cét oracle a defailly & est deuenu muet tout à coup ; & encore qu'il soit tenu pour vn des plus hommes de bien d'Achen & des plus honorables ; comme nous commençasmes à peser, & que ie fis recorder le marché, il dit qu'il l'auoit vendu 39. realles, ie luy maintins le contraire, & sur ce qu'il en faisoit croyable le courtier ; ie luy dis que ie ne desirois entrer en arbitre sur ce different, que ie ne l'auois achepté que trente-huict realles, & que i'estois aussi croyable que luy, & que le courtier, voire que qui que ce fust resident en Achen : Et encore que le courtier luy dit que ie n'auois fait plus haute offre que trente-huit, & le fit ressouuenir des premieres offres, & du temps que nous auions gasté pour paruenir à ce prix; nostre marché fut pour lors rompu, & neantmoins quelque temps apres il se refit, & commençasmes à peser iusques par-delà 200. bahars, qu'il commença à faire courir du sable noir parmy ; ce que les no-stres ayans apperceu, ie luy renuoyay, & encore que ie luy eusse fait de la peine pour cela ; parce que le Roy fait couper les poings & les pieds sans remission à ceux qui font cette tromperie dans Achen ; neantmoins sçachant le grand credit qu'il a par-deçà, ie me contentay de prendre pour excuse que ç'auoit esté vn sien domesti-que qui auoit à son desceu commis cette meschanceté ; & continuant à peser, nous ap-perçeusmes que le poiure estoit humide & auoir esté moüillé, ce qui me fit cesser d'en vouloir prendre dauantage, m'excusant que sa maison n'estoit pas bien couuer-

te, & qu'il auoit tombé de la pluye sur le poivre, tellement que i'en eus d'iceluy enuiron 235. bahars, lequel pour estre Pandita ou grand Docteur ne me semble gueres plus homme de bien que les autres : ie ne sçay ce que leur doctrine enseigne, mais
il semble que le periode de leur honneur est d'auoir fait tort à vn Chrestien, & disent
tout haut qu'ils n'ont point connoissance d'estre aimez & estre en la grace de Dieu,
sinon quand il leur vient entre leurs mains du bien des Chrestiens : quelques marchands d'entr'-eux se montrent pourtant conscientieux en tout ; mais ils ne font leur
sejour dans Achen ou bien peu : ce Pandita ou Xerif neantmoins est aumosnier, &
i'ay entendu des Portugais que souuent il les a assisté; mais c'estoit tousiours en les per-
suadant les delices de Mahomet en l'autre monde.

Le 22. auons perdu malheureusement vn de nos meilleurs matelots que i'auois pla-
cé Bosman ou cartier maistre, iceluy se lauant le long du Nauire fut surpris d'vn
grand poisson que les Portugais appellent tiburon, & nous autres rechien ; il luy
emporta d'vne dentée tout le gras des iambes, & retournant luy emporta les mains ;
au bruit ceux de dedans le Nauire suruindrent qui sauuerent ce corps ainsi mutilé qui
expira aussi-tost : C'estoit vn vaillant homme, & est vne grande perte pour nous,
se surnommoit Malo. Le dernier de ces jours passés ay achepté encore quelques petites parties de poivre de peu d'importance, & à present est peu recouurable ; le Roy
en ayant fait achepter bonne partie soubs main contre sa promesse, puis vn Nauire
de Pegu qui en a chargé, & les Anglois & Holandois qui ne laissent aussi d'achepter
sous main ; lesquels tous ont de grands auantages sur moy pour auoir de l'or & des
marchandises duisables pour icy, ce que ie n'ay ; & ce Nauire nouueau venu de Suratte Anglois, qui estoit tout chargé de toilles de cotton propres pour cette coste, est
ja quasi deschargé de toute la marchandise venduë ou troquée contre du poivre, à
payer lors que le Roy leur permetra l'enleuer, ce qui m'a fait resoudre de ne point
perdre dauantage de temps icy, & obtenir, s'il y a moyen, permission d'aller à Ticou employer le reste de mon argent, ou bien de me resoudre à quelque autre dessein.

Le 4. de Iuin y a eu vn grand embrazement en cette ville, qui en vne heure a
emporté 260. maisons, quelques enfans bruslez & beaucoup de meubles & vstenci-
les : Le Roy fit à l'instant empaler vne femme toute viue, en la maison de laquelle
on disoit que le feu commença.

Le 10. i'ay esté au Chasteau, & le Roy m'ayant fait venir me demanda si i'auois
achepté beaucoup de poiure par la ville ; ie fis response que ie n'en auois pû auoir
qu'enuiron 300. bahars, & qui m'auoit cousté bien cher, & qu'à present y en auoit
peu par la ville, ainsi que n'en pouuant plus auoir ie venois luy demander congé de
me retirer d'icy, le priant de me permettre d'auoir 3. ou 400. bahars de poivre à Ticou: il me dit qu'il en auoit eu aussi enuiron 300. bahars, & qu'il falloit qu'il y en eut dauantage, que i'en recherchasse bien & que i'en treuuerois encore bonne partie ; que
si n'en y auoit assez ie pouuois prendre du sien : ie luy dis qu'encore qu'il y en eut
beaucoup au prix qu'il valoit, ie n'en pouuois achepter dauantage ; & que le sien
estant encore plus cher, par consequent ie n'en prendrois non plus, que ie ferois de
trop lourdes pertes, & que cela descourageroit les François de luy venir baiser vne
autre fois les mains : Il me dit qu'à mon occasion il auoit baissé le prix de son poivre,
ce qu'il n'auroit fait pour vn autre ; que si i'auois eu des marchandises, il se seroit accommodé auec moy d'icelles en payement, que n'ayant que de l'argent, c'estoit chose qui ne luy estoit duisable, qu'il n'en faisoit non plus d'estat que de terre : Que si ie
luy auois apporté de l'or, il m'auroit donné son poivre au prix qu'il vaut par la ville :
Que les François pourroient venir d'icy en auant auec plus de profit que ce voyage,
ayans reconnu le negoce : Pour Ticou, il ne me fit aucune response, & sur ce que ie
luy voulois ramenteuoir, mon Interprete n'en voulut plus parler, disant qu'il voyoit
bien n'auoir treuué cela agreable, neantmoins ie luy fis dire que ne faisant que des-
penser icy, sans rien faire, n'y ayant plus de poivre à achepter pour moy, ie luy de-

mandois congé, il me dit qu'il auoit enuie d'escrire premierement au Roy de France.

Le 15. A present regne icy de bien mauuais temps, de pluyes, grands vents d'Oest-Soroest & Soroest, & 3. iours auant la nouuelle & plaine lune, & 3. iours apres, il fait de grandes tourmentes & de grandes pluyes, qui grossissent merueilleusement cette riuiere par les aualasses, & encore de plus grands vents qu'ils appellét icy Samatra, qui sont coups de vent bien pesants. Les Holandois & Anglois ont acheté chacun trois cens bahars de poivre du Roy au prix qu'il me l'a vendu, & ont eu de plus grandes difficultez encor que moy auec ceux de l'Alfandegue auec lesquels i'ay vuidé de toutes affaires ce iourd'huy, & sont d'insatiables voleurs & en bon nombre, y ayant beaucoup d'Officiers qui tous veulent faire leur main : aussi n'ont-ils nul gage du Roy, au contraire ils sont obligez de luy faire vn present tous les ans, à sçauoir d'vn baju ou vestement, lequel ils font selon leur pouuoir le plus magnifique qu'ils peuuent, afin d'estre entretenus en leurs offices.

Le 19. il faisoit grande tempeste, & i'ay esté aduerty qu'il venoit vn Nauire qui m'a fait incontinent descendre à l'entrée de la barre, ayant encor quelque sintille d'esperance que ce seroit quelqu'vn des Nauires enuoyez à Bantan, ou bien quelques Anglois ou Holandois venant de Iacatra, par lequel i'en pourrois sçauoir des nouuelles : mais estant là, i'ay veu que c'estoit vn Nauire Guzerate venant de Surate, lequel a couru de grandes risques d'estre englouty de la Mer. Estant de retour en la maison, i'ay sçeu que le sieur Bernard de la Clau Bayonnois estoit decedé, ne me reste à present aucun Marchand pour m'aider, ledit de la Clau auoit esté fort long-temps malade, & commença 7. ou 8. iours apres que nous eusmes icy maison, & estoit malade de la maladie du deffunt sieur Renel, qui estoit differente d'autres maladies, dequoy sont decedez plusieurs des nostres, & à mon opinion, ils eurent quelque boucon chez les Holandois; & depuis que sommes arriuez en ce lieu sont decedez quatorze personnes, lesquels estoient pour la plus grande partie atteints de dissenteries & grands vomissemens, ausquels on n'a pû trouuer remede; plusieurs pourtant en sont eschappez; & malaisément, habitant ces terres cy qui sont si chaudes au respect de celles de nostre naissance, on ne peut qu'au commencement on ne tombe malade, mais le regime de viure sert beaucoup; du moins si on est malade on espere en eschapper; en mon particulier ie me suis bien trouué de manger peu de viande, & peu ou point de rostie, boire du cidre trempé auec beaucoup d'eau, & ayant appetit, me rassasier de poisson, pluftost que de chair, mais de proposer cela, il semble que soit pour espargner la nourriture, & les matelots & autres s'en mocquent & crient à la faim, s'ils n'ont leur saoul de viande, qu'il conuient acheter le plus souuent de bufles, qui est chair extremement chaude, puis leur conuient de l'aracque qui est vn breuuage aussi fort que de l'eau de vie, lequel ils tiennent pour salubre antidote contre le mauuais air, & qui ne leur en bailleroit ils criroient bien haut; mais le pis est que ne se contentans de l'ordinaire que ie leur ay donnée, tres-raisonnable pourtant, ils achetent d'autres viandes & breuuages dequoy ils se pacquent tellement, que demeurans alterez, ils boiuent apres beaucoup d'eau, & dorment l'estomac descouuert au serain, qui leur cause les dissenteries, & comme ie croy les vomissemens, à l'occasion que l'estomach a esté par trop affoibly de n'auoir peû faire digestion des viandes, dequoy on l'a par trop chargé, & la dissenterie enracinée de 4. à 5. iours se treuue apres peu ou point remediable : le remede est de se faire tirer du sang, & prédre des medicamens refrigeratifs, & n'vser en son viure que de boüillons, & de quelque volaille, mais s'abstenir de toute sorte de viáde rostie, & n'en manger du tout non plus que d'autre chair, quelque foible que l'on puisse estre, & sur tout ne boire de vin ny d'aracque. Voila ce que i'ay appris des Portugais qui me conseillerét d'en faire le mesme, dequoy ie me suis bien treuué, & n'ayát point de sidre, boire de l'eau pure, boüillie premierement, puis rafraîchie. La perte de ces personnes auoit affoibli grandement mon équipage, & le peu de courage que ie voyois parmy le reste me donnoit bien à songer, outre 12. ou 15. malades qu'auons encore, & qu'il n'y a plus d'esperance d'auoir nouuelles

uelle du Vice-Admiral par aucun des noſtres, attendu qu'il y a plus de dix mois que
ledit Vice-Admiral doit eſtre arriué à Bantan ou Iacatra, & qu'il y a ſept mois que i'y
ay enuoyé la patache auec ordre exprés de me faire ſçauoir promptement des nouuelles par quelque voye que ce ſoit, & à preſent que l'hyuer eſt entré, n'y a plus d'eſperance d'en auoir, qu'il ne ſoit le mois d'Octobre ou Nouembre par quelques Nauires
Anglois ou Holandois qui pourront venir de Iacatra en ce lieu, & n'y ayant plus que
le poiure du Roy à vendre, qui eſt ſi cher qu'il ne ſe peut acheter, & le peu d'eſperance que l'on me donne de pouuoir obtenir permiſſion du Roy d'aller à Ticou pour y
employer ce qui me reſte d'argent; cela me fait ſonger à vn aduis que m'ont donné
les Portugais, deſquels i'ay moyenné le rachapt, & quelques autres deſquels ie me
ſuis informé; qu'allant à vne Iſle proche de Queda ie pouuois auoir le reſte de ma
charge de poiure à moitié meilleur compte que non pas icy : Ie me ſuis reſolu que ſi
ie ne pouuois obtenir permiſſion du Roy d'Achen de trafiquer à Ticou, d'aller audit
lieu proche de Queda ; mais pour ce faire i'eſtois bien foible d'hommes, comme
i'auois remarqué lors qne ie propoſay d'aller en Manſulipatan ; ainſi ie me ſuis deliberé de racheter le plus de Chreſtiens que ie pourrois treuuer icy, conſiderant qu'ils
me ſeroient neceſſaires pour aider à ramener le Nauire en France, veu qu'il ne
me reſte que 64. perſonnes tant ſains que malades & garçons, & que ie ne ſuis encore
ſur mon retour, par quoy tous ces iours cy i'ay eſté empeſché pour ce rachapt, & apres
pluſieurs allées & venuës, i'ay eu 7. perſonnes qui m'ont couſté tous frais faits 361.
reales :, leſquels ſont Chreſtiens natifs de Goa, Cochin & Malaca, & qui ont ſeruy
les Portugais depuis leur ieuneſſe tant par mer que par terre.

Le 23. vn grain du Oeſt fit mettre le Nauire tout ſur le coſté, & vne dès amares
rompit, en ſorte qu'auons perdu vn ancre & vn cable.

Le 27. le Roy a enuoyé ſes lettres chez nous auec beaucoup de magnificence, &
neantmoins à mes deſpens, car il a falu contenter ceux qui ont accompagné ces lettres, ce qui fait bien paroiſtre la mangerie de ces voleurs, & leur effrontée vilennie:
cette lettre eſtoit portée ſur vn grand Elephant par vn des principaux Orancayes(que
i'eus bien de la peine à contenter) & vn autre Elephant ſur lequel eſtoient trois des
principaux Officiers de ſa maiſon, & tous ceux de l'Alfandegue ſuiuoient à pied : deuant l'Elephant y auoit 4. tambours & 4. trompettes, & à l'entour quatre grands qui-
taſols ou paraſols, comme lors que le Roy meſme ſort de ſon chaſteau. Ie receus ladite lettre le plus honorablement qu'il me fut poſſible, dans vn baſſin d'argent;elle eſtoit
dans vn ſachet de velours rouge auec des cordons d'or, eſcrite en langage d'Achen en
lettres d'or, ſur du papier fort licé, auec pluſieurs doreures & enlumineures autour de
la miſſiue, laquelle ayant fait traduire en Portugais, ie treuuay qu'elle portoit ce qui
enſuit.

Lettre du grand Siri Sultan, vainqueur & conqueſteur auec l'aide de Dieu de pluſieurs Royaumes, Roy d'Achen, & par la faueur de Dieu, de toutes les terres qui en
ſont au leuant & au couchant. Du leuant le royaume, terres & ſeigneuries de Deli; le
royaume de Ior auec ſes terres & ſeigneuries; le royaume de Paham, le royaume de
Queda & le royaume de Pera auec leurs terres & ſeigneuries : Du couchant le royaume & territoire de Priamam; le royaume & territoire de Ticou; le royaume & territoire de Paſſaruam:Soient données au grand & puiſſant Roy de France.Sçaura le Roy
de France que la lettre qu'il m'a enuoyée par le Capitaine General de Beaulieu m'a
eſté déliurée,& que i'ay veu tout ce qu'il m'eſcrit & comme il me recommande ce Capitaine General, auquel i'ay fait beaucoup d'honneur, tant au fait du trafic,que de luy
auoir donné qualité & ſeance de mes principaux gentils-hommes: quand à l'offre,que
ſi i'ay affaire de quelque choſe de France,i'enuoye vn memoire par le Capitaine General de Beaulieu,pour faire paroiſtre combien i'eſtime cela,diſant dauantage ſi Dieu
conduit cette lettre à ſauuement, i'en attends reſponſe par les Nauires qui viendront
chargez de marchandiſes,pour trafiquer en ce Royaume,qui me ſera grand contente-

ment:ainſi ie prie Dieu qu'il garde bien les Eſtats du Roy de France. Et puis que Dieu nous a fait grands Roys en ce monde, il ſemble raiſonnable que nous ſoyons amis, & que nous communiquions : En ſignal d'amitié i'enuoye huiĉt bahars de poiure qui eſt fruit de cette terre:Dieu preſerue l'illuſtre perſonne du Roy de France auec ſes Eſtats & Royaumes pour longues années. Fait au mois Rajab (ou Iuin) l'an mil trente.

Le 28. de Iuin Houppeuille Orfévre natif de Rouën, m'ayant par cy-deuant pluſieurs fois importuné de le laiſſer en cette ville, & qu'il me donneroit vn Anglois en ſa place, puis que ie diſois manquer d'hommes, qui ſeroit plus ſuffiſant que luy a reconduire le Nauire, & qu'il ſe retireroit en leur maiſon, ce que ie luy accorday, conſiderant qu'il m'auoit eſté du tout inutile, & m'auoit apporté beaucoup d'incommodité par deçà, & qu'il me ſeruiroit encore moins d'icy en auant, mais il ne peut trouuer d'homme, encore que quelques Anglois me demandoient auec inſtance paſſage;mais n'ayant congé de leurs Superieurs, ie ne les voulus receuoir, encore que i'en euſſes grand beſoin ; il m'aduertit donc ne pouuoir trouuer d'Anglois pour entrer en ſa place : Ie l'auertis qu'il s'embarquât, & que ie ne pouuois faire autre choſe auec luy. Comme il apperceut qu'il n'y auoit plus que dilayer auec moy, il fut chez l'Orancaye Laxemane auec le vieil Interprete que i'auois mis hors de la maiſon, & porta auec luy les joyaux qui appartenoient au Roy, les remettant entre les mains de Laxemane, diſant n'y pouuoir plus trauailler, à l'occaſion que ie luy auois commandé de s'embarquer : Qu'il auoit grande enuie de demeurer icy,& qu'il ne demandoit pas mieux que de rendre du ſeruice au Roy & à luy : Que s'il auoit peû treuuer vn homme pour me bailler en ſa place, qu'il ſeroit hors de mon obeïſſance, & n'auroit plus que faire à moy : L'Orancaye ne manqua auſſi-toſt de m'enuoyer vn homme de la coſte de Comandel Mahometan de Religion ; ie fus bien eſtonné quand on me vint faire ce preſent, que ie renuoyay à l'inſtant, diſant que ce n'eſtoit pas la couſtume des François de harder des hommes comme des cheuaux, & conſiderant le peu de iugement de cêt homme qui ne preuoyoit pas que par ce moyen il ſe rendoit eſclaue de gens qui ne luy donneroient iamais liberté, quelque ſeruice qu'il leur peût rendre,ie me deliberay de le laiſſer libre dans la maiſon des Anglois; & afin de preuenir quelqu'autre folie, voyant que i'aurois refuſé cêt homme ſi court, & que deſeſperant d'auoir moyen de demeurer icy, il ne s'allaſt faire More pour y demeurer mal-gré moy, ie l'enuoyay chercher chez l'Orancaye, (où il ſouppoit deſia, & ou on luy faiſoit de belles promeſſes,) afin de l'auertir que i'auois deliberé de le laiſſer en la maiſon des Anglois; ainſi bien reſiouy il vint parler à moy : il m'a donné beaucoup de trauail,faſcherie & retardement de nos affaires vers le Roy d'Achen, qui ne les dilayoit pour que faire trauailler à ſes ouurages, & i'euſſes fait vn grand coup de m'en deffaire pluſtoſt.

Le premier de Iuillet, ſur vn aduis que m'ont donné par cy-deuant pluſieurs perſonnes, entr'-autres les Portugais que i'auois rachetez, qu'en Queda ville ſituée ſur la coſte de Malaca enuiron cent lieuës à l'Orient de celle-cy, le poivre s'y recouuroit ſans comparaiſon à meilleur marché qu'en aucun autre lieu, pour n'y valoir ordinairement que 16. realles le bahar. Voyant le peu d'apparence de pouuoir obtenir permiſſion du Roy d'Achen de trafiquer à Ticou, la cherté du poiure par-deçà,les grands droits & extortions de ceux de l'Alfandegue, les preſens qu'il conuient faire au Roy & à ſes Officiers, & la grande dépenſe tant à tenir maiſon, qu'à nourrir vn equipage en rade;outre qu'il ne reſtoit cent bahars de poiure à achepter par la ville, & que le nouueau ne viendroit de Ticou qu'au commencement de Nouembre, attendant lequel temps il m'enennuieroit beaucoup icy à ne rien faire que deſpenſer, & qu'il n'y auoit plus d'eſperance que le Vice-Admiral ny la patache vinſſent en ce lieu : meu du profit de la Compagnie, ie me ſuis deliberé de faire vn tour iuſques-là pour y pouuoir recouurer le reſte de ma charge, & nous pourrions nous excuſer enuers le Roy d'Achen, qui conquit ce païs il y a deux ans, & s'en qualifie Roy, & ne veut que perſonne y aille ſans ſon conſentement, en diſant que le vent nous aura forcez d'y aller: Excuſe qui ne peut eſtre rejettée en cétte ſaiſon ; chacun ſçachant bien que les vents & marées qui regnent à present du Oest Soroest, peuuent facilément mettre vn Nauire en auaut le vent de cette pointe, & entr'eux ils tiennent à present impossible de la doubler ; ce qu'estant l'Isle Lancahuy proche de Queda en laquelle i'ay enuie de séjourner , nous est l'endroit plus proche & plus asseuré pour attendre que les vents d'Oest soient passez. Outre cela, à present ce pays s'est souleué de son obeïssance , & que ie ne suis son vassal , il ne me peut empescher d'aller ou bon me semblera. Dauantage il m'a fait si mauuaise composition de son poiure, & fait tant de supercherie en la permission qu'il m'auoit donnée , que ie ne suis pas beaucoup obligé de craindre de luy faire déplaisir ; & puis les François n'ont facturies aux terres de son obeïssance, ny apparence d'en auoir en bref; ces considerations jointes à ce que la saison est à present propre pour y aller en peu de temps , les vents d'Oest regnans, & qu'au commencement d'Octobre commenceront les vents d'Est, qui sont propres pour le retour,& que durant cet interualle, ie ne ferois que dépenser par deçà sans rien faire,& sans esperance d'entendre nouuelles de Bantan ou Iacatra qu'il ne soit le mois d'Octobre, les Nauires ne pouuans venir de cet endroit par deçà plustost, à l'occasion des vents contraires; cela m'a fait resoudre d'aller au lieu proposé, & pour faciliter mon entreprise, me suis auisé d'acheter deux captifs Portugais, encore qu'ils me deussent couster 250. realles, comme est leur rançon, l'vn pour estre Pilote, qui a esté en cette Isle, l'autre nommé Francisco Marchona marchand qui residoit à Pera, & y trafiquoit.

Le 15. de ce mois sur le soir ie fus voir le Roy qui nous fit entrer en sa chambre, n'y ayant que les Capitaines de Dabul & Suratte qui luy auoient presenté Ladea, ou Sagoada, c'est à dire la bien-venuë, qui consiste en diuerses marchandises & raretez de leur païs, que l'on estimoit bien valoir 1500. reales. Ayant esté assis quelque temps, le Roy me demanda quand ie faisois estat de partir, & ayant respondu que ie venois prendre congé de luy, affin de m'embarquer demain , il donna congé ausdits Capitaines, tellement qu'il ne resta que quelques Eunuques & femmes & mon Interprete, par lequel ie luy respondis le plus pertinemment qu'il me fut possible à plusieurs demandes qu'il me fit touchant la grandeur des Roys Chrestiens, & specialement sur le fait de ce qu'il me demanda si le Roy de France n'estoit pas sujet du Roy d'Angleterre, ie l'asseuray que non , & que les Roys de France auoient tousiours tenu rang de premiers & plus grands Monarques Chrestiens, & qu'il n'en y auoit aucun qui s'y pût esgaler que le Roy d'Espagne , lequel depuis quelque temps auoit conquis plusieurs terres éloignées des siennes; nonobstant cela le Roy de France ne luy estoit aucunement inferieur, que son royaume estoit graces à Dieu tres-florissant, & que iamais monarchie n'auoit persisté si long-temps sous l'obeïssance de ses Roys, comme celle de France , qui depuis 1500. ans auoit esté successiuement gouuernée par 64. Rois, sans qu'aucune nation, quelque puissante qu'elle fut, les eut peû oster de leur trône. A cela il me repartit, qu'il auoit pourtant des lettres du Roy d'Angleterre , par lesquelles il s'intituloit Roy de France. Ie dis, que c'estoit vne vanité que celle-là, fondée sur de tres-foibles raisons , & sur vne colere qu'eut vn de nos Roys contre son legitime successeur. Apres plusieurs autres discours, le croyant en assez bonne humeur, ie le priay me vouloir permettre de surgir vn mois à Ticou , afin que de ce lieu ie peusse enuoyer vn Parau à Bantan pour auoir nouuelles des Nauires que i'y auois enuoyé: Que la crainte de receuoir quelque destourbier audit lieu par les Holandois, comme il luy auoit pleu m'en faire aduertir, me faisoit l'importuner de cette requeste, laquelle s'il m'octroyoit, il obligeroit les François de luy rendre du seruice, & outre cela leur donneroit courage de venir par deçà auec plusieurs Nauires chargez de marchandises propres pour ce lieu , voyant qu'il m'auoit preferé aux autres Nations, ausquelles il ne le veut permettre : Il me respondit assez froidement, qu'il auoit beaucoup de marchandises audit lieu, & qu'il craignoit que ie n'eussés du trauail à y acheter du poivre, à l'occasion que ce qui luy appartenoit seroit tousiours preferé à qui que ce fut qui alloit par-delà. Ie repliquay que mon emploitte ne seroit de si grande conſequence, qu'elle peut apporter aucun deſtourbier à ceux qui feroient ſon negoce par de-là, que ie luy demandois permiſſion d'acheter ſeulement 200. bahars de poiure. Il me dit que ie parlaſſes à l'Orancaye Laxeman & à ſes Officiers de l'Alfandegue, & qu'ils me donneroient reſolution là deſſus. Peu apres il me fit preſenter à manger, pour luy complaire i'en vſay quelque peu, encore que ie n'en euſſes beaucoup d'en-uie, ruminant à par moy ce renuoy vers Laxeman, & ceux de l'Alfandegue, que ie m'imaginay eſtre affin de tirer de moy vne notable ſomme pour obtenir cette per-miſſion, à quoy ie ne deſirois entendre. Ainſi apres que la colation fut oſtée, & l'ayant remercié, ie luy dis que i'eſtois importuné iournellement d'vn pauure captif Portu-gais maiſtre Franciſco Marchona, lequel m'auoit deſliuré trente taels en or pour luy preſenter. Il me dit qu'il auoit deſia entendu que i'auois deſir de racheter ce perſon-nage, & qu'il me l'auroit deſia enuoyé ſans qu'il fut beſoin d'argent, n'eſtoit qu'il auoit affaire de luy pour enuoyer à Malaca : ie le remerciay derechef, l'aſſeurant neant-moins que ie ne deſirois le mener en France, ains le laiſſer au ſeruice de Sa Grandeur, qui ſ'en ſeruiroit comme bon luy ſembleroit, & qu'au lieu de le retirer de ſon ſer-uice, s'il auoit affaire du mien, il en pouuoit diſpoſer : Il me remercia, priant Dieu de me donner bon voyage, & que lors que les François reuiendroient par deçà, ie né manquaſſe à eſtre de la partie, & le pluſtoſt que ie pourrois ; ſur cela ie pris congé.

Le lendemain 16. fut chez l'Orancaye luy faire entendre ce que le Roy m'auoit dit le iour d'hier, touchant Ticou, que ie le priois de ne me prolonger cette affaire, & m'en donner reſolution dés auiourd'huy, s'il y auoit moyen : Il me dit qu'il ne voyoit guere d'apparence que ie peuſſe obtenir permiſſion d'aller audit lieu pour y negocier aucun poiure, veu que le Roy auoit iuré de ne le permettre à quelque Na-tion que ce fut à l'occaſion des Holandois ; & ce qui le faiſoit croire qu'en mon parti-culier ie ne l'obtiendrois, eſtoit que le Roy me pouuoit bien donner cette permiſſion, & en faire eſcrire incontinent la depeſche ſans me renuoyer vers luy, qui n'y auoit au-cun pouuoir, & que c'eſtoit vne deffaite qu'il auoit treuuée ayant honte de me re-fuſer. Ie luy dis que ie ſerois marri d'auoir importuné le Roy de choſe qui luy peût dé-plaire, qu'il pouuoit tout en mon endroit, mais que i'eſtois obligé de luy faire ſçauoir ce que le Roy m'auoit dit, puis qu'il me l'auoit commandé ; ſur cela il me dit, que dés auſſi toſt que i'eus pris congé, il entra en la chambre, que le Roy ne luy tint aucun pro-pos de cela, ainſi qu'il croyoit qu'il ne l'eut agreable : Ie repartis que peut-eſtre il l'au-roit oublié, que ie le priois de luy ramenteuoir auiourd'huy ; ce qu'il me promit. Par ce diſcours ie reconnois que le Roy d'Achen ne me veut permettre cette place ſans vn notable intereſt, & que ce renuoy vers Laxemane n'eſt à autre occaſion afin que nous en accordions par enſemble, & que voyant que ie ne me mettois en effet de luy rien offrir, il me l'a battu ainſi froid, de façon que i'ay peu d'eſperance d'auoir cette permiſſion, pour ne pouuoir faire grands frais à l'obtenir, ainſi ie me ſuis reſolu au deſ-ſein propoſé.

Le 18. de Iuillet i'ay renuoyé chez l'Orancaye Laxemane, ſçauoir ſ'il auoit ramen-teu au Roy la permiſſion que ie luy auois demandée, il fit reſponſe n'auoir encor treu-ué occaſion de parler au Roy, mais qu'auiourd'huy il eſperoit de le faire, & pour cette occaſion me prioit d'attendre encore deux ou trois iours, ce que i'ay fait, mais voyant que ce n'eſtoit que retardement, i'ay pris congé de ceux de ma connoiſſance, & me ſuis embarqué le 20. de ce mois ſur le ſoir, laiſſant ſeulement deux hommes à terre pour acheter quelques rafraichiſſemens, leſquels i'eſpere enuoyer querir en bref.

Le 23. ſont venus ceux que i'auois à terre, qui m'ont rapporté auoir attendu iuſques ce iourd'huy la reſponſe de l'Orancaye, qui les a enuoyé querir, leur donnant charge de m'aduertir que le Roy me permettoit ſurgir vn mois à Ticou, moyennant que ie luy deliuraſſes vn demy Bahar de realles, qui ſont 3200. realles : entendant telle reſ-ponſe, ie me ſuis deliberé de ne perdre dauantage de temps en ce lieu, conſide-rant l'effronterie & l'inſatiable auarice de cette Nation, qui ne reconnoiſſent les pre-ſens que i'ay fait, le haut prix que i'ay achepté le poiure, les grands droits & deſpens qu'il m'a conuenu faire durant l'eſpace de 5. mois que i'ay ſejourné en ce lieu ; ce qui m'a fait reſoudre de paſſer, ſi ie peux, par Ticou, & y traitter d'amitié s'il y a moyen, ſinon arreſter les embarquemens qui ſortiront dudit lieu pour venir par deçà, en prendre le poivre, & le payer au prix qu'il vaudra à Ticou. Que ſi ie ne peux doubler cette pointe, comme il en y a bien de l'apparence, les vents & marées venans du Oeſt, & eſtans ſi violens, ie laſcheray à Pulo Lancahuy, autrement Pulo Lada, c'eſt à dire l'Iſle au poivre, en laquelle ie taſcheray d'effectuer mon deſſein propoſé, encore que depuis hier & auan-hier ſoit parti vne armée du Roy d'Achen compoſée de trois groſſes Galeres & 25. à 30. autres voilles, que l'on dit aller à Pera, & que delà elle repaſſera par ladite Iſle pour y couper les poiuriers ; nonobſtant cela n'empeſchera d'en eſſayer l'aduenture.

Le Samedy 24. du mois de Iuillet, i'ay deshallé au point du iour de la rade d'Achen, où i'ay chargé quelques 700. barres de poivre. Cette place eſt par la hauteur de cinq degrez trente-quatre minutes au Nord de la ligne equinoxiale, l'aiguille y varie cinq degrez & demy vers le Noroeſt, ayant au precedent laiſſé à terre entre les mains de Marchona vne lettre pour déliurer à ceux du Vice-Admiral ou de la patache, ſi d'auanture il en arriuoit quelques-vns par deçà. Variation à Achen ie 5. d. & demy NO.

Le Dimanche 25. nous eſtions hors des Iſles de Gomiſpola & Pulovay qui barrent cette rade de la bande du Nord, & auec les vents du Soroeſt qui regnent en cette ſaiſon, ie me ſuis mis en effect de doubler la pointe d'Achen, tenant le lis du vent au Oeſt Noroeſt, mais les marées m'en ont incontinent dépoüillé, & mis auaut le vent ; tellement que ne pouuant prendre la route de Ticou, i'ay fait faire largue pour aller à Pulo Lancahuy ſuiuant mon deſſein propoſé, en laquelle n'auons peû paruenir, que le 7. du mois d'Aouſt par les calmes qu'auons eu en chemin : trois ou 4. iours nous ſuffiſoient auec les vents ordinaires qui regnent en cette ſaiſon : Le lendemain i'ay enuoyé deux de mes Portugais rachetez à Achen, pour aduertir le Pangoulou ou Gouuerneur de l'Iſle de l'occaſion de ma venuë en ce lieu, lequel eſt venu à bord du Nauire la releuée ; ie l'ay reçeu au mieux qu'il m'a eſté poſſible, & aſſeuré que ie n'eſtois venu à autre intention que de traitter auec ceux de l'Iſle, & faire alliance auec le Roy de Queda. Ie luy fis auſſi quelques preſens pour luy donner eſperance de profiter auec moy. Il me dit qu'il ne pouuoit permettre aucune traitte auec ceux de la terre, iuſques à ce qu'il eut fait ſçauoir ma venuë au Roy de Queda, & qu'il ne doutoit qu'il ne l'eut pour tres-agreable, particulierement ſi ie le voulois aſſiſter de quelque artillerie : Ie l'aſſeuray de le faire pour luy faire paroiſtre l'affection que i'auois que les François pour l'auenir fuſſent bien venus en ſes terres : il promit alors d'aller aduertir luy-meſme le Roy de ma bonne volonté ; mais qu'il ſeroit à propos que i'enuoyaſſe auſſi auec luy vne couple de mes gens ; ce que ie luy promis, moyennant qu'il me laiſsât hoſtages dans mon Nauire ; ce qu'il me promit faire, meſme ſon propre fils. Deux iours apres le Pangoulu me fit preſent d'vn tres-puiſſant bœuf, & me fit aduertir que mes gens fuſſent preſts pour aller au pluſtoſt trouuer le Roy de Queda, parquoy le lendemain ie depeſché le ſieur d'Eſpiné & mon laquais pour l'accompagner & ſeruir durant le voyage de Queda, qui ſera ſelon la promeſſe du Pangoulou de dix à 12. iours, à l'occaſion que le Roy ſ'eſt retiré à trois iournées dans les terres ; de peur des armées du Roy d'Achen qui ont ruiné ſa ville de Queda, & a changé d'habitation qu'il nomme de preſent Perleys : i'ay auſſi enuoyé auec ledit ſieur d'Eſpiné vn Bengala Chreſtien nommé André qui ſ'eſt ſauué d'Achen dans noſtre Nauire, & luy promis ſa liberté & autres recompenſes s'il negotioit cette affaire auec diligence : & apres auoir donné vn memoire bien inſtructif au ſieur d'Eſpiné, & déliuré quelques preſens pour le Roy de Queda, ie les ay enuoyez à terre, lors que le Pangoulou m'a enuoyé ſon fils auec vn des principaux de l'Iſle, lequel Pangoulou & les noſtres ſont partis le Ieudy au matin 12. d'Aouſt.

Le 20. eſt arriué à bord de ce Nauire vn Parau, venant de terre ferme, dans lequel y auoit vn Portugais nommé Diego Dyez Buillon, & vn Chreſtien de S. Thomas nommé Panjan, lesquels auoient des lettres du sieur d'Espiné, par lesquelles i'ay veu qu'il estoit arriué à Perleys deux iours apres son partement d'icy, & qu'il esperoit dans deux iours se mettre en chemin pour aller trouuer le Roy, qui estoit à Ouantchin, m'asseurant qu'il feroit diligence : au surplus qu'il y auoit beaucoup d'apparence que le Roy eut peu de poiure, ny qu'en cette Isle y en eut non plus : ce que i'ay desia reconnu à mon grand regret, & voudrois que le sieur d'Espiné fut reuenu : Nous sommes venus en ce lieu trop tard pour auoir le poiure de l'année passée ; & trop tost pour celuy de cette année, qui ne se recueille qu'en Decembre, ce que ie ne peux attendre pour estre trop foible d'hommes de Marine, lesquels vont iournellement diminuant; tellement qu'il me faut resoudre de partir d'icy au plustost, si ie veux esperer de pouuoir retourner au païs : ceux qui sont venus dans ce Parau m'ont aduizé que les Holandois faisoient acheter le poiure par quelques vns de Queda, qu'ils faisoient transporter à Iambi, par le moyen de quelques Elephans & Bufles : Ils disoient aussi auoir entendu que les Holandois auoient esté chassez de Iacatra par le Roy du lieu, auec lequel le General des Holandois s'estoit accordé de prendre en mariage sa fille, & que sur la seureté qu'il se promettoit du Roy par le moyen de cette alliance, il auoit esté surpris des Iauans, qui auoient entré dans la forteresse, tué partie des Gardes, & le General mesme : à quoy n'y a gueres d'apparence, encore qu'ils l'asseurent auec beaucoup de protestations de le sçauoir par quelques Holandois mesme venus dans vn Nauire depuis six semaines en çà à Patani : ils me dirent aussi qu'il y auoit vn François nommé Michel Abremé de l'equipage des Nauires de S. Malo qui estoit à Lungor, & qui desiroit fort de retourner en France, & que s'il auoit esté aduerty qu'il y eut vn Nauire François en ce lieu, il ne tarderoit gueres à y estre : Ie promis à ce Señor Panjan, qui dit partir en bref pour Farangue, qui est à vne iournée d'icy, que s'il me le peut amener, ie luy donneray trente realles ; il m'a promis d'y faire son possible.

Le 2. Septembre est venu vn Parau à bord qui estoit parti de Queda ou Perleys y a trois iours, mon laquais y estoit, que le sieur d'Espiné m'enuoyoit pour m'aduertir n'auoir peû parler au Roy, lequel ne se pouuoit oster le doute qu'estions venus de la part du Roy d'Achen pour luy iouër quelque mauuais tour, & s'estoit retiré dans les bois, neantmoins donné charge à vn Orancaye & à vn Marchand Guzarate d'amasser le plus de poiure qu'ils pourroient pour acheter de moy quelque canon, si ie luy en voulois vendre, dequoy d'Espiné m'aduisoit, & pour ce sujet auoit depesché ce Parau sans m'enuoyer personne de la part du Roy : ce que considerant, & craignant qu'on n'amusast ledit d'Espiné pour luy faire perdre temps, me suis resolu de renuoyer à l'instant le Parau, & y mettre Baignelles duquel ie me sers d'escriuain, auec ordre bien ample de ce que ie desirois qu'il fit, qui estoit de s'enquerir exactement quelle partie de poiure il pourroit y auoir audit lieu ; que si elle estoit moindre de cent bahars, que ie ne desirois m'y amuser, & qu'il fit reuenir d'Espiné : que si elle estoit de ce nombre ou plus grande, qu'il fit venir incontinent quelqu'vn à bord, ayant charge & pouuoir du Roy pour en accorder de prix, & que s'ils vouloient mettre l'affaire en longueur, de reuenir incontinent.

Le 9. est arriué autre Parau, dans lequel estoit le sieur d'Espiné, par lequel i'ay sçeu que le Roy auoit fort peu de poiure en Queda, & qu'il auoit neantmoins grand desir de mon canon, me priant de l'en assister & luy vendre dans le mois de Decembre, qui est la recolte des poivres, & qu'en ce temps il me payeroit au double de ce que ie luy demandois à present, & qu'alors si i'auois affaire de mille bahars de poivre, voire dauantage, il me les fourniroit : de plus que si ie voulois y laisser facturie, il s'obligeroit vers moy de fournir tous les ans aux François deux mille bahars de poivre, & qu'il ne permettroit à aucunes nations d'en pouuoir acheter aux terres de son obeïssance, que par ceux que ie laisserois en cette facturie. Que le plaisir que ie luy ferois l'assistant de ce dequoy il auoit plus de besoin estoit si grand, qu'il en demeureroit tousiours obligé aux François, & plusieurs autres belles offres qui seroient bien de saison, n'estoit la necessité qui me contraint de partir en bref d'icy, à cause de mes gens qui commencent à perdre du tout courage pour en estre decedé 4. depuis que sommes ici, & quatre ou cinq autres qui ne la feront gueres longue ; encore qu'ils n'ayent pas gagné la maladie en ce lieu, mais à Achen, d'où ils sont partis malades, & murmurent tout haut qu'il est plus que temps de s'en retourner en France.

Le 20. on m'apporta lettres du Roy qui m'octroyoit la permission de trafiquer librement, & me prioit de luy donner deux canons pour 30. barres de poivre, disant qu'il n'en auoit pas dauantage ; & comme ie me faschois qu'on auoit retenu vn de mes gens à terre, de peur que ie ne m'en allasse sans donner les canons : Le principal d'entr'eux qui estoit nouueau reuenu Ambassadeur vers le Capitaine de Malaca, me proposa pour donner fin à ce negoce, que ie pozasse l'ancre à la barre de Perleys, qui est en terre ferme, à 7. ou 8. lieuës de cette Isle : Ie leur accorday, considerant que ce seroit beaucoup abreger, parce qu'il falloit attendre 7. ou 8. iours pour auoir icy répôse du lieu, où estoit de Baignelles, mais à condition qu'ils me donneroient vn d'entr'eux en hostage, tant pour m'y conduire, que pour ma seureté, & qu'on ne me fit perdre beaucoup de temps, ce qu'ils m'accorderent ; & m'estant au precedent enquis de leur qualité ie pris vn des principaux & des plus eaccômodez qui ne vouloit seruir d'ostage ; mais n'en desirant d'autre, il falut qu'il demeurast dans le Nauire : ainsi le reste s'est embarqué dans leurs Paraus, & ont fait voile aussi-tost : Et le lendemain i'ay fait leuer les ancres : mais estant sous voile, nous auons apperceu que nostre Nauire ne gouuernoit point, pour estre trop chargé arriere ; & ayant enquis mon dernier hostaige quelle profondeur il y auoit en la rade, où il me deuoit conduire ; & entendu qu'il falloit passer entre quelques battures, ie me suis resolu de retourner à nostre ancreage ordinaire, craignant quelque accident : veu que le Nauire gouuernoit si mal, ce qu'auons fait le 24. & enuoyé aussi-tost la scutte aduertir le Tendel ou Lieutenant du Pangoulou en l'Isle, & mesme la femme dudit Pangoulou, qu'il enuoyia promptement à Queda pour donner aduis que ie ne pouuois aller au lieu proposé pour l'incommodité du gouuernail de mon Nauire ; qu'au surplus ils m'enuoyassent promptement mon homme, autrement ie m'en irois auec leurs ostages, ne pouuant sejourner en ce lieu plus de huict ou dix iours.

Le premier d'Octobre sont arriuez quelques Paraus, dans l'vn desquels estoit de Baignelles, qu'ils ne vouloient laisser reuenir à bord qu'ils n'eussent leurs ostages ; ainsi ie les ay enuoyez, encore que cet André de Bengale cy-deuant mentionné, que i'auois sauué d'Achen se fut enfuy ; neantmoins pour rauoir Baignelles ie ne me voulus arrester à cela pour ne perdre temps : Et ayant demandé au susdits l'occasion de son long retardement par-delà, & pourquoy il n'auoit suiuy l'ordre que ie luy auois donné, il me dit que d'Espiné que i'y auois enuoyé premier que luy, auoit esté cause de cela ; pour leur auoir asseuré que ie le laisserois audit lieu auec vne facturie, comme il leur auoit fait demander au Roy, qui me l'auoit accordée, & qu'ils estoient iournellement attendans que i'y vinsse moy-mesme pour l'establir ; mais qu'au contraire voyans que ie ne paroissois, & que continuellement ie luy mandois de reuenir, & que ie ne voulois aucunement lascher les ostages qui estoient entre mes mains, cela les mettoit en grand soupçon que ie ne fusse venu pour leur nuire, & me joindre auec l'armée d'Achen, pour apres que i'aurois reconnu en quel estat estoit leur païs, les faire tomber ou exposer à la cruauté de ceux d'Achen leurs ennemis ; & ce qui les confirmoit le plus en leur deffiance, estoit que ne me contentant de deux ostages, i'en auois retins encor vn sous pretexte de me montrer le lieu de l'ancreage de Perleys : & cependant ie n'y estois pas venu, & ne sçauoient de quel costé i'auois tiré ; ce qui leur auoit fait, & à luy particulierement, grande peine. Ie luy demanday si leur poivre estoit prest, & quelle quantité ils en auoient : il me dit qu'ils n'en auoient que vingt bahars ; mais qu'ils m'offroient de m'en payer autres vingt en realles au prix de vingt realles le bahar : qu'ils auoient grande enuie dudit canon, & qu'il leur auoit promis de faire tant enuers moy que ie les en assisterois : Que si ie n'en auois le desir, il me conseilloit de me donner garde d'eux, à l'occasion qu'ils seroient bien faschez de ne pouuoir accomplir la promeſſe qu'ils auoient faire au Roy de les luy faire auoir : & m'eſtant enquis de l'eſtat du pays, il me dit qu'il eſtoit extremement pauure & le ris fort cher, & qu'à chaque bruit qu'ils entendoient, qu'il y auoit quelque Parau à l'entrée de la riuiere : ils s'en-fuïroient dans le pays, craignans que ce ne fuſſent ceux d'Achen. Que depuis huiɕt ou dix iours ils auoient eu nouuelles que l'armée d'Achen eſtoit arriuée à Pera en nom-bre de 70. voiles, & que quelque peu apres eſtoient venuës autres nouuelles de la mort du Roy d'Achen, qui leur auoit cauſé vne joye exceſſiue : Penſant donc à ce que de Baignelles m'auoit dit, qu'il n'y auoit point de fiance pour moy en ce lieu cy, ſi ie ne traittois du canon, ce que ie ne pouuois faire ayant enuie de repaſſer par Achen, ie m'imaginay qu'il conuenoit entretenir ſes gens cy de parolles, de crainte que ceux de noſtre equipage allans querir de l'eau, il ne leur fut fait quelque tort par ceux de l'Iſle : ainſi ie renuoiay ledit de Baignelles à terre leur dire qu'il m'auoit trouué fort diſposé de traitter auec eux ; mais que ie ne pouuois ſortir d'icy pour aller à Perleys, à l'occa-ſion qu'il y auoit à remedier au gouuernail de ce Nauire : mais pour faire preuue de l'affeɕtion que i'auois à leur faire du plaiſir, ie m'offrois dés demain de faire deſcendre vne piece de canon à terre, moyennant qu'ils me déliuraſſent deux oſtages pour l'aſ-ſeurance de vingt bahars de poivre qu'ils m'apporteroient dans 8. iours, ou bien ſ'ils ne me vouloient donner des oſtages, qu'ils fiſſent venir leur poivre, qu'alors ie me mettrois à toute raiſon : de Baignelles leur ayant dit cela, ils ſont retournez contens, diſans n'eſtre beſoin me donner d'oſtages, ny mettre de canon à terre iuſques à ce que le poivre fut venu, & qu'ils ſ'en alloient auſſi toſt pour me donner aduis du fait ou du laiſſé, ce qui ſeroit dans ſix ou ſept iours.

Le lundy 11. d'Oɕtobre depuis le commencement de ce mois, iuſques à preſent, nous auons eu de grands vents d'Oeſt Noroeſt auec pluïes & tourbillons de vents, qui ont cauſé que n'auons peû eſtre prés de ſortir d'icy qu'auiourd'huy, auquel lieu n'ay rien fait du tout, ſinon faire coupper vn grand maſt de hune, vn maſt de mizane, & vn clan pour noſtre baupré, que ie n'euſſes ſçeu recouurer ailleurs : & ſi i'euſſes eu le moyen d'attendre iuſques au mois de Ianuier, ſans doute ie n'euſſes perdu ma peine, & euſſes acheué de charger ce Nauire de poivre, qui ne me fut reuenu au quart de ce que celuy d'Achen me couſte ; & il eut eſté ſaiſon bien propre pour m'en retour-ner droit en France, les vent d'Eſt ne manquant nullement audit temps, & euſſes eſté auſſi aduancé en ce lieu, que de quelqu'autre de la coſte de Sumatra : Durant mon ſejour en cette rade ſont decedez ſix perſonnes, qui n'y ont pourtant gagné le mal, ny aucun autre que le patron Beruile qui commence à ſe guarir.

Ceſte Iſle que les habitans nomment Pulo Lancahuy, & ceux d'Achen Pulo Lada, c'eſt à dire, l'Iſle au poivre, eſt par la hauteur de ſix degrez 15. minutes Nord de l'E-quinoxial, l'aiguille y varie deux degrez & demy Noroeſt ; elle peut contenir 15. ou 20. lieües de circuit, elle eſt montueuſe en quelques endroits, ſpecialement du coſté de Pulo Botton, qui en eſt cinq lieües à l'Occident, & au dedans y a vne haute montagne ſeparée en deux par vne eſtroitte valée, qui ne paroiſt qu'eſtant au Sud d'elle ; de la bande du Oeſt paroiſt en gros pic & du Soroeſt deux : au pied de cette montagne ſont les poivres ; comme auſſi en la plaine qui peut auoir trois ou quatre lieües de long, deſſartée pour y ſemer du ris : & les poiuriers ſont cultiuez comme vignes de hautes branches ; & ſi l'Iſle eſtoit plus cultiuée, elle en produiroit bien dauantage qu'elle ne fait de preſent ; car il n'y a pas plus de cent perſonnes qui l'habitent : autrefois il y en auoit plus de 700. qui trauaillans aux poivres l'en rendoient plus abondante : car le terroir y eſt extremement propre, comme auſſi pour toutes autres ſortes de drogues, fruiɕts, ris, & beſtail ; y ayant de tres-beaux paſturages & abondance de riuieres & pluſieurs ſources de belle & bonne eau : tout le reſtant de l'Iſle eſt couuert de grands bois tres-eſpais, entre leſquels, principalement ſur les montagnes, il ſ'en void de par-faitement droiɕts, d'admirable hauteur, & de groſſeur proportionnée : Du coſté du midy, l'Iſle eſt fort coupée de bras de mer, par petits Iſlets & roches couuertes de bois : Du coſté du Septentrion il y a vne grande Iſle eſloignée d'elle enuiron vne lieuë ; i'e-

ſtime

grande Ifle efloignée d'elle enuiron vne lieuë ; i'eftime qu'entre deux il y ait paffage pour aller en terre ferme ; toutesfois ie n'en fuis bien affeuré pour de grands
Nauires, mais du refte il n'y a aucune roche ny batture tout à l'entour, & on trouuera toufiours fonds de vaze de huiſt braffes, ou toizes à vne lieuë, de 7. braffes à
vne demie lieuë, à vne portée de canon fix braffes; & dans la baye du cofté d'Oeft,
qui regarde Pulo Botton cinq braffes, approchant ou entrant plus dedans 4. 3.
puis enfin toute vaze claire, en laquelle vn Nauire ne fe peut faire de tort ; & de la
bande de l'Eft y a auffi vne baye couuerte d'vn Iflet, en laquelle quelques Nauires
que ce foient, fuffent-ils de 2000. tonneaux, font à flot & couuerts, & à l'abri de tous
vents : enfin toute l'Ifle eft port par maniere de dire, & par tout f'y recouure de belle
& bonne eau : Les pluïes y regnent quand les vents d'Oeft foufflent, qui eft depuis le
commencement de Iuillet, iufques à la fin d'Octobre ; pendant lequel temps il y fait
plus mal fain qu'en autre faifon, comme par toutes terres fifes fous cette paralelle.

Le poivre meurit en Nouembre, il commence à fe recueillir depuis la my-Decem-
bre iufques à la fin de Feurier, il s'y en recueille à prefent toutes les années enuiron
cinq cens mille liures, tres-beau, gros & fec; enfin parfaitement bon & à meilleure
compofition qu'en quelqu'autre lieu des Indes : mais on n'y peut trafiquer que par la
permiffion du Roy de Queda, à qui l'Ifle appartient, & qui ne la donne fans quelque
intereft. Les Portugais refidans à Malaca y trafiquent d'ordinaire, & y viennent en
Decembre pour y fejourner iufques en Feurier : ils y portent des patines de Guzarate,
du fel, du ris, & peu de realles, lefquelles y font bien requifes, à l'occafion de la pro-
ximité des Chinois qui font en bon nombre habituez à Patani ville fituée en la contre-
cofte de Queda, fous le mefme paralelle, n'y ayant que cinq iournées de chemin par
terre. D'ordinaire le poivre fe vend par mefure & non au poids, qui eft vne bonne
couftume pour l'acheteur, à l'occafion qu'ils ne le moüillent point comme on fait à
Achen & autres lieux, mefmes ils n'y peuuent mettre de fable, pierrettes, ny autres
vilenies, comme on fait à Bantan, à caufe qu'en mefurant on peut facilement
connoiftre s'il y a tromperie ou non ; la mefure des Marchands eft le Nali, lequel con-
tient 16. gantas; chacque gante 4. chuppas; & 15. Nali font vn bahar, qui eft de 450.
liures poids de marcq : La mefure eftant plus grande d'vn quart en cette Ifle qu'aux
terres de l'obeïffance du Roy d'Achen. Le prix commun du bahar eft 16. realles, au
moins iufques à prefent il n'a paffé 20. & s'il y en eut eu, i'en euffe bien donné ce prix;
fi i'euffe pû attendre la recolte, ils offroient de m'en liurer à ce prix bonne partie,
à condition de prendre en payement la moytié en marchandifes de toilles de cotton
& fel, moyennant lefquelles il me fut reuenu à moins de 15. realles; mais le peu d'hommes & le manque de courage d'iceux ne me permet pas de jouyr de ce profit, & mon
malheur de n'y en auoir treuué, comme on m'auoit affeuré, me donne de grandes in-
quietudes de fçauoir ou i'en pourray trouuer, ne pouuant rien entreprendre auec vn
tel equipage. Pour reuenir au poivre, il croift en terre franche & graffe, on le plante
dans le païs au pied de toutes fortes d'arbres, & s'entortille & rampe contre eux, comme fait le houblon. Ceux qui veulent faire des poivriers plantent vn recip ou rejetton
d'vn vieil poivrier au pied d'vn arbriffeau : il faut eftre foigneux de nettoyer ou far-
cler toutes les herbes qui croiffent à l'entour. Le rejetton croift fans porter fruict iufques à la 3. année qu'il commence, & la 4. année porte en grande abondance & bien
gros, & telle plante rend 6. & 7. liures de poivre, & iamais ne le porte plus gros ny
en plus grand nombre que la premiere & feconde portée ; comme auffi la troifiefme,
qui l'vne portant l'autre fe peuuent dire efgales. La 4. 5. & 6. portée le poivrier rapporte le tiers moins, qui eft le 9. an de fon plant, & le porte auffi le tiers plus menu;
la dix, onze, & douziéme année ne porte plus guieres & fort menu ; puis ne porte plus du tout, & il en faut replanter d'autres ; tellement que cette drogue ne
fe recueille pas fans trauail, comme beaucoup de perfonnes ont eftimé; & f'il n'eft
cultiué & farclé, quelque ieune qu'il foit, il porte peu ou point du tout, comme i'en ay
veu plufieurs plantes par les bois, qui ne portoient rien du tout : Les 3. premieres an-

Seconde Partie.	5 L

nées il faut estre bien soigneux que les herbages n'y viennent, ce qui ne se fait sans
grand soin; car ce climat est extremement humide, tant par les pluyes que par les
grandes rozées, qui ne manquent iamais la nuict, & telles que si l'on se va promener auan t Soleil leué, au lieu où il y a des arbres ou herbages, on se treuue aussi moüillé, que si l'on auoit marché dans de l'eau; estant prest de porter fruit, il faut esbrancher
les arbres contre lesquels il rampe, affin que les ramages ne luy ostent point le benefi-
ce des rayons du Soleil, dont cette plante à sur toutes besoin : il faut aussi auoir esgard
que la grappe estant formee, elle soit suspenduë sur quelque petit bout de branche ou
estoc, affin que la pesanteur des grappes ne fasse abbatre la plante en terre, qui de
soy est assez tendre, particulierement au temps de son plus grand rapport ; il faut aussi
auoir esgard que le bestail, principalement les buffles & les bœufs, ou autres grands
animaux, n'aillent parmy les poivriers ; parce que s'embarrassans parmy ces plantes,
ils arrachent tout.

Que les plantes soient auec telle distance, qu'on puisse tourner à l'entour, & porter quelque eschelle pour les emonder, lors qu'ils ont esté deschargez de leur fruict ;
car la plante s'estendroit à croistre haut, & porteroit beaucoup moins : ordinairement
il fleurit d'vne petite fleur blanche au mois d'Auril : en Iuin il est noüé : en Aoust il est
gros & verd, & a beaucoup de force : neantmoins les habitans le mangent en salade,
ou le font confire en *Achar*, qui est auec d'autres fruicts dans vne sauce faite de vinai-
gre, & se garde vn an entier; en Octobre il est rouge, en Nouembre il noircit, en Decembre il est tout noir, & par consequent prest à cueillir; en diuers endroits il est plus
hastif ou plus tardi; scette regle n'estant du tout generale, mais c'est la plus ordinaite.

Ils coupent les grappes, les font secher au Soleil, qui en ce temps est tres-ardent,
iusques à ce que librement les grains se separent sans force de leurs queuës ; ce qui ne
se fait en vn iour ou deux ; il en faut plus de quinze, pendant lequel temps il est besoin
de le tourner sur vn costé, puis sur l'autre, & la nuict le mettre à couuert. Il se rencontre parmy le poivre quelques grains qui ne rougissent ny noircissent point, mais
demeurent blancs ; ils les amassent, les cueillent sur la plante, le gardent, &
s'en seruent en medecine : & en la vente ils le doublent de prix: toutefois, i'entends
que ceux qui le recueillent, sçachans que les estrangers en demandent aussi pour le
mesme effect, ils trouuent l'inuention de blanchir le noir, lors qu'estant encore rouge, ils le cueillent, & apres le lauent à plusieurs eaux auec du sable, qui emporte cette pelicule rouge, qui noirciroit; & ainsi il ne demeure que le cœur du poivre, qui
de soy est blanc. Par ce discours on peut reconnoistre que le poivre ne se treuue pas
comme le sable sur le bord de la Mer, & qu'il faut que beaucoup de personnes y soient
employées pour le beneficier ; ce qui manque à present en cette Isle, qui depuis trois
ou quatre ans a esté merueilleusement desolée par ceux d'Achen, comme aussi la terre ferme de Queda, en laquelle on ne peut à present remarquer le lieu où elle fut an-
tiennement bastie ; & les habitans de cette terre & de l'Isle en sont tellement effarou-
chez, que le moindre batteau qu'ils voyent, ils s'enfuïent incontinent au sommet des
montagnes, s'imaginans que tous ceux qui abordent en leur terre sont Achéens, ou
leurs partisans ; en effet ils peuuent bien estre timides; car ils n'ont aucune deffense
pour se garantir de leurs ennemis : & depuis peu le Roy de Queda s'est mis sous la pro-
tection de celuy de Siam, que l'on dit auoir commencé d'y enuoyer quelques deux
mil hommes pour le garder, auec quelque ris, dequoy ils sont totalement desnuez,
ayans cessé de labourer : tellement qu'ils sont reduits à manger les fueilles des arbres
sauuages, & le poisson qu'ils peuuent pescher : car l'armée du Roy d'Achen a abbatu
& destruit tous les arbres fruictiers ; tué tous les buffles qui seruoient au labeur,
emporté tous leurs vstancilles, & pillé leurs biens : le Roy mesme auec ses enfans
& toutes ses richesses emmené à Achen; il ne leur reste peu ou point de moyens pour
conuier les marchands ou leurs voisins de leur apporter ce qui leur est necessaire.

Les habitans sont Malais, ils ne sont pas si cauteleux & meschans que ceux
d'Achen : ils se vestent quasi de la mesme façon, mais non si richement : ils sont

Mahometans de Religion, & fort zelez : Ils different peu en leurs couſtumes & maniere de viure de ceux d'Achen : ils font de la monnoye enuiron de l'eſtoffe des ſols de
France, toutefois d'vn peu meilleur aloy, qu'ils appellent tràs; les 32. valent vne realle, ils content par taels; mais vn tael en vaut quatre d'Achen.

Le Territoire de Queda eſt fort bon & mareſcageux, coupé de diuers ruiſſeaux ſor-
tans d'vne aſſez groſſe riuiere, en laquelle y a nombre de Crocodilles tres-grands &
mal-faiſans : Le païs a eſté autrefois tres-abondant en toutes ſortes de viures, ſpecialement en ris & grand nombre de beſtail : il eſtoit bien peuplé, & y auoit en Queda
grand abord de marchands, tant de Pegu, Aracan, Bengala, Ierzelin, que de la coſte
de Coromandel; meſme de Suratte, & des Portugais reſidants à Malaca, & meſme
de ceux d'Achen : Les ſubſides y eſtoient moderez, encore que le Roy pere de celuy
d'apreſent, & qui fut pris & emmené au Roy d'Achen, il y a enuiron trois ans, fut vn
inſigne & perfide tyran : auſſi ceux qui reſtent de Queda diſent que Dieu le punit
pour ſes meſchancetez : A la verité ce Royaume à preſent peut ſeruir d'vn notable
exemple de l'ire de Dieu; car enuiron quatre ans auant qu'il fut ſubjugué, il y eut vne
peſte ſi cruelle, qu'elle emporta plus de la moitié, meſme les deux tiers des habitans;
& dit-on qu'il mourut plus de quarante mille hômes. L'année ſuiuante la contagion ſe
mit ſur le beſtail, & commença par les Elephans du Roy, qui eſtoient en nombre de
quarante, deſquels il n'en eſchapa vn ſeul, non plus que du beſtail, n'en demeura la
huictieſme partie. La 3. année ils eurent generalement manque de ris & de fruictages,
ce qui leur apporta vne horrible famine, qui les eſpuiſa de toutes leurs richeſſes;
L'année ſuiuante le Roy d'Achen, qui ne fait qu'attendre le moyen de piller ſes voiſins, ne manqua d'y enuoyer vne groſſe armée, qui mit le ſiege deuant Queda, que
le Roy ſouſtint l'eſpace de trois mois, endurant beaucoup de neceſſité; mais les ſiens
perdans courage, s'enfuïrent où ils peurent, les autres ſe rendirent; & luy, ſe retira
auec ſa famille dans ſa maiſon qu'il auoit bien fortifiée, & enuiron 120. hommes
auec luy ſouſtindrent encore deux mois; mais ne pouuant plus tenir, les Achens eſtans obſtinez de l'auoir, encore que ce fut durant l'hyuer, & qu'ils euſſent de l'eau
iuſques à la ceinture, le Roy d'Achen leur ayant enuoyé dire qu'il les feroit tous ſci-
er en deux, s'ils n'amenoient le Roy de Queda, comme il manquoit de viures, il parle-
menta auec ceux d'Achen, qui luy promirent merueilles, l'aſſeurant que leur Roy
admiroit ſa vaillance, & que l'ayant veu, il le remettroit incontinent en poſſeſſion de
ſes terres, & qu'il l'aſſiſteroit : telles belles promeſſes firent reſoudre le vieillard, qui
d'ailleurs eſtoit bleſſé, de ſe mettre à la diſcretion du Roy d'Achen, contre l'opinion de
ſon fils, qui l'en diſſuada tant qu'il peût; mais voyant que ſon pere eſtoit fermé là,
& qu'il faiſoit ſon compte de l'emmener auec le reſtant de ſes enfans, & tous ſes tre-
ſors, affin d'auoir meilleure compoſition & reception du Roy d'Achen; il treuua moyen de s'enfuïr au deſçeu du Pere, qui ſe mit incontinent apres entre les mains de l'O-
rancaye Laxemane; qui apres auoir fait demolir la ville & le chaſteau, emmena auſſi
ce qu'il peût d'habitans, qui ſe monterent enuiron 7000. Le Roy d'Achen fit du commencement aſſez bonne reception à celuy de Queda, iuſques à ce qu'il eut entierement tiré ce qu'il auoit; & voyant qu'il ne luy reſtoit aucune choſe, ny à ſes enfans &
amis, il le fit mourir, luy reprochant ſes meſchancetez paſſées, & tout d'vn temps fit
expedier auſſi les enfans & les principaux captifs, & confina le reſte en vn endroit de
la ville aſſez eſloigné, auquel par miſere & faute de nourriture, ils ſont la pluſpart def-
faillis, & n'en peut reſter à preſent 500. qui dans de petites cahuttes trauaillent la
moitié de la ſemaine pour eux, ce qui les entretient tellement quellement : L'autre
moitié de la ſemaine, ils trauaillent aux edifices, au labourage des terres du Roy d'A-
chen, qui ne leur donne aucune nourriture, encore qu'ils trauaillent pour luy.

Le 12. d'Octobre i'ay appareillé de cette rade en intention d'aller moüiller à l'Oeſt
de la rade d'Achen, pour apprendre ſi on auroit eu nouuelles de nos Nauires; & ſuiuant icelles me reſoudre de ce que i'aurois affaire. Au ſortir de cette rade les marées
nous ont porté parmy les Iſles de Pulo Botton, qui ſont à cinq lieuës d'icy, nous a-

uons eu de la peine à nous en parer ; & il a falu laiſſer tomber l'ancre pour n'approcher trop prés d'vn rocher qui deſcouure. Ces Iſles ſont au nombre de trois, mais ac-
compagnées de beaucoup de petites : elles ne ſont habitées, ſont couuertes de grands
bois, parmy leſquels ſ'en treuue de propres pour maſter nauires : il y a ancreage par
tout, & dās la plus grande Iſle en vne couche de ſable il y a de bonnes eaux. Au partir
de ces Iſles nous auons fait routte pour terrir en la coſte de Sumatra, que nous auons
veuë le lendemain, pouuans eſtre eſloignez enuiron 50. lieuës de la Rade d'Achen, &
iuſques au 27. nous auons eu calmes ou vents contraires, & ledit iour la nuit auons approché à deux lieuës de Pulovay, vne des Iſles qui fait ladite rade : i'ay fait tout le
poſſible pour la doubler, affin de moüiller l'ancre au Oeſt de la rade d'Achen, affin de
n'eſtre trop engagé, ſi d'auanture le Roy d'Achen nous vouloit vſer de quelque ſu-
percherie, ce que mes gens craignoient fort, & les principaux de cet équipage me
conſeilloient de n'y aller point du tout ; neantmoins ie ne laiſſay de faire tout le poſſible pour doubler cette pointe ; mais les marées eſtans ſi vehementes, & par fois venant
de peſans coups de vent du Oeſt & Oeſt Noroeſt, apres auoir perdu encor 4. iournées
& m'y eſtre obſtiné en vain, & voyant que nous eſtions tombez auant le vent enuiron ſix lieuës, & qu'eſtions proche d'vne anſe de ſable à my-chemin de Pedir & A-
chen, i'y fis ſurgir, pour attendre le temps ; & ſur le ſoir, il eſt venu vn Parau à bord
de nous, dans lequel y auoit vn homme de la part du Roy d'Achen, qui venoit ſçauoir d'où nous eſtions ; car il auoit eſté aduerti qu'il y auoit Nauire autour de ſa coſte,
& auoient eu connoiſſance de nous il y a 15. iours dés que nous terriſmes ; auſſi apper-
çe ûmes nous incontinent beaucóup de feux. Ce perſonnage m'ayant reconnu, & demandé ſi ie n'eſtois pas le Capitaine des François, qui eſtoient dernierement à Achen,
me dit qu'il eſtoit enuoyé de la part du Roy, pour ſçauoir qui i'eſtois, d'où ie venois, &
ou ie pretendois aller ; me priant de le depeſcher, affin d'en faire promptement ſon
rapport. Ie luy demanday alors ſ'il y auoit long-temps qu'il eſtoit parti d'Achen, cōme
le Roy ſe portoit, quels Nauires il y auoit en la rade, & s'il y auoit force poivre à vendre : il me fit reſponſe que le Roy ſe portoit bien, & qu'vn Pilote Portugais que i'auois
penſé acheter, & qui s'eſtoit depuis fait More, luy auoit donné quelques Medecines,
qui luy auoient donné grand alegement ; que depuis peu eſtoit parti vn Nauire Holandois, & qu'il y reſtoit encor vn Anglois auec vn petit Nauire François, qui y eſtoit arriué depuis huiĉt iours : Que pour le poivre il y en auoit bonne partie entre les mains
du Roy : ayant entendu la ſanté du Roy, & qu'il y auoit des François à Achen, cela me
mit en quelque doubte, ne pouuant bonnement croire que ce fut aucun des Nauires
de noſtre Compagnie, veu l'eſpace de temps que la patache m'a quitté, à qui i'auois
donné ordre bien ample & bien exprez de me donner au pluſtoſt aduis de leurs nouuelles ; & ie creus que c'eſtoit quelque amorce pour me faire radier en la rade ordinaire d'Achen ; ce qui fut cauſe que ie luy fis demander s'il eſtoit bien aſſeuré que ce
fuſſent François ; il me fit reſponſe qu'il ne pouuoit pas bien diſcerner les Nations
blanches ; mais tant y a qu'il eſtoit bien aſſeuré qu'ils s'eſtoient aduoüez François, en
faiſant la reuerence au Roy, & qu'il y eſtoit preſent ; & m'ayant derechef demandé
d'où ie venois, ie luy fis dire qu'au partir d'Achen, eſperant aller à Bantan par la
voye de Ticou ; i'auois rencontré ſi mauuais temps que deux de mes maſts en auoient
rompu, tellement que ie fus contraint de relaſcher & chercher quelque lieu où i'en
puſſe recouurer, ce que i'auois fait dans vne Iſle ; mon Interprete qui eſt Canarin que
i'achetay dernierement à Achen, n'ayant pas plus d'eſprit qu'il luy en faut, luy dit ce
que ie luy auois commandé de dire, mais il fit dauantage, car il nomma l'Iſle, diſant
que nous auions eſté à Pulo Lancahuy pour nous remaſter ; ie fus bien marri qu'il s'e-
ſtoit tant haſté de parler ; car ſçachant bien que le Roy ſeroit mal content de ce que
i'aurois eſté là ſans luy en auoir demandé la permiſſion, i'auois deſſein de feindre ne
ſçauoir le lieu où i'auois eſté, & dire, s'il m'en informoit, que c'eſtoit vne Iſle accompagnée de pluſieurs autres, en laquelle ie n'auois trouué aucune perſonne pour
m'en apprendre le nom ; mais voyant qu'il n'y auoit plus de remede, ie continuay de

luy dire que m'y estant remasté, i'en estois party incontinent , & que ie n'y auois fait aucune traitte : Il me dit lors qu'il s'estonnoit que ie n'y auois rencontré l'armée du Roy d'Achen ; ie fis response qu'elle n'y estoit iusques alors venuë ; mais que i'auois entendu qu'elle estoit à Pera ; il me demanda si ie ne passerois pas par Achen , ie l'asseuray que ie ne manquerois d'y aller du premier temps ; & m'ayant demandé congé , ie le vis descendre à terre , & monter aussi-tost à cheual.

Et le lendemain premier de Nouembre i'enuoyay le batteau à terre tant pour acheter quelques rafraichissemens que pour auoir langue de ce qui se passe à Achen ; quelque peu apres est venu vn Parau à bord dans lequel y auoit vn homme d'Achen de ma connoissance ; ie fus tres-aise de le voir , pour l'auoir reconnu bonne personne ; il m'asseura qu'il y auoit vn petit Nauire François en la rade , & qui s'aduotioit de moy , & que ceux de dedans estoient de mon esquipage , & que deuant la venuë de ce petit Nauire , il en estoit encore venu dans vn Parau , qui s'estoit plaint au Roy de beaucoup d'outrages qu'ils auoient receus des Holandois , & entr'autres de les auoir desnuez de leurs moyens ; que le Roy leur auoit fait offre de leur faire donner de l'argent par le Commis Holandois ; mesme il me dit qu'il leur auoit deliuré quelque nombre de realles ; mais que le Roy auoit retenu le tout , & sembloit s'approprier de si peu qu'ils auoient apporté auec eux ; enfin il me dit à l'oreille que le Roy les retenoit contre leur volonté , me priant de ne parler à homme du monde qu'il m'eût aduerty de cela ; ie le remerciay de l'aduis , & luy donnay vne piece de toille le priant d'estre porteur d'vn petit mot de lettre à ceux dont il m'auoit parlé ; dequoy il s'excusa , disant que ie connoissois assez le Roy d'Achen ; que pour luy il ne se mesleroit iamais dans aucunes affaires desquelles le Roy eut connoissance ; il m'asseura neantmoins qu'il les feroit aduertir dés demain de ma venuë. Quelque temps apres nostre batteau retourna : ie demanday ce qu'ils auoient appris à terre , ils me dirent qu'ils disoient auoir en rade trois Nauires Holandois ou Angloi, sans faire mētion des François, Qu'ils n'auoient voulu vendre aucun bestail , disans que le tout appartenoit au Roy , qui leur auoit deffendu de le vendre sans son commandement : tout cela me fait grandement doubter , outre que les principaux de cette esquipage me disent haut & clair qu'il n'est conseillable d'aller à Achen , & ie crains que le Roy sçachant que ie suis en ce lieu n'arreste les nostres par de là , affin qu'ils ne me viennent aduertir de ce qui se passe : ce qui m'a fait resoudre d'aller au plustost à la rade pour tascher de les auoir , ne pouuant les abandonner parmy vne si detestable nation , & encor que i'y preuoy beaucoup de difficultez , mesme que l'on me dépeind de grands perils , ie remettray le tout à la volonté de Dieu , qui m'ayant preserué iusques à present de plusieurs autres, me garde encor s'il luy plaist de celuy-cy , & aura commiseration du reste de ce miserable esquipage.

Le 2. de Nouembre i'ay fait leuer l'ancre & appareillé en intention de louier pour attraper la rade d'Achen , nous auons esté sous voile iusques à cinq heures apres midy, endurant plusieurs grains , qui à force de porter ont fort endommagé nos voiles, specialement celles de haut , qui estans rompuës , il a fallu laisser tomber l'ancre à la pointe d'vne grande baye, dans laquelle ie pretendois surgir : Et le lendemain voyant que le vent continuoit contraire du Soroest , ie me suis deliberé de faire nettoyer le Nauire par le fonds , à ce que s'il conuenoit vser de force pour r'auoir les nostres , ou bien qu'il se falut deffendre si on nous attaquoit , le Nauire se peût mieux manier. Et la releuée preuoyant le Ciel nous menasser du temps qu'il fait pour plusieurs iours , i'ay dépesché par terre pour aller à Achen vn de mes rachetez vestu en More pour porter de mes lettres aux nostres , à ce qu'ils trouuassēt le moyen de m'aduertir de ce qui se passe en leurs affaires , leur donnant aduis du succez de mon voyage depuis mon partement d'Achen , & autres aduis que ie trouuois pour lors leur estre necessaires , addressant pourtant mes lettres aux François de quelque compagnie qu'ils fussent , ne pouuant encore bonnement m'imaginer que ce fussent des nostres , attendu que l'on me disoit que le Nauire François estoit en la rade auec son equipage , allans & venans à terre auſſi librement, que lors que i'y auois eſté, & neantmoins n'enuoyoit ſon batteau où quelque Parau pour ſçauoir en quel eſtat nous eſtions, & nous faire ſçauoir auſſi le leur : Ie promis liberté à celuy-là, s'il leur portoit mes lettres dés le lendemain matin, & m'en rapportoit la réponſe vn iour apres: & comme il ſçauoit bien les chemins, ie le mis à terre le ſoir pour marcher la nuict, afin qu'il ne fut veu ny rencontré, n'y ayant que quatre lieuës de ce lieu à Achen. Et le lendemain 4. attendant reſponſe de mes lettres, i'ay fait nettoyer le Nauire, & comme il eſtoit à la bande, ayant fait mettre tout le canon d'vn bord, nous auons remarqué vn Nauire, qui venoit vent derriere droit ſur nous, qu'eſtimions eſtre noſtre patache, mais approchant, l'auons trouué bien plus grand, & qu'il auoit le pauillon Anglois; & comme il auoit toutes voiles hors, il approchoit bien vîte : ce qui nous fit promptement remettre le canon en ſon lieu, ne pouuant rien préſumer de bien de ce qu'il nous venoit trouuer en cet endroit, qui eſt hors de routte, & ou peut-eſtre iamais Nauire n'auoit moüillé l'ancre : approchant enuiron vn quart de lieuë de nous, il a fait appareiller ſon batteau, qui eſt venu à bord apportant monſieur du Parc de l'eſquipage du Vice-Admiral; dequoy i'ay eſté bien eſtonné, n'eſperant le voir ſinon en France; luy ayant demádé d'où il venoit, & qui é-toit le Nauire qui l'auoit amené, il me dit qu'il venoit de Bátan, & que ce Nauire eſtoit Anglois, du port d'enuiron 600. tonneaux, amonitionné de 32. pieces de canon, & que monſieur Graué eſtoit dedans extrememẽt malade; que ne m'ayans treuué à Achen s'eſtoient deliberez de ſe mettre dans ce Nauire, qui retournoit à Iacatra, pour y trouuer paſſage. Ie demanday lors audit ſieur du Parc qu'eſtoit deuenu le Na-uire Vice-Admiral, puis que monſieur Graué eſtoit dans cet Anglois. Il me conta que depuis noſtre ſeparation ils auoient eu de grandes afflictions, ſpecialemẽt depuis qu'ils n'eurent nouuelles de leur batteau qu'ils auoient enuoyé à Ticou, le-quel ils attendirent douze iours eſtans moüillez en vne Iſle fort longue, qu'ils diſent eſtre vers l'eau à Ticou à vingt lieuës, qu'ils coururent iuſques à deux degrez Sud auant que la pouuoir doubler, que les Marées les portoient au Suſueſt, auec beau temps de Noroeſt pour aller à Bantan, lors que monſieur le Telier premier commis eſtant malade deſira qu'on allât à Ticou pour le porter à terre, ce qu'ils ne peurent faire durant beaucoup de temps, pendant lequel la plus grande partie de l'équipage demeura tellement affoiblie, qu'ils n'auoient moyen de mener & manouurer leur Na-uire, n'y ayant que monſieur Graué & cinq à ſix perſonnes debout : Que ſur ces en-trefaites ils furent rencontrez d'vn grand Nauire Holandois nommé le Leyden, du port d'enuiron douze cens tonneaux, d'où eſtoit maiſtre Guillaume Scouten, lequel fit mettre toute ſon amunition hors pour le combattre. Le ſieur Graué ſçachant en quelle neceſſité il eſtoit, delibera d'aller à bord de ce Nauire, pour leur demander ſe-cours; ou eſtant ledit Scouten le fit retenir, & enuoya dans deux ſiens batteaux ſoi-xante hommes auec chacun la cuiraſſe & le mouſquet : ils entrerent dans le Nauire l'Eſperance ſans qu'il leur fut fait aucune reſiſtance de ceux de dedans, qui furent bien eſtonnez quand ceux deſquels ils eſperoient du ſecours ſe ſaiſirent du Nauire comme conquis de bonne guerre, & ne ſe contentans d'auoir pillé la chambre, traiterent bar-bareſquement les pauures malades, qui couchez ſur leurs coffres, en eſtoient iettez de deſſus ſur le tillac, puis rompans les ſerrures, emportoient le peu de commoditez qu'ils auoient; enfin au bas du Nauire, ſe gorgerent des victuailles auparauant eſpargnez pour vn heureux retour, & en conſommerent la meilleure partie durant qu'ils ont eſté poſſeſſeurs du vaiſſeau. Comme ce pillage ſe commettoit monſieur Gra-ué demeuroit detenu dans le Holandois, auquel on dit qu'il auoit bien fait de venir à bord de leur Nauire, qu'auſſi bien on l'eut fait venir de force ou d'amitié, & qu'il eſtoit pris, & ſon Nauire à eux, & que ſi ſon General y eſtoit il en ſeroit de meſme.

Quelques iours apres ils rencontrerent vn autre Nauire Holandois qui auoit pluſieurs malades, ce qui les fit reſoudre d'aller en l'Iſle de Naſſau les mettre à terre. Le ſieur Graué pria qu'on mit les ſiens d'vn meſme temps audit lieu, eſperant leur fai-re recouurer ſanté; ce que les Holandois firent, mais auec tant d'inhumanité, qu'elle fait croire que cette nation n'a aucune focieté humaine, confcience ny religion : car ils jettoient les malades du haut en bas dans le batteau comme des pieces de bois, d'autres ne prenoient pas la peine de les mettre dedans, mais les traifnoient dans l'eau auec vn cordage attaché au col; entre lefquels vn ieune homme de Rouën de bonne famille nommé Decko fut traitté de la façon, encore que plain de vie, & le menerent ainfi iufques fur les roches du riuage, où il expira, leur reprochant, encore palpitant, leur infigne cruauté. Pendant ce temps le premier commis du Nauire le Leyden nommé de Vuolgue, reconnoiffant fa faute, dit à monfieur Graué, qu'il s'eftoit trompé, & qu'ayant depuis regardé fa commiffion, il auoit trouué qu'elle portoit de ne prendre aucun Nauire François, & qu'ainfi ledit fieur pouuoit retourner auec les fiens dans fon Nauire. Le fieur Graué confiderant qu'il n'eftoit pas bien affeuré auec eux; mefme qu'il auoit befoin de leur affiftance, fit du complaifant, remonftrant qu'il n'auoit efté le premier, qui en autres affaires d'auffi grande confequence fe fut abufé; qu'au furplus il le fupplioit de l'affifter de quelques matelots pour luy aider à conduire fon Nauire; ce qu'il luy accorda, moyennant que le fieur Graué promit de ne fe fouuenir de ce qui s'eftoit paffé, mefme il en fut figné quelque chofe : ainfi ledit de Vuolgue les affifta d'hommes, qui le menaçoient tous les iours de le jetter en Mer auec le reftant de fon equipage, ce qu'ils euffent fait, felon fa croyance, n'euft efté la compagnie de cet autre Nauire nommé le Horne. Quelque temps apres ils rencontrerent trois Nauires Holandois proche de Selibar cofte de Sumatra, dont l'vn auoit le Pauillon au grand maft comme Admiral, l'autre au materel comme Vice-Admiral : Le fieur Graué fut faluer le Commandeur de ces vaiffeaux dans le Nauire Admiral, où il ne fut pluftoft, que dudit Nauire on tira fur le fien, pour faire amener la baniere de France, qui eftoit arborée fur le materel; ce qui fut fait par quelques-vns qu'il enuoya dans fon batteau qui la mirent bas. Apres ce beau coup ils partirent enfemble de ce lieu pour Iacatra, où ils arriuerent en Decembre; où eftant il fut auec monfieur le Telier premier commis faluer le General des Holandois Iean Pitré Coen, & d'vn mefme temps le prierent de les affifter de quelques hommes pour aller à Bantan fuiuant leur commiffion. Le General refpondit qu'il leur deffendoit d'y aller, toutefois quelque temps apres il leur dit qu'il les affifteroit de ce qu'ils auroient de befoin, & leur donneroit permiffion d'aller à Bantan, pourueu qu'ils paffaffent par vn accord qu'il leur propofa, qu'eftans à Bantan ils tafcheroient d'auoir le plus de poivre qu'ils pourroient, moyennant vn prix limité, qui n'excedoit deux realles le fac, dont ils feroient obligez d'en diftribuer les deux tiers aux Nauires Holandois & Anglois qui feroient en cette rade : ce que lefdits fieurs accorderent, confiderans la mifere en laquelle ils eftoient : & demeurerent d'accord qu'ils acheteroient quinze mille facs de poivre, dont en y auroit 5000. facs pour eux, 5000. facs pour les Anglois, & 5000. facs pour les Holandois. Pendant ce temps arriua la patache que ie leur auois enuoyée auec vingt hommes : Ils furent lors bien marris d'auoir figné cét accord; neantmoins confiderans qu'ils eftoient defia obligez, & qu'il n'y auoit moyen de s'en defdire, ils fe mirent en effect d'accomplir leur promeffe, & furent à Bantan fur la fin de Ianuier, où ils furent bien receus du Roy, qui neantmoins ne leur voulut permettre d'achepter du poivre, d'autres que de luy, & le vouloit vendre quatre realles le fac.

Pendant qu'ils eftoient fur ce marché, les Holandois contre leur promeffe, durant le fejour des noftres à Bantan, enuoyerent des barques efquipées en guerre par diuerfes fois en la rade, efcarmouchans & pourfuiuans les Iauans iufques à la portée du canon de leurs murailles; puis retournoient fur le Nauire l'Efperance; ce qui ne fe faifoit fans vne premeditée mefchanceté, à ce que ceux de Bantan voyans que le Nauire François receuoit leurs mortels ennemis, ils maffacraffent ceux qui eftoient dans la ville en leur pouuoir : neantmoins ils n'en receurent pour cela plus mauuais traitement du Roy de Bantan, encore qu'ils n'en euffent moins de crainte. Seulement le Pangaran ne voulut rien baiffer du prix par luy propofé; de forte qu'il fen aduertirent les Holandois, & qu'ils donnaſſent reſponſe, s'ils en deſiroient à ce prix où non, dequoy ils n'eurent aucune reſolution : Quoy voyant ils delibererent d'acheter au prix courant, & charger le Nauire pour s'en retourner en France : pendant que que l'on y trauailloit ils receurent lettres du Preſident des Holandois, par leſquelles il mandoit qu'il ne deſiroit du poiure au prix qu'ils l'auoient achepté ; ils ne laiſſerent pourtant de leur preſenter part de ce qu'ils auoient receu, ce qu'ils ne voulurent : toutefois vn Nauire Anglois en receut quelques cent cinquante ſacs qu'il ne paya pas ; Le ſieur Graué ne receuant argent des Anglois ny des Holandois, & n'ayant aſſez d'argent pour accomplir la promeſſe de l'achapt de 15000. ſacs qu'il auoit fait auec le Pangaram de Bantan, delayoit, ne ſçachant à quoy ſe reſoudre ; ioint qu'en ce temps le ſieur Telier premier commis vint à deceder : le Roy preſſant qu'on priſt ſon poiure qu'il auoit deſia fait venir en la maiſon du ſieur Graué, le retira, voyant qu'on ne le paioit point, & qu'il n'y auoit gueres d'apparence qu'il en peût porter beaucoup dauantage, que ce qu'ils auoient receu : Graué le pria pourtant de luy laiſſer 2000. ſacs, ce qu'il ne voulut s'il ne prenoit toute la partie accordée : ainſi n'en pouuant auoir du Roy, ils eurent le reſtant de leur charge du ſieur Limonné, commis pour meſſieurs de la compagnie de S. Malo à Bantan, qui prit en payement la parache l'Hermitage au prix de 1500. reales, auec quelques marchandiſes & argent : ainſi du tout chargez ils ſe mirent en effeſt de retourner à la patrie : mais 3. Nauires moüillez proche d'eux leur firent commandemẽt d'aller à Iacatra, ou eſtans il leur fut fait autre commandement de décharger de leur Nauire les deux tiers du poivre, qu'ils auoient traitté à Bantan, à quoy le ſieur Graué reſpondit qu'il ne pouuoit, attendu que par lettres qu'il leur montroit, ils auoient renoncé à l'accord, diſans n'en vouloir au prix qu'il l'auoit acheté. Il n'eut autre reſponſe que de luy faire deffenſe de partir de la rade de Iacatra, qu'il n'eut liuré les deux tiers de ſon poivre, & à l'inſtant firent moüiller 7. ou 8. de leurs Nauires à portée de piſtolet du Nauire l'Eſperance, & lors que le ſieur Graué fut à terre ils l'arreſterent, luy diſans qu'il ne retourneroit en ſon Nauire, qu'ils n'euſſent ce qu'ils demandoient, & commencerent à le décharger eux-meſmes, ſans que l'equipage du Nauire l'Eſperance y mit la main : & ſur ce qu'ils commandoient à ceux dudit eſquipage d'agrandir les eſcoutilles pour en tirer le poivre plus aiſément, & qu'il leur fut reſpondu que cela ne ſe pouuoit faire ſans démolir le tillac, & qu'ils pouuoient bien tirer le poivre par où il eſtoit entré, ils repartirent qu'auant peu de temps elles ſeroient bien plus grandes. Comme le ſieur Graué eſtoit à terre, il proteſta de tous deſpens, dommages & intereſts contre les Holandois ; tant de leur iniuſtice, que de ce qui luy pourroit arriuer durant ſon retardement, ou à l'occaſion d'iceluy.

Quelque peu apres la nuit eſtant fort obſcure, on vit vn Parau qui venoit d'où eſtoient moüillez les Nauires Holandois, qui approchant de l'arriere du Nauire y tarda quelque peu de temps, puis en eſtant eſloigné à vne portée de mouſquet, vn de ceux de dedans cria en Malaye, que le feu deuoroit le Nauire ; & en vn inſtant quelques-vns qui eſtoient dans la chambre ſe ſentans eſtouffez de fumée, crierent au feu, incontinent on accourut, mais il eſtoit deſia ſi aduãcé, qu'il fut impoſſible de l'empeſcher de ſe mettre dãs les artifices, deſquelles n'y auoit moyen d'aborder ; l'equipage des Holandois ſe mettãt parmy ceux de nôtre equipage, fut occaſion qu'ils ſe jetterent dans le batteau, abandonnans le Nauire. Les vaiſſeaux des Holandois furent veus incontinent ſous voile, ayans ja commencé à deshaller du precedent, qui fit apparemment conoiſtre l'effet de leur malice, veu que ces Nauires n'auoient voilles en vergue le iour, & vn grand Nauire Anglois nommé le Charles, qui ſans doute n'eſtoit aduerti de cette menée, fut tellement ſurpris, qu'il ne peût bouger toute la nuiſt du lieu où il eſtoit : Vne autre preuue parmy pluſieurs autres qui confirme cette verité, eſt qu'eſtant rapporté au Preſident de Iacatra par vne ſentinelle, qu'il y auoit vn Nauire qui bruſloit, il ne s'en leua ny bougea aucunement, diſant qu'il ſçauoit bien que c'eſtoit le Nauire François : dauantage le ſieur Graué enuoyant le lendemain matin

ſix

fix Paraus pour fauuer quelque chofe du Nauire , les Holandois qui eftoient à l'entour les en empefcherent , difans que le tout leur appartenoit ; tellement qu'ils ont fauué tout le poivre & mis dans leurs magazins, comme auffi toute l'artillerie; mefme la coffe ou corps du Nauire qu'ils ont vendu au fon du tambour. Le fieur Graué ainfi defnué de Nauire demanda quelque fecours pour efquiper vn Parau afin de me venir trouuer à Achen, ayant entendu que i'y eftois encore ; ce qui luy fut dilayé : neantmoins on l'enuoya auec 15. ou 16. hommes dont le Capitaine du Bucq eftoit l'vn:& luy huict ou dix iours apres s'embarqua auec quelques-vns des fiens dans la patache de monfieur de Limonney pour s'en venir à Achen : Le Parau y eftoit arriué dés la fin d'Aouft, qui fut arrefté par le Roy d'Achen auec tout ce qu'ils auoient : La patache n'y eftoit arriuée que depuis 4. à 5. iours; dans laquelle le fieur Graué ayant gagné vne dangereufe maladie, voyant que ie n'eftois point à Achen, n'y auoit voulu demeurer dauantage : & ayant trouué la commodité de ce nauire Anglois, s'y eftoit embarqué pour chercher paffage en Iacatra. Comme i'entendois ces mauuaifes nouuelles ledit fieur fut apporté ceans extremement malade : ie le fis mettre dans ma chambre ayant vne groffe fievre ; neantmoins il me ratifia à peu prés & en fort bons termes le contenu de ce que deffus le Patron Beruile & le Pilote Telier de Dieppe y eftans prefens auec quelques autres.

Le Vendredy 5. Nouembre i'ay fait leuer l'ancre, pour aller à la rade d'Achen,& la releuée nous auons apperceu deux Nauires, l'vn Holandois & l'autre Anglois , & le mefme qui auoit apporté monfieur Graué : le lendemain ces Nauires ont moüillé l'ancre affez vers l'eau de la rade : & pour moy i'ay fait tomber l'ancre entre cinq Nauires Mores qui eftoient en cette rade, affin que fi le Roy faifoit difficulté de rendre mes gens d'amitié, ie luy peuffes faire faire par force : Nous n'y auons guieres efté, que les chappes du Roy ont efté à bord des Nauires, & entr'-autres au mien : l'Enucque me dit que le Roy me mandoit, que ie fuffes le bien-venu; & qu'il me prioit de defcendre à terre : Ie dis là deffus que c'eftoit chofe que ie ne pouuois faire pour ne m'y pouuoir confier, veu qu'il auoit arrefté mes gens comme des voleurs, & pris le peu qu'ils auoient fauué d'vn miferable Nauire bruflé : que le Roy au lieu de les confoler les auoit affligez ; que c'eftoit bien mal reconnoiftre le feruice que les François luy auoient par cy-deuant voüé, & moy particulierement plus que les autres; que luy ayant apporté lettres & prefens de la part du Roy de France , & m'ayant fait porteur de la refponfe, ç'euft efté la chofe ou i'euffes le moins penfé qu'il eut mal traitté mes gens de la façon.

Ils me dirent alors tous d'vne voix, que le Roy auoit efté trompé en cela,& auoit efté tres-marry de les auoir pris comme voleurs ; mais qu'il auoit creu le rapport qu'on luy auoit fait que c'eftoit des Portugais fes ennemis, qui auoient fait rauage le long de fes coftes ; mais qu'il ne les tint long-temps en cette qualité;& les ayant reconnus eftre à moy , leur auoit incontinent donné liberté & fait rendre leur argent : il eft vray il ne les auoit voulu laiffer aller auec les Holandois & Anglois, difant que c'eftoient mefchantes gens,qui auoient enuie de ruïner tous les François qui viendroient par deçà , & que f'ils fe mettoient dans leurs Nauires, qu'infailliblement ils les jetteroient dans la Mer : Qu'ayant fait amitié auec le Roy de France , il craignoit qu'il ne fut marry qu'il eut remis fes fujets entre les mains de leurs mortels ennemis; & que fon intention eftoit que le premier Nauire François arriuant en fes terres , il les remettroit entre les mains du Capitaine.

Ie repliquay que les François eftoient bien aifez à difcerner d'auec les Portugais, & que les Holandois & Anglois les connoiffoient bien, fi d'auanture le Roy ne les connoiffoit : que i'eftois bien aduerty que le Roy leur auoit fait rendre quelques realles ; mais non pas la valeur de 2500. realles en mufc , pierreries, bezoard, corail & autres chofes : Ils me dirent que le Roy payeroit bien cela. Ie dis que ie ne me fierois pourtant à luy,qu'il ne me renuoyaft tous mes gens: Ils s'offrirent alors de demeurer tous dans le Nauire pour ma feureté. Ie dis que ie ne traittois auec le Roy comme auec vn

Seconde Partie.   5 M

ennemy, n'en ayant aucune commiſſion du Roy de France : que lors que tous les
miens ſeroient à bord, i'irois receuoir ſes commandemens, & qu'il ne faloit eſperer
que i'y allaſſes autrement : ils me dirent qu'ils feroient rapport de cela au Roy, & me
demanderent le droit de leur chappe : ie les en refuſay, diſant que ie ne venois trafiquer en ce lieu, & qu'ils ne s'attendiſſent que ie payaſſes quatre cens realles d'ancreage pour le Roy, & deux cens pour ceux de l'Alfandegue : comme i'auois entendu
qu'il auoit ordonné, que les Nauires payaſſent lors qu'ils viendroient en la rade, &
cela depuis mon partement ; ainſi ils s'en allerent, & monſieur de Lymmoney, le ſieur
André Ioſſet Commis pour meſſieurs de la Compagnie de S. Malo, à qui monſieur
Graué auoit vendu la patache, me vint voir, & me ratifia tout ce que le ſieur Graué, du Parc, & autres de l'equipage du Nauire l'Eſperance m'auoient rapporté des
meſchancetez & outrages que les Holandois leur auoient fait.

Le Samedy 6. de Nouembre auant le iour, les Nauires Anglois & Holandois ont
appareillé pour ne payer la chappe, ce qu'ils n'ont veritablement fait ; mais leurs
commis à terre l'ont payée pour eux ; quelque temps apres la chappe eſt reuenuë, auec
mes gens, ainſi ſuiuant ma promeſſe i'ay deſcendu à terre auec le ſieur de Limonney ; & comme il eſtoit tard, nous n'auons parlé à l'Orancaye qui nous auoit attendu quelque temps à l'Alfandegue.

Le lundy 8. ſont arriuez dix grands Paraus de Ticou chargez de poivre pour le Roy,
lequel n'a baiſſé pour cela, au contraire l'a remonté, & vaut à preſent 40. realles par
la ville, & le Roy a deffendu derechef aux Anglois & Holandois d'acheter que par ſes
mains, & impoſé encore quelques ſubſides, de façon qu'il empire iournellement par-
deçà.

Le Mardy 9. deux heures auant le iour eſt decedé monſieur Graué Capitaine du
Nauire l'Eſperance, il eſtoit atteint d'vne vehemente fievre cauſée de faſcherie, & a
eſté enterré à Achen. Ce iour meſme ſont arriuez deux Nauires de Manſulipatan,
l'vn deſquels eſtoit celuy de Peribey, dans lequel i'auois enuoyé Franciſco Carnero
qui eſt auſſi retourné.

Le Roy m'a enuoyé demander par diuerſes fois, i'y allay le 24. à grand peine
parce que i'eſtois tombé malade. Il me fit de grandes complaintes de ce que ie ne l'e-
ſtois venu voir pluſtoſt : ie m'excuſay ſur mon indiſpoſition, joint que i'auois entendu
qu'il eſtoit faſché contre moy ; ce qu'il auoit fait paroiſtre, quand ils auoient retenu &
deualizé mes gens : il me dit qu'il n'auoit point eſté faſché contre moy, & que les Holandois & Anglois auoient fait courir des bruits qu'il ne faloit pas croire, & que ces
Nations deſiroient eſtre ſeules par-deçà, & nous en chaſſer par quelque moyen que ce
fut ; que pour le fait de mes gens c'eſtoient perſonnes qu'on luy auoit rapporté eſtre
voleurs & rodans le long de ſes coſtes ; mais qu'ayant ſçeu qu'ils eſtoient à moy, il les
auoit incontinent remis en liberté, & qu'il ne les auoit voulu mettre entre les mains
des Holandois & Anglois, ſçachant que c'eſtoient mes ennemis, qui en cette conſideration, les pourroient jetter en la Mer, & qu'il craignoit que le Roy de France ne
trouuaſt mauuais, qu'il eut remis ſes Sujets entre leurs mains, meſmes ne les auoit
voulu laiſſer aller dans leur Parau, craignant qu'ils ne ſe perdiſſent ; qu'il s'eſtoit reſolu de les garder iuſques à ce que quelque Nauire François fut arriué ; & moy eſtant
venu le premier il s'eſtonnoit comme ie ne m'eſtois fié ſur ſa parolle de le venir auſſi-
toſt voir, & que ie n'auois voulu deſcendre à terre, qu'ils ne fuſſent premierement
à bord de mon Nauire.

Ie reſpondis qu'ayant ſçeu qu'ils auoient eſté arreſtez & traittez comme ennemis,
cela m'auoit donné vn ſoupçon qu'on luy eut donné quelque faux aduis de moy, ce
qui fut cauſe que ie ne voulus venir la premiere fois ; qu'au ſurplus ie le remerciois de
ce qu'il m'auoit renuoyé mes gens : il me dit lors qu'il leur auoit donné permiſſion de
me viſiter, mais non d'y demeurer comme ils auoient fait, & que c'eſtoient gens perdus & abandonnez, & ainſi eſtans venus à ſon port ils luy appartenoient.

Ie ne fis réponſe à cela, craignant qu'il ne me voulut faire quelque querelle d'Alle-

mǎn, si ie luy repartois comme la raison & la verité le permettoit, & iugeay qu'il me
tenoit aussi ce discours, affin que ie ne luy demandasse ce qu'il leur auoit osté : neantmoins ie m'imaginois luy joüer auant peu de temps vn tour, dequoy il ne se douteroit
point, & qu'il ressentiroit grandement; mais toute la difficulté estoit que Limonney
estoit icy auec la patache que ie ne pouuois emmener, iceluy n'estant de nostre compagnie. Cõme le Roy m'apperçeut songeant, il me dit que ie ne me faschasse point,
& qu'à present il me les donnoit, encor que cela m'affligeast qu'il me vouloit obliger
de ce qui ne luy appartenoit pas, ie dissimulay le remerciant; puis me tenant diuers
discours sur mon voyage, & sur les nouuelles du païs d'où ie venois, il me donna congé, disant qu'il reconnoissoit bien que i'auois esté fort malade, & que ie l'estois encore, dequoy il disoit estre tres-marry, & m'ayant conseillé quelques medecines, que ie
luy promis prendre, ie me retiray chez nous bien mal content, qu'il prenoit vn mauuais chemin de rendre le peu de bien que les nostres auoient apporté, qui se mõtoit
pourtant bien prés de la valeur de deux mille realles : & ie m'imaginois qu'il estoit
bien aisé de donner sur les doigts de ce perfide; mais il faloit qu'il n'y eut point de
François par-deçà; ce qui fut cause que ie sollicitay le sieur de Limonné de se retirer
le plus promptement qu'il pourroit d'icy, luy remonstrant la meschanceté de ce Roy,
lequel apres m'auoir fait tant de protestations d'amitié, auoit ainsi mal traitté ceux
qui deuoient estre sous son obeïssance aussi asseurez qu'en France, & que si ie ne fusses reuenu, ils estoient demeurez malheureusement esclaues; car il ne les luy eut iamais deliurez, sçachant le peu de forces qu'il auoit, & que i'aurois craint aussi qu'il ne
luy eut jolié vn mauuais tour, si ie ne fusses arriué. Il me dit alors qu'il en auoit quelque doubte auant mon arriuée, mais qu'à present il n'y reconnoissoit aucun danger, & qu'il auoit des marchandises à vendre icy, dont il ne se pouuoit si tost deffaire.

Apres qu'il m'eut fait cette réponse ie pris resolution d'essayer encores, si ie pourrois auoir permission d'aller à Ticou; puis que le peu qu'il me restoit icy à employer,
ne se pouuoit faire sans grande perte, à l'occasion des toilles de cotton que i'auois achetez pour Queda, sur lesquelles y auroit à perdre, sçachant que necessairemét il faudroit
que ie m'en defisse, & les marchands d'icy n'estoient ignorans que i'en eusse dauantage, il n'y auoit aucun moyen d'acheter du poiure à l'occasiõ que le Roy auoit fait mettre des gardes aux maisons de ceux qui en auoient, & ne donnoit licence à aucun d'en
acheter; ainsi ie fus trouuer l'Orancaye Laxemane, auquel ie proposay mon dessein,
luy faisant offre d'vn diamant s'il me procuroit cette licence. Il me dit que cela se
pourroit faire, pourueu que ie fisse present de quelque beau diamant au Roy, qui
pour lors en estoit grandement passionné. Ie luy montray lors vn diamant brut pesant
enuiron douze grains, dont ie destinois faire present au Roy, & vn autre taillé en taille
foible pesant enuiron cinq grains pour luy; il me dit qu'il les montreroit au Roy, mais
qu'il doutoit fort que cela ne fut suffisant pour obtenir cette permission, m'asseurant
au surplus d'y faire son possible. Ces diamans auoient esté apportez par Francisco
Carnero, que i'auois retiré de luy sur ce que ie luy auois déliuré pour faire son voyage de France, Mais le lendemain l'Orancaye me les renuoya, m'aduertissant que le
Roy en auoit eu depuis peu des Anglois de plus grands, & à fort bon compte, qui
auoit esté occasion qu'il n'auoit fait aucune estime des miens, mais que si ie pouuois recouurer quelque chose de rare, que sans doubte i'obtiendrois ce que ie desirois : cela me fit en faire recherche, & en achetay deux de Peribey, nouueau venu de Man-
sulipatan, l'vn pesant 18. grains foible taille en lozange, mais parfaitement beau &
mis en œuure à son auantage qui me cousta 550. realles, & vn autre d'enuiron 9. grains
taillé en pointe qui me cousta 120. realles pour donner à Laxemane. Les ayant en
mon pouuoir les luy monstray, qui me dit n'estre encor certain que cela le contenteroit, toutefois que ie ne pouuois moins faire que de les presenter moy-mesme, &
qu'en son particulier en feroit estime au Roy, ainsi qu'à la premiere commodité ie cõ-
mençasses moy-mesme à ouurir ce negoce, affin que ie ne creusse qu'il y voulut preté-

dre aucun intereſt particulier , & que ie ne diſſe comme i'auois deſia fait , qu'il me
vouloit faire acheter cette permiſſion bien cher. Cela me fit reſoudre d'accompagner le ſieur de Limoney lors qu'il porteroit ſon preſent au Roy, qui ſe monte à la valeur de 600. realles : apres pluſieurs diſcours en preſence du ſieur de Limoney, fis ma
requeſte , à ce qu'il me voulut donner permiſſion d'acheter 300. bahars de poivre à
Ticou : le Roy me fit reſponſe à l'accouſtumée, qu'il auoit là beaucoup de marchandiſes, & que ie luy ferois tort à la vente d'icelles, enfin me remit dans 4. ou 5. iours à me
donner reſolution là deſſus ; cependant ie remarquay que l'Orancaye ne m'y aida
gueres, & qu'il n'exalta le preſent que ie luy pretendois faire , comme il m'auoit promis , ny remarquay que le Roy en eut oüy parler , ce qui fut cauſe que ie ne les monſtray pour lors, m'imaginant vn autre moyen , aſſauoir d'employer encore l'orfevre Quilin qui parloit bien plus aſſeurément que l'Orancaye, & faiſoit entendre
au Roy ponctuellement mon deſſein : parquoy le lendemain le priay de dire au
Roy que i'auois quelques pierreries à luy faire voir, ſans luy dire que ce fut pour vendre ny donner, & que s'il trouuoit à propos , il luy pouuoit dire qu'il luy ſembloit que
moyennant icelles i'eſperois auoir licence d'aller à Ticou. Ie fis cela, m'aſſeurant que
dés que le Roy ſçauroit que i'aurois des diamans il les voudroit voir, & qu'alors ie luy
ferois vne nouuelle requeſte , qui aſſaiſonnée d'icelles pierres pourroit eſtre à ſon
gouſt.

Et le 29. de ce mois le Roy ne manqua de me mander ſur le ſoir, n'y ayant lors auec
luy que quelques orfeures , & le Quilin qui me ſeruoit d'Interprette. Le Roy me
demanda auſſi-toſt à voir vn diamant qu'il auoit entendu que i'auois. Ie luy monſtray
le grand qu'il contempla fort, & me demanda le prix que ie luy voulois vendre. Ie luy
dis que ie luy en faiſois vn preſent, pouruen qu'il luy pleût me permettre de ſejourner
quelque temps à Ticou pour acheter enuiron 300. bahars de poivre : Il me dit que ſi
les Holandois luy offroient trente mille realles pour traitter en ce lieu qu'il ne les ac-
cepteroit pas , toutefois qu'il m'accordoit d'y ſejourner 20. iours , moyennant que ie
luy donnaſſe encore vn diamant pareil à celuy-là. Ie luy dis que ie n'en auois point,
n'y en pourrois non plus recouurer : Il me dit que i'en cherchaſſes ; ie l'aſſeuray auoir
fait recherche de ce que i'auois peû trouuer de plus beau pour luy preſenter : Il me
demanda de voir celuy que i'auois fait voir à l'Orancaye. Ie luy mis entre les mains,
puis me fit jurer ſi ie n'en auois plus, & ſi ie ne ſçauois perſonne qui en eut vn pareil
au grand que ie luy auois preſenté, ie l'aſſeuray que non. Il me dit que ie luy donnerois donc vne piece de canon, ce qu'il accompagna d'vn long diſcours pour m'y faire condeſcendre. Ie l'en refuſay pourtant, luy repartant fort reſpectueuſement ſur
pluſieurs faueurs qu'il diſoit m'auoir faites. Il me dit lors que ie luy pouuois bien accorder cette piece, veu que le Roy de France m'en auoit fait deliurer quatre pour luy
preſenter. Ie luy dis que ceux qui luy auoient fait ce rapport eſtoient d'effrontez
menteurs & grands ignorans, leſquels ie luy ſupliois n'entendre point à mon preiudice, & que ie ne ſuis ſi mal-aduiſé de retenir aucune choſe de ce que le Roy de France luy auroit non ſeulement enuoyé, mais à qui que ce fut, & que ce ſeroit eſtre ennemy de ma vie , que de retenir des preſens que le Roy de France deſtineroit de faire;
lequel en eſtant aduerti, ne manqueroit à me faire punir rigoureuſement : Que pour
luy faire paroiſtre l'ignorance & menſonge de mes accuſateurs, ie luy prouuerois que
le Roy de France n'a aucunes pieces de fer, & que tout ſon canon eſt de bronze; qu'au
ſurplus s'il luy plaiſoit faire comparoiſtre mes accuſateurs en ſa preſence, qu'il verroit
que ie leur ferois aduoüer leur menſonge : Ie luy dis cela de propos deliberé, eſperant
qu'il deût faire venir ce renegat de ſainte Agathe qui eſt de preſent icy , ayant eſté
bien aduerti au precedent qu'il auoit auancé cette menterie, ce miſerable faiſant du
pis qu'il pouuoit à ceux de ſa nation, s'eſtant fait More huict ou dix iours apres qu'il
m'eut quitté à Ticou, n'ayant oſé venir en ce lieu durant que i'y eſtois, & ſçachant
que i'en eſtois party y eſtoit venu, & marié auec vne cuiſiniere du Roy, qui luy a donné quelque petite portion de terre pour ſemer du ris , qui n'eſt ſuffiſante le nourrir vn

mois de l'année. Le Roy me dit qu'il croyoit ce que ie difois, m'ayant reconnu veritable en beaucoup d'autres chofes, mais que cela n'empefcheroit point qu'il
n'eut vne de mes pieces de canon, & qu'il en auoit de toutes les nations qui eſtoient
venuës en Achen, horſmis des François, & que ie ne l'en deuois refuſer: Ie le fuppliay ne m'en defournir, veu que i'auois beaucoup d'ennemis, & que ie fçauois qu'il
y auoit quelques Nauires proche de Ticou. Il me repartit que ie n'euſſes aucun doute
des Holandois eſtant à Ticou, & que s'ils me faiſoient quelque tort, ils auoient icy
leur facturie qui valoit bien la charge de mon Nauire. Voyant qu'il eſtoit fermé fur
cette demande, & qu'il retomboit fur le doubte que les quatre pieces de canon luy
appartenoient; luy accorday afin de ne rompre ce qui eſtoit defia fi bien encommen-
cé: ainſi il appella l'Orancaye Laxeman auquel il compta ce qui s'eſtoit paſſé pour le
fait dudit Ticou, & les conditions, à ce qu'il en fit la depefche, qu'il m'aſſeura deliurer en bref: apres cela le Roy me fit pluſieurs demandes touchant les affaires du
fieur Limonney, s'informant bien particulierement de ſes forces, de la valeur de
ce qui eſtoit dans ſon Nauire; puis me conſeilla de l'emmener quand & moy en
France, & que ie ne laiſſaſſe auec vn fi petit vaiſſeau à l'abandon de tant d'ennemis,
comme eſtoient les Portugais, les Anglois & Holandois; meſmes que les Mores
pourroient attenter fur luy; & qu'il n'y auoit fi petit Roytelet dans les Indes, qui ne
le furprint auec 80. ou 100. hommes; enfin que c'eſtoit vne homme perdu, s'il ne ſe
retiroit auec moy: que l'affection qu'il portoit aux François luy faiſoit me conſeiller
cela, m'admoneſtant, comme ſon frere, & encore qu'il ſçeut bien que ledit fieur ne
fuſt ſous mon obeyſſance, neantmoins que i'en deuois auoir autant de ſoin comme
des miens propres, puis qu'il eſtoit François: que i'auois fait paroiſtre l'affection que
les Chreſtiens ne demeuraſſent captifs ſous le pouuoir des Mahometans, ayant rachepté pluſieurs Portugais qui ne m'eſtoient non ſeulement amis, mais pluſtoſt ennemis; qu'à plus forte raiſon ie deuois procurer que tel accident ne ſuruint aux ſujets
de mon Roy qui eſtoient mes compatriotes, & outre cela de ma connoiſſance: Apres
l'auoir remercié de l'honneur qu'il me faiſoit de m'admoneſter de la ſorte, & de l'affection qu'il diſoit porter aux François, & loüé grandement ſon conſeil, que i'approu-
uois tres-neceſſaire au fieur de Limonney ie pris congé, fur ce que la nuiſt eſtoit fort
aduancée, & le lendemain fus treuuer ledit fieur de Limonney, auquel ie contay tout
ce diſcours.

Le 5. de Decembre ayant enuoyé pluſieurs fois chez l'Orancaye pour auoir ma dé-
pefche, & voyant que rien ne comparoiſſoit, i'y fus moy-meſme, qui m'ayant apporté
pluſieurs excuſes, & me remettant encore dans huiſt ou dix iours, ie fus m'en plaindre
au Roy, qui me dit que ie donnaſſe vn diamant à l'Orancaye, comme ſ'il auoit eſté accordé du commencement. Ie reparty qu'à la verité i'auois promis deux diamans que
ie luy auois auſſi déliurez, & dauantage vne piece de canon. Il m'alla lors ramenteuoir le don que le Roy de France luy en auoit fait encore de trois autres, que cela n'e-
ſtoit beau ny honeſte, que ie faiſois des conditions auec luy moyennant ce qui m'a-
uoit eſté deliuré pour luy deliurer, qu'il ne me ſçauoit beaucoup de gré de ce que ie
luy auois cy-deuant preſenté, veu que rien ne venoit de ma part; & que ſans la conſideration du Roy de France qui luy auoit enuoyé vn baju de fer & autres armes
dequoy il faiſoit beaucoup d'eſtat, il ne m'auroit rendu mes gens qui luy appartenoient, veu qu'abandonnez ils s'eſtoient ſauuez aux terres de ſon obeyſſance, qu'au
ſurplus ie parlaſſe audit Laxemane pour ma depefche, & qu'auſſi-toſt qu'elle ſeroit
preſte il la feroit ſeeler. Ie fus donc chez l'Orancaye bien picqué, auquel ie fis entendre me repentir de l'auoir employé & prié pour cette affaire qu'il m'auoit traînée
en longueur, comme toutes les autres que i'auois eu par deuant luy, & que le Roy
m'auoit aſſeuré que s'il auoit dreſſé ma depefche, il l'expediroit incontinent: il me dit
lors que ie ne luy diſois tout, & qu'il ſçauoit bien que le Roy m'auoit tenu d'autres diſcours; que pour luy il eſtoit honteux de me voir venir fi ſouuent chez luy pour eſtre
depefché, qu'il n'y auoit nul pouuoir, comme par cy-deuant il m'auoit ſuffiſammene

aduerti, que le Roy ne confioit ses lettres ny depesches à aucun ; qu'il auoit ses escriuains dans le Chasteau, qu'il leur dictoit luy-mesme ce qu'il auoit enuie d'escrire ;
qu'en son particulier il ne pretendoit nul interest de moy touchant l'octroy du trafic
de Ticou, veu qu'il ne m'y pouuoit aider ; que le diamant que le Roy m'auoit ordonné luy deliurer seroit incontinent remis en ses mains, & en ma presence, si i'y voulois prendre garde ; enfin il me conseilloit, puis que ie desirois sortir promptement d'i-
cy, de chercher quelque moyenne pierre qui acheueroit indubitablement l'affaire :
que le Roy auoit esté bien aduerti que ie luy retenois quelque canon, dequoy il ne
faisoit beaucoup d'estat pour en auoir assez d'autres, & que si i'en auois affaire il m'en
assisteroit ; que i'en vendisse plustost vne piece pour auoir vn diamant, & que ie fisse
estat de luy auoir donnée ; ie me mis en deuoir de luy oster cette opinion touchant le
canon, l'asseurant que ie n'en vendrois à quelque prix, ny en donnerois encor moins,
en ayant de besoin ; neantmoins considerant que ie n'aduancerois rien & que ie per-
drois le temps qui me pressoit, outre la despence que ie faisois ; ie luy donnay vn des
diamants que le Portugais auoit apporté pezant enuiron six grains, le priant de porter quelques paroles au Roy touchant ce qu'il auoit retenu de mes gens, qui me pres-
soient de luy faire rendre : que ce seroit vne honte pour le Roy d'Achen, quand on
entendroit qu'il auroit retenu le peu de bien de ces malheureux qui l'auoient sauué
d'vn triste embrazement ; qu'ils n'auoient aucuns moyens d'achepter quelques estof-
fes & victuailles pour vn si long voyage, qu'estoit le retour en France ; auquel lieu
ils donneroient vne tres-mauuaise reputation au Roy, laquelle ie ne pourrois empescher de paruenir aux oreilles de sa Majesté de France, qui ne l'auroit en telle e-
stime que du precedent : il me dit qu'il luy en parleroit, mais que ce seroit vne affaire qui traîneroit bien en longueur, & qu'il ne m'asseuroit qu'elle reüssiroit à mon contentement.

Le 8. de Decembre n'entendant parler dauantage de ma depesche pour Ticou, ie
voulus donner occasion à l'Orancaye de parler, & sur cela demander mon congé &
ma lettre : ie fis donc pour ce sujet mettre à flot le Parau dans lequel estoit venu le Capitaine du Buc, il n'y fut pas plustost que l'Orancaye m'enuoya deffendre de l'enleuer. Ie le fus trouuer à l'Alfandegue, & luy demanday l'occasion pourquoy il me deffendoit d'enleuer vne chose qui m'appartenoit, mes gens l'ayans acheté à Iacatra ; il
me dit qu'il faloit le demander au Roy ; à cela ie luy reparts qu'il le demanda donc,
puis qu'aucun des Interpretes n'en vouloit ouurir la bouche, & que lors que i'en par-
lois ils demeuroient muets comme poissons ; il me promist qu'il en parleroit ; & que
le lendemain ie fusse voir le Roy, ce que ie fis : il estoit lors fort en colere ou bien le
faisoit paroistre ; il auoit fait estropier deux de ses principaux Enucques, ainsi mon
Interprete n'oza parler du Parau, encor moins de ce que le Roy retenoit de mes
gens, neantmoins ie luy fis demander ma lettre, qu'il me remist encor au lendemain,
m'aduertissant que ie laissasses Houppeuile auec le sieur de Limonnay, autrement
que cette lettre n'auroit aucun effet, à l'occasion qu'il auoit encore quelques ouurages à faire acheuer : ie luy dis que ie n'estois certain si Houppeuille voudroit demeurer auec le sieur de Limonnay ; toutefois que s'il en auoit la volonté, ie ne l'empesche-
rois pas. Et le lendemain estant retourné au chasteau il m'a déliuré la lettre, qui chan-
te qu'il me donne liberté de trafiquer à Ticou l'espace de vingt iours, enioignant au
Roy & au Pangoulou Lima ou Gouuerneur dudit lieu de m'assister en cette Traitte, à
ce que ie puisse en bref employer mon argent & marchandises en poivre, dequoy ils
me feront payer les droicts accoustumez, ne me permettant cette traitte plus auant
que le terme expiré & à moy accordé : il m'asseura derechef que si i'emmenois Houppeuille orfevre, qu'elle me seroit inutile : ie luy fis response que ie ne pouuois forcer
les François de demeurer contre leur volonté par deçà : il me dit que ie ne les y laisserois pas, mais auec le sieur de Limonney ; & comme ils n'auoient laissé entrer mon
Interprette, ie ne repartis dauantage là dessus ; & m'adressant au Sabandar qui m'a-
uoit fait entendre ce que dessus, ie luy dis que mes gens m'importunoient de deman-

der au Roy ce qu'il leur retenoit; que ie le fuppliois de me declarer fa volonté là deffus: le Sabandar me repartit que ie ne parlaffes pas de cela, & que ce qui eftoit pafsé ne
fut ramenteu: Ie luy dis qu'il fit entendre ce que ie difois au Roy, qu'ayant fçeu fa
volonté ie ferois content. Le Sabandar me changeant de difcours, & me demandant
quelques droits qui luy eftoient deubs & à ceux de l'Alfandegue pour quelques marchandifes que i'auois acheptées pour reuendre à Ticou, & luy ayant reparti que ie
ne luy debuois rien ; fur cela conteftans affez haut, le Roy voulant fçauoir ce que
c'eftoit ; le Sabandar parla affez long-temps en langage d'Achen ; puis le Roy me dit
qu'il conuenoit payer fon Alfandegue : ie luy dis que ie payerois comme les Holandois & Anglois, & fur cela pris congé, voyant bien que ie n'eftois en train d'auoir
raifon de cela, qu'au contraire ils me fufcitoient toufiours quelque nouuel embarras
pour m'empefcher de demander ce qui auoit efté ofté aux noftres.

Le 12. ayant efté fait conuenir deuant l'Orancaye Laxeman en l'Alfandegue fur
le payement des droits de quelques marchandifes enleuées d'Achen que ie ne pretendois payer, puis que c'eftoit pour reuendre aux terres mefmes du Roy d'Achen : i'ay
efté condamné de les payer par Laxeman, lequel m'a auffi demandé 40. realles qu'il
auoit preftées au Capitaine du Bucq & autres en leur extrême neceffité ; à quoy ie
refpondis eftre tout preft de les payer, pourueu que le Roy me fit fatisfaction de la
valeur de 3000. realles qu'il auoit prins d'eux, fans comprendre le Parau ; il me dit
que ce qu'il demandoit n'auoit rien de commun auec le Roy, & que fi le Roy auoit
quelque chofe à eux que ie luy demandaffe : ie dis que ie ne demandois autre chofe,
mais qu'il m'en donnaft le moyen : Il me demanda fi ie voulois encore tarder cette
nuiét, & que nous irions enfemble, ce que ie luy accorday ; & le lendemain ie le fus
trouuer de bon matin chez luy, & de-là fus au chafteau, ou attendant affez long-
temps, l'Orancaye m'enuoya dire que c'eftoit peine perduë de demander cela au Roy
pour eftre chofe qui luy appartenoit, eftant le bien de perfonnes qui s'eftoient fauuez
en fa cofte, & qu'il m'auoit fait grande faueur de m'auoir redonné les hommes qui luy
appartenoient auffi, que ie ne pretendiffes autre chofe ; que fi i'auois enuie de parler à
luy que ie pouuois entrer, mais de me mettre fur cette demande, ce feroit peine
perduë ; comme i'entendis cela, ie me retiray en la maifon du fieur Limonney, & la
releuée à bord emmenant tous ceux de mon efquipage auec moy.

Le 16. de Decembre nous auons leué les ancres & appareillé de cette rade, auons
eu de la peine à doubler cette pointe d'Achen ; mais l'ayant paffée nous auons eu affez
beau temps, qui nous a conduit auec diuers vents en la rade de Ticou le dernier
iour de cette année, auquel lieu nous fommes ancrez à deux amares entre l'Iflet & la
ville.

Le premier iour de cette année mil fix cent vingt & deux i'ay defcendu à terre &
montré la lettre du Roy d'Achen qui a efté receuë de ceux de l'Ifle auec grand honneur, & l'ont leuë publiquement : elle portoit qu'ils ne me donnaffent feiour en traitte que quinze iours, lefquels paffez ils ne me permiffent aucun traffic : ils s'eftonne-
rent de fi peu de feiour, & me dirent qu'il eftoit bien difficile de pouuoir rien faire en
fi peu de temps, à l'occafion qu'il y auoit peu de poiure par la ville : mais que dans
vn mois il y en auroit de nouueau : ie leur dis qu'il ne m'en eftoit befoin que de 300.
bahars & que le Roy m'auoit affeuré qu'en quatre ou cinq iours ie les aurois, ce qui
ne m'auoit fait requerir d'auoir la licence pour beaucoup de temps ; qu'il me l'auoit
oétroyée pourtant pour vingt iours ; encore qu'il n'y en eut fait mettre que quinze,
de quoy i'eftois eftonné ; que i'eftois pourtant bien affeuré qu'il ne fe foucioit beaucoup que i'y tardaffes dauantage, & qu'il auoit fait cela à l'occafion des Anglois &
Holandois qui luy demandoient la mefme permiffion, laquelle il leur vouloit vendre
bien cher : ainfi il fut refolu que le temps ne commenceroit à courir que du iour que
ie ferois prix de mes marchandifes, ce qui n'a pû eftre pluftoft fait que le quatorziéme
de ce mois, tant à l'occafion de huiét iours entiers qu'il a fait tres mauuais temps, que
pour n'en pouuoir bien tomber d'accord ; lequel en fin a efté conclud, le poiure me

reuenant à enuiron 25. realles, comptant les frais qu'il m'a conuenu faire à Acheñ pour auoir la permiſſion & autres preſens par-deçà ; & ie 27. i'ay acheué ma Traitte qui a conſiſté en 400. bahars de poivre enuiron , ainſi ie me ſuis preparé pour le re-tour. Le dernier de ce mois de Ianuier nous eſtions tout preſts de faire voile, & il a paſ-sé par icy vn Nauire Anglois ; le Capitaine nommé Maiſtre Man que i'auois veu à Achen , me dit auoir entendu que les Holandois s'appreſto ient de donner vn aſſaut à la ville de Bantan.

Le mardy 1. iour de Feurier nous auons appareillé de cette rade de Ticou au point du iour , pour retourner en la Patrie, ayant 75. perſonnes dans ce Nauire tous en ſanté, & victuailles pour les nourrir neuf mois, prians Dieu nous faire la grace de retour-ner auec la meſme ſanté, affin de pouuoir rapporter quelques reſtes de ce malheureux voyage. Ayant obmis de mettre par memoire ce que i'ay remarqué durant mon ſejour en cette Iſle, ſpecialement touchant les forces, richeſſes & gouuernement du Roy d'A-chen , auant que de perdre la veuë de cette terre, i'en toucheray icy quelques particu-laritez.

DESCRIPTION DE L'ISLE DE SVMATRA.

L'Iſle de Sumatra eſt plus grande que l'Angleterre & l'Eſcoſſe jointes enſemble ; elle s'eſtend depuis la pointe d'Achen qui eſt par les cinq degrez & demy Nord , iuſ-ques au deſtroit de Sunda par les cinq degrez & demy Sud qui ſont vnze degrez : l'Iſle giſant Sueſt & Noroeſt ſeroit enuiron trois cent lieuës Françoiſes qu'elle auroit de longueur : elle eſt quelque peu plus large du coſté du Sud que du Nord ; & peut auoir l'vn portant l'autre ſeptante lieuës de large : dans le pays il y a des montagnes tres-hautes & proche de la Mer pour la plus grande partie, elle eſt baſſe ; là où ne manque de beaux paſturages & bonne terre pour ſemer le ris & porter tous autres fruicts que les Indes produiſent ; elle eſt arrouzée de pluſieurs belles riuieres, quelques vnes bien grandes, comme celles de Cinquel, Barros, Daya, Achen, Pedir, Iambi, Andripoura, outre pluſieurs moyennes & petites, & vne infinité de ruiſſeaux ; ce qui rend la terre humide, & en quelques lieux mareſcageuſe, & couuerte de grands arbres qui ne per-dent iamais leur verdure, outre qu'elle eſt fort ſujette aux pluïes, l'Equinoxial la couppant droit par le milieu ; l'air y eſt mal ſain pour les eſtrangers, principalement aux endroits qui ſont proches de la ligne, comme Ticou, Paſſeman, & autres circon-uoiſins : Les habitans d'Achen meſme apprehendent d'y demeurer, ſpecialement du-rant le fort des pluïes, qui commencent au mois de Iuin, & acheuent en Octobre ; pen-dant lequel temps les vents d'Oeſt regnent en cette coſte, qui ſy rompent auec de grands tourbillons, pluïes, tempeſtes, & calmes, qui viennent tout à coup, pendant leſquels l'air n'eſtant agité , & la terre eſtant abreuuée des pluïes iournalieres, le So-leil dardant ſes rayons ſur icelle perpendiculairement, attire des vapeurs tres-puan-tes, qui reſpirées par ceux qui n'y ſont pas accouſtumez, leur cauſent des fiévres peſti-lentieles, qui les emportent en deux ou trois iours ; ou bien laiſſent des enfleures com-me hydropiſies, leſquelles ſont bien difficiles à déraciner, & qui cauſent de grandes douleurs.

La ville d'Achen eſtant ſituée en la pointe du Nord, eſt en meilleure temperature ; ſon aſſiette eſt ſur vne riuiere groſſe comme la Somme en Picardie, eſloignée du ri-uage de la Mer enuiron demie lieuë, au milieu d'vne grande valée, qui a bien ſix lieuës de large ; la terre y eſt tres-bonne , capable de produire toutes ſortes de grains & fruictages ; ils n'y ſement que du ris, qui eſt leur principale nourriture auec les co-cos dont il y a vn grand nombre, non ſeulement aux enuirons d'Achen, mais par toute l'Iſle ; elle abonde en arbres fruictiers, qui en leurs ſaiſons en rapportent de toutes les ſortes qui naiſſent aux Indes, & n'y a mois de l'année qu'il n'y en ait quel-ques-vns en maturité, outre les bananes ou platanes, qui ne manquent iamais. Ils ne ſement point de legumes & peu d'herbes potageres ; il y a de tres-beaux paſturages où ſe nourrit quantité de Buffles, qui leur ſeruent à labourer la terre, traîner & cha-

rier

rier;nombre de bœufs & de cabrites & beaucoup de chevaux, mais de petite taille;
les moutons ny profitent point, les poulles & canards n'y manquent pas ; les
Payfans en nouriffent grand nombre pour vendre les œufs ; il s'y void quelques
gibiers & beaucoup de chaffe, veu que dans les campagnes & pafturages, mefme dans les hayes des maifons, il y a vn nombre infiny de Sangliers, qui ne
font fi grands ny fi furieux qu'en France;mais les Cerfs furpaffent les noftres, comme auffi le Dain. Il y a quelques lievres mais ils y font rares ; comme auffi les Che-
vreüils; dans les bois & au pied des montagnes fe void beaucoup d'Elephants fauvages, & fur les montagnes & colines qui ne font habitées, nombre de Tigres,
quelques Adybades, ou Rinoceros, Buffles Sauvages, Port-Efpys, Civetes, Chats
fauvages, Singes, Monnaux, Couleuvres, gros Lezards, & dans quelques rivie-
res le Crocodrille ; en celle d'Achen il y en a quelques vns & eft affez poifonneufe;
mais la Mer l'eft grandement, & feroient bonne pefche s'ils en prenoient la peine:
neantmoins s'il ne fait mauuais temps on n'en manque guieres;ainfi en eft-il pour
la plus part de l'Ifle, de laquelle le Roy d'Achen poffede la moitié & qui eft la meilleure. Depuis Achen allant le long de la cofte du Leuant fe trouue Pedir, qui eft
à 12. lieües d'Achen, & auffi grande & peuplée : puis Pacem & Deli. Du cofté du
Oeft ou Ponant, à 12.lieües d'Achen eft Daya qui eft encore vne bonne ville:Labo,
Cinquel, Barros, Bataham, Paffamam, Ticou, Priamam, & Padang, conquife depuis peu. L'autre moitié eft poffedée de cinq ou fix Roys, lefquels tous enfemble
ne font à beaucoup prez fi puiffants que celuy d'Achen, encore qu'ils poffedent de
bonnes terres.

Du Leuant proche de l'Equinoxial eft vn Roytelet d'vne place nommée
Andrigri ; plus auant eft celuy de Iamby le plus riche de tous; puis celuy de Palim-
bam. Du cofté du Ponant apres Padang fuit le Royaume de Manimcabo; puis
celuy d'Andripoura : le refte de la cofte iufques au deftroit de Sonda eft inhabité,
pour eftre tout couuert de bois & peu de plat pays. La cofte qui eft dans le deftroit,
ou partie d'icelle eft fous l'obeyffance du Roy de Bantan. Voyla tout le circuit de
l'Ifle de Summatra, qui eft par tous ces lieux raifonnablement peuplée, ces peuples
font Malais;tellement que parlant ce langage, on eft entendu de grands & de petits:
Mais le dedans de l'Ifle eft habité des naturels, qui ont leur langage tres-differét du
Malais;Ils font fous l'obeyffance de plufieurs Roys, fpecialemét du cofté d'Achen;
lefquels d'ordinaire fe font la guerre les vns aux autres ; il y en a pourtant vn refi-
dét entre Ticou & Manimcabo, qui eft plus puiffant que tous les autres enfemble,
& qui poffede de grandes richeffes, ayant en fon pouuoir la plus grande partie des
lieux où fe rencontre l'or de cette Ifle, qui eft en grand nombre; que s'ils auoient
l'inuention de faire des mines, fans doute ils fe trouueroient bien riches; car ce
qu'ils recueillent n'eft que par les rauines des pluyes & quelques petites foffes,
qu'ils creufent aux lieux ou fe defchargét les aualaffes, afin de l'arrefter en vn lieu,
ils le traittent auec ceux de Manimcabo, qui leur font plus familiers, pour du ris,
armes, & toilles de coton, côme auffi auec ceux de Priamam pour du poivre, du fel,
de l'acier de Manfulipatan, & toilles de Suratte:ils ont peu de familiarité auec ceux
de Ticou, non plus qu'auec les autres ; peu de defcentes en la mer & ne nauigent
point:toutefois entre Batahã & Paffamam ils habitent ce riuage, & les ay entendus
en cét endroit faifans grád bruit;mais ie n'en ay veu aucun:ils ne traittent point a-
uec les eftrangers, & s'ils les peuuent attraper à leur aduantage, ils les maffacrent,
puis les mangent, comme ils font leurs ennemis ; & entr'eux fe faifant la guerre,ils
ne mettent perfonne à rançon, mais deuorent la chair de leurs femblables toute
cruë, auec du poivre & du fel; dequoy ils ne font iamais defgarnis ; ils n'ont aucune Religion : neantmoins ; ils ont quelque Police entr'eux touchant le Mariage,
la Iuftice & le deuoir vers leurs Roys, qu'ils obferuent inuiolablement.

Du long de cette cofte de la bande du Ponant, il y a beaucoup d'Ifles, quelques
vnes grádes qui font vers la Mer 18. ou 20. lieües, & les petites à 3. ou 4. lieües, qui

Seconde Partie.   s N

n'appartiennent à pas vn des Roys, cy-deſſus denommez; celles qui ſont habitées,
ſont de la meſme race des anciens Originaires, qui n'ont eſté chaſſez des Malays,
ſoit pour auoir trouué aſſez de place en la grande Iſle, ou que les petites ne leur eſtoiét
pas propres. De la bande du Sud enuiron les cinq degrez, eſt l'Iſle d'Enganno, habitée
de tres-pernitieux Sauuages, qui ne prennent perſonne à mercy; & qui que ce ſoit
qui aborde en leur riuage ſoit blanc ſoit noir, eſt par eux maſſacré : ils ont des canots
auec leſquels ils vont en peſcherie; ils vont tous nuds, portans longue cheueleure; ils
ont pour armes des arcs & des fleſches. Suit apres vne longue Iſle, qui eſt par les trois
degrez & demy; elle peut auoir quatorze à quinze lieuës de long; elle n'eſt pas habitée; les Holandois la nomment Iſle de Naſſau : A quatre à cinq lieuës de là en filiere,
tirant vers l'Equinoxial, il y en a vne autre encore inhabitée, qui peut auoir ſept ou
huiĉt lieuës de long : apres celle-là eſt vne grande Iſle nommée Mantabey, qui a bien
vingt lieuës de long; elle eſt à vn degré & demy de la ligne; elle eſt habitée, les habitans ſont veſtus, & traffiquent auec ceux de Ticou, encore qu'ils ayent vn langage
particulier. Ce fut en cette Iſle ou territ le Nauire l'Eſperance, que ceux de dedans
croyoient eſtre terre ferme, d'où tout leur malheur proceda. Sous l'Equinoxial il s'en
rencontre vingt ou vingt-cinq tant grandes que petites, quelques-vnes habitées de
ſemblables perſonnes, d'autres non; nous moüillaſmes l'ancre entre celles-là. Apres
ſe trouue Pulo Nyas Iſle longue de quinze à ſeize lieues : elle eſt par les deux degrez
Nord de la ligne, & eſt beaucoup peuplée, & de perſonnes qui ne font mal, ſi on ne
leur en fait : ils traffiquent auec les eſtrangers, & vendent leurs enfans & eſclaues à
qui les veut acheter : ils traffiquent auec ceux de Barros. Iuſques par les trois degrez
& demy Nord, il ſe treuue encore d'autres Iſles inhabitées, & parmy toutes ces Iſles il
s'en rencontre touſiours quelques vnes, qui n'ont d'autres arbres que des palmiers qui
portent les cocos, dont elles ſont entierement couuertes, & ou les habitans des villes
maritimes en vont charger auec leurs Nauires pour faire des huiles, ou les font ſur le
lieu meſme. Les autres ſont couuertes de bois tres-hauts, differens de ceux de l'Europe. Pour reuenir à la grãde Iſle de Sumatra, ie ſpecifieray en bref ce qu'elle produit:
& laiſſant ce que poſſede le Roy d'Achem pour le dernier, ie commenceray par le
Royaume d'Andrigri qui a aſſez bon nombre de poiure, mais fort menu : l'or y eſt à
meilleur marché qu'en aucun autre endroit poſſedé par les Malais; celuy de Iambi a
beaucoup de poiure & meilleur que celuy d'Andrigri; les Anglois & Holandois y ont
faĉturie, comme auſſi les Portugais de Malaca; il faut ramer 50. ou 60. lieües par la riuiere auant que de paruenir à la ville, qui eſt mal ſaine; il y a grand trafic d'or, qu'ils
ont auec ceux de Manimcabo, meſmes auec les Montagnars ou originaires de la terre.
Le Royaume de Palimban abonde en ris & en beſtail: le pays que tient le Roy de Bantan en la coſte de Sumatra eſt beau & bon, fertille en ris & fruitages : il y a fort peu de
poiure, & qui n'eſt d'aucune conſideration. Andripoura eſt ſitué ſur vne riuiere aſſez
roide, enuiron par les 3. degrez & demy Sud de l'Equinoxial, il ſ'y recoõuue toutes les
années enuiron la charge de deux Nauires de poiure pareil à celuy de Iamby; il y a auſſi
quelque trafic d'or qu'ils ont auec ceux de Manimcabo. Suit apres le royaume de Manimcabo, qui ſ'eſtend dãs les terres: il a quelques rades le long de la Mer, entre autres
vne nommée Cortatenga, ou les Anglois & Holandois vont ſouuent : il y a quelque
peu de poiure & quantité d'or; mais comme il eſt traitté par diuerſes nations, il n'eſt
qu'à 30. ou 35. pour cent meilleur marché qu'en France; ils le vendent par taels : vn
tael & demy font deux onces eſcharſes : il eſt en grenaille & petits morceaux; & n'en
font que fort peu de lingots. L'or eſt enuiron du meſme titre que l'écu de Frãce; il y en
a de plus fin, mais il n'eſt pas ſi bon que le ducat du Caire, qu'ils cõptent icy à dix matiles, & le meilleur d'icy à 9. & demy, & celuy que ie cõpare à l'écu de France à 9. matiles.
Pour ce que poſſede le Roy d'Achen, le territoire de ſa principale ville n'eſt ſuffiſam-
mét cultiué pour la nourriture des habitans; tellement que bõne partie du ris vient de
dehors: autrefois y a eu grãd nombre de poiure, mais vn certain Roy voyãt que ceux
d'Aché ne s'amuſoiét à autre choſe, & quittoiét le labourage de la terre; de ſorte que

toutes les années il y auoit grande cherté de viures, fit tout abatre, à present il n'y en peut auoit cinq cens bahars tous les ans, encore est-il bien menu.

A six lieuës d'Achen tirant vers Pedir il y a vne haute montagne faite en pic, d'où se tire grand nombre de souffre, comme aussi en vne des Isles qui fait la rade d'Achen, nommée Pulo-vay, qui fournit quasi toute l'Inde pour faire de la poudre. Le territoire de Pedir rapporte grand nombre de ris, & est nommé le grenier d'Achen. Les païsans ménagent assez bône partie de soye, dequoy se font diuers ouurages à Achen, tres-requis par toutel'Isle de Sumatra: ceux de la coste de Coromádel enleuent le reste en escreu: elle n'est pas blanche comme celle de la Chine, ny si fine, ny si bien accommodée: celle-cy est jaune & dure, & neantmoins ils en font d'assez beaux taffetas. De Pacem iusques à Dely il y a diuerses places bien fournies de ce qui est necessaire pour la vie humaine, & en aident leurs voisins: A Deli il y a vne source d'huile qu'ils tiennent inextinguible, quand elle est vne fois allumée, & brusle sur la Mer: le Roy d'Achen mit le feu auec cet huile à deux Galions Portugais, auec lesquels il eut combat il y a huict ou dix ans proche de Malaca. Daya est aussi abondant en ris & bestail: A Cinquel se recueille tous les ans bon nombre de Camphre soigneusemét recueilly de ceux de Suratte & de la coste de Coromandel; ils l'acheteent 15 &. 6. realles le Catti de 28. onces. Barros est vne belle place située sur vne grosse riuiere enuirô vne lieuë dans le païs, sur vne grande campagne toute cultiuée: ils font beaucoup de Benjoüin qui en porte le nom, & est connu par toutes les Isles; le plus blanc est le plus estimé: ils n'ont autre monnoye que cette drogue, de laquelle ils se seruent au marché pour acheter quelque chose que ce soit: ils recueillent aussi beaucoup de Camphre, comme aussi font ceux de Bataham, qui est estimé le meilleur, mais en petite quantité.

Passaman est le commencement des poiuriers, situé au pied d'vne tres-haute montagne que l'on voit de trente lieuës, le ciel estant serain; le poiure y est beau & gros. A sept lieuës de-là est Ticou, qui en est encore plus abondant, & ces places ne se voyent gueres sans poiure tous les mois: Priamam est bien peuplé, le sejour en est plus agreable qu'à Ticou, & l'air meilleur & plus abondant en toutes sortes de viures: Il n'y a pas tant de poiure comme à Ticou ou Passaman: ils ont plus grand traffic d'or auec ceux de Mannucabo: les Holandois y ont eu long-temps facturie, & depuis vn an en çà le Roy les en a fait sortir. Padang a bien peu de poiure, mais assez bonne traite d'or, & a vne belle riuiere ou de grands nauires se pourroient retirer & mettre à l'abri, comme dans vn port. Toutes ces terres sont bien peuplées & cultiuées iusques au pied des montagnes, & s'y trouue des personnes assez riches tant naturels qu'estrangers, qui viuent assez heureusement, n'approchans point d'Achen, les habitans de laquelle i'estime mal-heureux, au regard de ceux qui sont esloignez de la demeure du Roy, qui leur est vn terrible caueson; ce qu'ils meritent bien pour estre vn meschant peuple, & beaucoup pire que les habitans de Ticou & de Priaman, & autres places le long de cette coste; pour estre orgueilleux, enuieux, sans foy ne conscience, specialement à l'endroit des Chrestiens; ils sont traistres, larrons, & empoisonneurs, s'estimans bien plus habiles que leurs voisins; voire mesme ils estiment toutes les autres nations brutales à l'egal d'eux; ils sont superbes en habits, & le seroient en maisons, esclaues, & autres choses, n'estoit que le Roy les en empesche. ils parlent bien leur langage, & plusieurs d'entr'-eux font profession de bien dire, & en sont estimez en leurs discours: ils sont copieux en similitudes, qu'ils adaptent assez bien; mais pour estre trop frequentes, elles seroient treuuées impertinentes en vn autre pays: Ils composent quelques poësies, qu'ils mettent d'ordinaire sur quelque chant: Ils s'addonnent à bien escrire, comme aussi d'apprendre l'Arithmetique selon l'vsage des Arabes, qui differe peu de la nostre: Il se treuue parmy eux d'assez bons artisans, specialement pour les bastimens des galeres; il y a de bons forgerons, qui font tous ouurages de fer, tant grosses œuures, que couteaux, cris, fers de picque, & autres armes; & difficilement feroit-on mieux ailleurs; mais ils ne trauaillent auec tant de facilité & promptitude que les Europeans : Il y a des fondeurs d'artillerie, ils fondent aussi diuers vstencilles de cuiure, comme chandeliers, lampes, bassins : ils ont aussi le tour assez en vsage tant en cuiure qu'en bois. Le Roy parmy trois cens orfevres qu'il a dans son chasteau en a d'assez passables, comme aussi de diuerses sortes d'autres artisans. Depuis le regne de ce Prince ceux d'Achen ont acquis la reputation d'estre les meilleurs soldats des Indes, principalement par terre; ils sont de grande fatigue, & remueurs de terre, comme il a paru au siege de Queda, & particulierement en celuy de Deli, qui est vne tres-forte place, & qui estoit deffenduë par vn personnage, qui auoit beaucoup de reputation acquise par sa valeur, en sorte que les Portugais en faisoient grande estime, & le Gouuerneur de Malaca l'ayant esté voir, & reconnu comme il auoit fortifié cette place, dit à ceux qui l'accompagnoient, qu'il croyoit que le Roy d'Achen viendroit plustost à bout de Malaca que non pas de Deli; toutefois le Roy y estant en personne s'en rendit maistre en bien peu de temps, par le moyen des grandes tranchées qu'il fit faire, poussans tellemét la terre deuant eux, qu'auec peu de perte & nonobstant l'assistance & conseil des Portugais, qui estoient joints auec ceux de Deli, elle fut emportée en moins de six semaines : ils sont extremement sobres, & se passent à peu de chose : ils n'ont gueres d'autre nourriture que le ris : ceux qui sont riches y joindront quelque morceau de poisson, auec quelques herbages; & il faut que ce soit vn grand Seigneur, s'il a vne poule rostie sur les charbons, ou boüillie, pour toute la iournée : aussi disent-ils que s'il y auoit deux mille Chrestiens en leur païs, qu'il seroit en bref espuisé de bœufs & de volailles : ils sont tous Mahometans de Religion, & feignent en estre grands obseruateurs : neantmoins on peut facilement remarquer qu'ils sont aussi grands hypocrites & dissimulez, particulierement en l'affection qu'ils font paroistre porter à leur Roy, à qui ils desireroient auoir mangé le cœur : ils le redoubtent tellement, que s'imaginans que quelqu'vn leur porte enuie, encore que l'autre ne songe point à eux, & craignant quelque rapport de leurs mauuaises actions vers le Roy, par celuy qu'ils doutent ne les affectionner, pour le preuenir ils l'accuseront de chose où il n'aura iamais pensé; ce qui est cause en partie que ce Prince est cruel; car ayant la teste rompuë de si frequentes accusations, il s'imagine qu'il y a plus de conspirateurs contre luy qu'il n'y en a : & la meschanceté de ce peuple est telle, que l'on void souuent le frere accuser le frere, le fils son pere, & quand on leur reproche vne telle inhumanité, & qu'on les accuse de mauuaise conscience, ils disent que Dieu est loin, mais que le Roy est proche.

Suiuant la loy de Mahomet ils espousent tant de femmes qu'ils veulent ou peuuent nourrir, l'vne desquelles neantmoins est tenuë pour principale, & ses enfans sont heritiers legitimes : ils ne laissent voir ny sortir leurs femmes, mais bien leurs esclaues & quelques concubines : Le mary prenât sa femme ieune, d'ordinaire elle luy couste à auoir de ses parens, & si il faut qu'il luy assigne doüaire sur son bien. Que si vne femme a quelque bien de son propre, elle le met entre les mains de son mary, duquel elle tire cedule par la main de la Iustice, pour luy pouuoir redemander, si d'auanture ils sont mauuais ménage, & qu'ils se separét. Que si le mary decede le premier, la cedule outre le dot qu'il luy aura accordé en la prenant en mariage, sera le premier pris sur le bien du deffunct, au prejudice de tous creantiers. La femme mourant la premiere, le mary herite de ce que la femme luy aura apporté : Ils se peuuent separer lors qu'il leur en prend volonté, mais il faut que ce soit d'accord de partie : car si le mary le veut, & que la fême ne le veuille pas, le mary demeure obligé pour le dot, & il faut qu'il luy en fasse rente nouuelle : aussi la femme ne se peut remarier, & sont contraints de demeurer ensemble, encore qu'ils ne se communiquent. Ce leur est vne chose bien nouuelle, quand ils entendent dire qu'en Chrestienté la femme apporte vne notable somme à l'homme, & en trouuent la coustume bonne; mais tres-mauuaise de n'en pouuoir auoir qu'vne, sans moyen de se démarier, accord de partie ou non, & tiennent cette loy irraisonnable.

Dans Achen les grandes vsures sont deffenduës, & ne sont pareilles à celle de Bantan,ou on donnoit 5. pour cent par mois & fur gages:icy ils ne paffent douze pour cent par an,& fans gages. Le debteur ne payant,le creancier le fait venir en Iuftice,là où fon fait ayant efté fuffifamment reconnu,&que la debte eft creée legitimement,il eft con-damné de payer & ce dans peu de temps. S'il ne fatisfait felon l'ordonnance du Iuge, on le fait venir la feconde fois : on luy demande l'occafion du manque, & fans pren-dre aucune excufe on le condamne de fatisfaire à l'inftant, s'il ne le fait, on luy atta-che les mains derriere le dos auec vn rotton, puis on le laiffe aller, n'y ayant perfon-ne fi hardy de le deftacher; & il y va de la vie: ileft tenu de fe reprefenter tous les iours, ainfi lié, durant la Seance du Iuge, qui le voyant demeurer en cét eftat, & qu'il ne peut fatisfaire, le remet entre les mains du creancier, luy difant qu'il s'en ferue comme efclaue luy appartenant, iufques à fin de payement; & le creancier l'emme-nant chez luy, en peut faire ce qu'il aduifera bon eftre, horfmis de le faire mourir, mais bien de le vendre. Cette iuftice qui eft la ciuile fe tient tous les matins horfmis le Vendredy,fous vn grand Bali proche de la principale Mofquée; vn des principaux & plus riches Orancayes y preside. Sous vn autre Baly vers la porte du chafteau eft la Iuftice criminelle, ou prefident plufieurs des principaux Orancayes alternatiuement: celle-là eft touchant les difputes qui furuiennent par la ville, meurtres, larcins, &c. & i'obferue vne chofe qui me donnoit de l'admiration, parce que quelque criminel eftant arrefté par vne femmelette, ou par vn enfant pour fon meffait, n'ofe s'enfuïr, & demeure immobile, comme vne ftatuë, ayant remarqué plufieurs fois, paffant par le marché, quelques grands beliftres furpris par des enfans de quatre à cinq ans, fai-fant vn mal-heureux larcin, peut-eftre de la valeur d'vn double, fe laiffer lier les mains, & traîner deuant cette Iuftice, ou fur l'heure ils auoient audiance & fentence de quelques coups de Rotton fur les efpaules du delinquant, puis chacun s'en retour-noit de fon cofté, fans pouuoir iuger qui eut perdu ou gagné; le puny ne menaçant celuy qui l'auoit fait iufticier, ny l'autre fe plaignant dauantage, & quelquefois re-tournoient enfemble: Eftant fous le mefme Baly attendant que la chappe vint du chafteau, & deuifant auec le Iuge, furuint quelques caufes,entr'-autres d'vn qui auoit eu la curiofité de voir la femme de fon voifin par deffus vne haye, comme elle fe la-uoit; la femme l'ayant apperceu s'en plaignit à fon mary, qui le fit venir en Iuftice, où il fut condamné à trente coups de Rotton fur les efpaules: l'executeur eftant tout preft, le retire enuiron trois ou quatre pas du Balli & commence à leuer le bras bien haut; le condamné entre en capitulation, fait offre de fix mazes;l'executeur en de-mandoit quarante; mais comme le condamné ne fe haftoit de venir à cette fomme, il fe fentit chatoüillé d'vn coup fi rude, que le marché fe concluden bref à vingt ma-zes, qu'il paya comptant, & moyennant cela on ne luy fit qu'appuyer le Rotton vingt-neuf coups fur fon veftement; mais ce qui eftoit plus eftonnant eftoit que la capitulation fe faifoit en prefence de chacun, & à la veuë & l'ouye du Iuge & de fes acceffeurs, qui eftoient encor plus proches que moy; dauantage celuy qui auoit payé fe mit doucement contre le barreau à attendre & efcouter l'iffuë de quelques caufes qui s'aloient vuider, ne paroiffant à fa contenance qu'il eut veu perfonne ce iour-là; & comme i'eus demandé à mon Interprete, fi cela fe pratiquoit fouuent, il m'affeura que cela eftoit très-ordinaire, mais qu'il falloit que celuy qui auoit don-né les vingt mazes, fût riche, parce qu'il y en auroit beaucoup qui endureroient trente coups de Rotton, quelques ferrez qu'ils fuffent, pour gagner cette fomme; de plus il me confirma ce que i'auois defia appris que le Roy faifoit iournellement coupper nez, creuer yeux, chaftrer, coupper pieds, poings & oreilles & autres mutilations qu'il fait executer bien fouuent pour peu de chofe, que les executeurs tenant le patient, luy demandent combien il donnera pour eftre bien chaftré ou que le poing luy foit coupé d'vn feul coup, ou le bien éborgner, luy couper propre-ment le nez, le rendre mediocrement here & chofes femblables, ou fi c'eft là mort, de ne le faire languir; que le patient marchande iufques à tomber d'accord, puis paye comptant; car en cette action il faut auoir de l'argent fur foy; alors ils executent

promptement : Que s'ils ne font apointez, s'il faut couper vn nez, il le fera si haut
que le cerueau en paroiftra; si c'eft vn pied, il le hachera en deux ou trois coups; si
c'eft vne oreille, il la prendra si prés, qu'il en emportera partie de la ioüe ; mais ce que
ie trouue de plus merueilleux eft que de ces miferables, voire mefme de ceux qu'ils
chaftrent, qui aucunefois paffent cinquante ou foixante ans, rarement en meurt il
aucun, & s'il n'y apportent autre remede que de mettre la partie mutilée promptement
dans la riuiere, qu'ils laiffent quelque peu feigner, puis la lauent, & auec des linges,
l'eftanchent & bandent : puis on les porte en leur maifon, & qui que ce foit qui ait
ainfi efté iufticié, foit par le commandement du Roy, ou des Iuges, n'encourt
pour cela aucune ignominie pour quelque maluerfation qu'il ait commife, &
quelqu'vn luy reprochant, le tuant fur ce reproche, il n'en feroit puny, tenans
entr'eux que le delinquant ayant fubi la condemnation de fon Iuge, a fuffifamment
fatisfait à fa coulpe, qui ne luy doit plus eftre reprochée, chacun eftant fuiet à
faillir.

Pour les iuftices ou iniuftices que fait faire le Roy il ne fieroit bien à perfonne d'en
faire reproche, car il n'y a aucun d'eux, qui fe tienne affeuré de n'en auoir autant le
len demain, c'eft pourquoy quand il commande qu'ils foient feulement eftropiez,
ils difent reconnoître par-là que le Roy les affectionne; car ayant pouuoir de les faire
mourir il fe contente de les mutiler de quelque partie de leur corps. Le Cadi ou
Euefque prefide encore fur vne iuftice qui s'eftend fur ceux qui enfreignent leur
Religion, auffi à l'Alfandegue y a le Bali où fe terminent tous les differens des Marchands tant eftrangers que naturels, ou prefide l'Orancaye Laxemane, qui eft comme Maire de la ville; en cet Alfandegue les Enuques viennent declarer la volonté
du Roy touchant ce qu'il defire eftre fait hors le chafteau, ce qui eft incontinent en-
regiftré par les efcriuains, comme auffi de tous droits, dons, amendes, redeuances;
marchandifes appartenantes au Roy, reception & vente d'icelles, le nom des ache-
teurs & de ceux qui payent les droits & qui luy font des prefens, ceux auffi à qui il en
fait, le iour, le mois & l'heure; à ce que lors qu'il en demandera compte, on le
luy rende exact, ce qu'il fait bien fouuent & à l'improuifte, & il n'y va que de la vie
s'ils ne s'expliquent bien & luy donnent raifon de tout : puis il y a quatre Merignes
ou Pangoulou Caualo, autrement Cheualier du guet, & à proprement parler chefs
de patroüille, qui ont connoiffance de ce qui fe paffe la nuict, & ont charge chacun fur vn cartier de la ville, ont commiffion de faire patroüille toutes les nuicts,
voire mefme d'y affifter: comme auffi que l'on n'enleue de marchandifes fans payer
les droits, enfin de tout ce qui fe paffe la nuict ils en doiuent auoir connoiffance, &
tiennent leur fiege à l'entrée de leur court, ou deuant leur maifon hors la ville. Les
Orancayes ont chacun en charge vn Continent de terre, les habitans duquel
font fous leur obeïffance & iuftice, & ayans different enfemble ou maluerfans en
quelque chofe que ce foit, on les fait venir à l'entrée de leur porte, où ils tiennent
leur feance : il y a auffi quelques principaux Orancayes refidans proche de la ville, qui
font tenus de donner ordre au guet, qui fe doit faire toutes les nuicts par la campagne & le long du riuage de la Mer : ce guet eft compofé de deux cens cheuaux, qui
d'ordinaire fe diuifent en quatre compagnies, & quelquefois fe ioignent enfemble,
& le Roy ayant quelque doute, les fait auffi marcher dans la ville.

Pour le fait du chafteau, paffé la grand court où tiennent les logemens du
Roy, homme n'y paffe, & fe fert de femmes tant pour la garde interieure du
chafteau que pour fon feruice, que l'on dit eftre en nombre de troix mille, lefquelles rarement fortent du chafteau; elles ont leur bazar ou marché parmi elles, comme
ont les hommes dans la ville, & trafiquent les vnes auec les autres des ouurages
qu'elles font, que leurs amis ou parents leur vendent ou efchangent contre ce
qu'elles ont de befoin; elles ont auffi leur iuftice & font reparties foubs diuers Capitaines, mefmes elles ont des Pangoulou Caualo ou Office de Chefs du Guet parmy
elles, comme dans la Ville; il n'entre nul homme là dedans que les Enuques, qu'on

dit estre au nombre de cinq cens; outre cela le Roy a ses femmes & concubines, qui font en bon nombre, & parmy elles il y a vingt femmes, qui sont filles legitimes de Roys, qu'il a saccagez, & la derniere qu'il a conquise, a esté la Reyne de Pera, que l'on dit estre tres-belle & auec laquelle il a gaigné vne maladie, qui est capable de l'emporter, si la vigueur de son aage, qui est encore en sa fleur, ne l'en guarentit: il n'a de toutes ses femmes qu'vn seul fils aagé de 18. ans, encore plus cruel que luy, & par diuerses fois il l'a fait punir tres-rigoureusement, ne luy donne dauantage de qualité qu'à vn simple Orancaye, & ne le laisse sortir du Chasteau, si ce n'est quelquefois pour aller à la Mosquée, où il va en grande compagnie & appareil; mais pour l'empescher de passer outre, il y a quelque temps que le Roy l'inuestit du Royaume de Pedir; mais gouuernant cruellement & trop licencieusement, il le fit reuenir & luy fit endurer d'estranges tourmens, & depuis l'a retenu, & souuent pour peu d'occasion il luy fait esprouuer les machines qu'il a inuentées pour tourmenter les hommes, qui sont dans le Chasteau en tres-grand nombre. Outre la garde des femmes, le Roy en a encore d'autres dans la grande court, ioignant son logement; les Enuucques y font la garde, & comme ce Roy est en vne perpetuelle deffiance, & qu'il reconnoit bien quel peuple il a à gouuerner, il a trouué vn expedient pour s'asseurer; car sous ombre d'estre gardé, il est luy-mesme le gardien de ceux qu'il doute luy pouuoir nuire; pour ce faire il faut remarquer qu'il a enuiron quinze cens esclaues la pluspart estrangers, qui ne sortent non plus que les femmes du Chasteau, & qui n'ont communication auec personne: il s'en sert aux executions & meurtres qu'il fait faire, & choses semblables, mesme les employe à quelques ouurages dans le Chasteau; les ayant eu ieunes & fait exercer aux armes & à tirer de l'arquebuze, ils sont estimez des plus mauuais garçons du pays: le Roy d'ordinaire en fait poser deux cens cinquante à l'autre place qui suit celle des Eunucques, & à l'autre place où est la premiere porte, autres deux cens cinquante.

Or le Roy oblige tous les Orancayes residans dedans & autour d'Achen, de comparoistre de trois iours l'vn dans le Chasteau, & entrer en garde vn iour & vne nuict, le tout sans armes, veu qu'à la premiere porte il conuient desceindre ou oster l'espée du costé, & à la seconde la laisser entre les mains de quelqu'vn qui la garde, & couchent la nuit dans vne court, où y a de petites cahuttes faites exprés pour les retirer, & sont enclos des estrangers cy-dessus mentionnez, tellement que le Roy a iournellement le tiers de ceux qui luy peuuent nuire en son pouuoir, parce qu'il depart tous ces Orancayes en trois bandes, qui alternatiuement comparoissent les vns aprés les autres & ce à peine de la vie, confiscation de leurs biens, femmes, enfans & esclaues. Dauantage les Orancayes ne s'ozent communiquer ny frequenter, tant en leurs maisons qu'ailleurs, & ne voit-on aucun d'eux se familiarizer; car si le Roy en auoit connoissance, il les separeroit bien-tost, ayant toute communication entr'eux pour suspecte, & ainsi ils ne parlent point du tout les vns aux autres, sinon qu'en se rencontrans ils se saliient auec beaucoup de courtoisie & de complimens.

Les forces du Roy d'Achen sont assez considerables, encore qu'il semble à plusieurs que ce ne soit pas grand chose, pour n'estre la ville close d'aucunes murailles, paroissant plustot vn village, à la façon de Normandie, qu'vne ville; & le Chasteau, à la maison d'vn gentilhomme; car il n'a aucune fortification qui vaille la peine d'en parler; il a plus de demie lieuë de circuit, & est de figure quasi ouale: il est entouré d'vn fossé de vingt-cinq ou trente pieds de profond, & autant de large, & assez difficile à passer, pour estre escarpé & plain de broffailles: la terre est iettée du costé du Chasteau; ce qui sert de muraille, sur la creste de laquelle sont plantez des bambus ou gros rozeaux, qui croissent aussi haut que des fresnes, & sont placez si dru & espais qu'on ne peut passer ny voir au trauers: il est deffendu sur peine de la vie d'en esbrancher quelque petite partie que ce soit par dedans ou par dehors, & vn de ceux qui fut enuoyé en ambassade en Holande par le Roy d'Achen, à son retour ne se souuenant pas de cette ordonnance, en arracha vn petit rameau, sur ie ne ſçay quelle occaſion, le Roy le fit à l'inſtant égorger : ces bambus demeurent touſiours verds, & le feu ne s'y pourroit mettre : ie n'ay remarqué en ce Chaſteau par dehors aucuns flancs, ny baſtions, encore qu'il y ait eu du coſté de la Moſquée des commencemens de grands bouleuards; mais il n'y a rien d'acheué, il n'y a point de pont-leuis aux portes, ny de foſſez, ils ont laiſſé cela plain & ont baſti vne petite muraille de pierre de la hauteur de dix à douze pieds, pour souſtenir vne terraſſe, ſur laquelle de coſté & d'autre de la porte, il y a deux belles pieces de bronze, qui deſcouurent ceux qui y veulent entrer : les portes ne ſont pas faites de planches; mais en forme de barriere, auſſi haute comme la muraille, elles ſont faites de bois aſſez fort, & ferment par dedans, outre les verrouils, auec deux grandes barres trauerſieres, qui s'adentent dans la muraille, & ſe ferment par dedans à la clef.

Par le milieu du Chaſteau paſſe vne petite riuiere, qui deſcend des montaignes; l'eau en eſt extremement fraiſche & excellente, ce Roy cy y a fait baſtir des degrez, par leſquels on deſcend iuſques au fond pour s'y lauer : auant que de paruenir où loge le Roy, il faut paſſer quatre portes, de l'vne deſquelles eſt tirée vne muraille de bricque, qui ſouſtient vne terraſſe, qui a pour le moins 50. pas de large, où ſont pluſieurs petites pieces de fonte, & ie croy que c'eſt en cet endroit où eſt ſon Arſenal: cette terraſſe cloſt partie d'vne tres-grande court, qui eſt deuant ſes maiſons, où on mettroit bien quatre mille hommes en bataille: i'y ay veu vne fois trois cens Elephans: l'autre partie de la court eſt cloze de quatre grands pauillons & d'vne forme de bouleuard de pierre, qui commande ſur cette terraſſe, auquel il y a vn parapet, auec forte meurtrieres, & on baſtit encore deſſus : plus auant dans le Chaſteau ie ne ſçay comme le reſte eſt baſti, pour n'y auoir point eſté.

A la verité tout cela n'eſt pas grand choſe; mais la deſcente & les aduenuës ſont bien difficiles, car le pays eſt tellement coupé de riuieres vazeuſes, pays mareſcageux, arbres, & broſſailles ſi épaiſſes, qu'à peine s'en peut on dégager : à l'entrée de la riuiere, qui eſt tres-dangereuſe, il y a vn fort de pierre, compoſé d'vn gros baſtion rond, qui commande droit ſur cette entrée, auec pluſieurs canonnieres, qui battent à fleur d'eau, & flanquent deux courtines, auſſi percées de pluſieurs canonnieres, qui ferment auec des portes : l'vne allant amont la riuiere, l'autre vers le riuage de la Mer, & du coſté de terre elles ſont iointes par vne terraſſe faitte de gazons où eſt la porte, qui n'a point de pont-leuis ny de foſſé, non plus que le reſte du fort : ſes murailles auſſi-bien à l'endroit du baſtion que des courtines, ont 18. pieds d'eſpeiſſeur & enuiron vingt de hauteur, tres-bon ouurage. Au deuant de ce baſtion, le Roy a fait baſtir comme vne maiſon de plaiſir, ioignant laquelle il y a pluſieurs viuiers & belles allées : tout ce lieu eſt enclos d'vne tranchée releuée à la hauteur de dix ou douze pieds de gazons, & foſſoyée à l'entour, où ſe peuuent retirer deux ou trois mille hommes : au deuant encore de cette tranchée il y a vn petit fort, couuert de broſſailles & foſſoyé à l'entour, dans lequel il y a quelques pieces de canon; & aux enuirons de ces forts il y a vn tres-mauuais pays, & quand on auroit gaigné le fort de pierre, on trouueroit bien encore à qui parler; car il y a des mareſcages & pluſieurs tranchées : puis des arbres, qu'ils appellent Nippiers, dans vn pays ſi fangeux, que les ſangliers ont peine à s'en retirer.

Du coſté du Leuant le long du riuage de la Mer, tirant vers Pedir, tant que s'eſtend la vallée, il y a de petit forts de gazon, enuironnez de broſſailles, de portée de mouſquet à autre, à commencer de celuy qui eſt deuant le retranchement : à chacun il y a deux ou trois pieces de canon, & qui ne prend bien garde à ces forts, ou n'en eſtant pas auerti, on ne iugeroit pas qu'il y en eut, tant ils ſont couuerts de broſſailles; il n'y a aucune garde le iour : la nuiſt le guet à cheual, cy-deuant mentionné, fait vne ronde aux enuirons, il ſemble qu'ils craignent plus cette deſcente qu'autre choſe, ſoit pour eſtre du coſté de Malaca, ou que les galeres ſont de ce coſté là ſur la riuiere : L'autre coſté de la riuiere, ſçauoir du Couchant, n'eſt pas ſi difficile, ny garny de forts, il n'y a que la deſcente des barteaux ſur le riuage, qui eſt malaizée;

aifée , n'eftoit qu'il fit du tout calme ; & à portée du piftolet du riuage fe rencontre
vne tranchée plaine d'eau, qui fort de la grande riuiere & court tout le long de la
mer , iufques au bord des montagnes:elle a bien 40. pieds de large ; le fonds vazeux
& beaucoup d'eau; paffé cela on trouue la campagne plaine & vnie,& n'y peut auoir
plus d'vne lieuë du riuage, iufques au chafteau ; où on peut aller fans trouuer aucun
foffé , ny retranchement, mefme le meilleur de la ville eft de ce cofté-là , qui n'a aucune clofture : on fait eftat que d'Achen & des lieux adjacents dans la vallée, peü-
uent fortir quarante mille hommes, lefquels n'ont aucunes armes à feu ; le Roy les
retenant toutes à foy dans le chafteau, comme auffi la poudre ; dequoy il eft fuffifamment fourny, & encore plus d'artillerie ; quelques-vns difent qu'il a cinq mille
pieces de canon; pour deux mille il y a quelque apparence ; pourüeu que l'on compte les fauconneaux, efpoirs, pierrires & autres pieces à boëtte : pour les canons defquels ie fuis certain, il en a bien douze cens, tous de bronze,& huit cens groffes pieces du mefme metail, tant dans fes galeres, forts,qu'en deux maifons, qui en font
entierement plaines entaffez les vnes fur les autres : d'arquebuzes il en eft affez bien
fourni, mais elles font courtes & mal montées : d'autres fortes d'armes il en eft affez bien pourueu ; mais fes plus grandes forces & fur lefquelles il fe fié le plus & dequoy ie ferois le moins d'eftat, font neuf cens Elephans, qu'il fait la plufpart exercer & accouftumer à n'auoir peur des moufquetades, leur en faifant tirer aux oreilles
& autour d'eux : puis auec des trouffeaux de paille ardantes attachez au bout de
longues picques, les accouftument à ne craindre point le feu, & l'efteindre auec
leurs pieds : ils font auffi inftruits, qu'entrans dans le chafteau, ils font la fombaye
ou le falut deuant le logis du Roy, ployant les genoux & efleuant la trompe par trois
fois : le Roy donne vn nom à chaque Elephant, & ceux qu'il void les plus courageux
& mieux inftruits, il leur fait beaucoup d'honneur : car allant par les ruës, il leur
fait porter des quitafols, qui ne font permis à qui que ce foit d'Achen, & il n'y a que
le Roy qui en fait porter deuant & à cofté de foy : il en fait porter fix deuant
quelques-vns, à d'autres quatre, & à d'autres deux, fuiuant qu'il les qualifie : il les
marie auffi auec leurs femelles, & à quelques-vns de fes plus cheris, il en donne
plufieurs pour concubines ; il veut qu'on porte beaucoup d'honneur aux Elephans
defquels il fe fert d'ordinaire ; & quand ils paffent chacun s'arrefte & fait large
pour ce fuiet marche vn garçon deuant auec vne batecale, qui eft vn inftrument
de cuiure, fur lequel frappant, on entend affez ce que cela veut dire. Cela fert
auffi lors que l'huile leur degoutte des oreilles, à caufe qu'en ce temps ils font furieux , & n'y a pas de feureté d'en approcher, c'eft pourquoy celuy qui frappe cét
inftrument , marche enuiron deux cens pas deuant, afin que chacun fe retire, car
cét animal, encore qu'il foit fi lourd & fi pefant, a cela de propre, qu'il eft aux ta-
lons d'vne perfonne auant qu'on l'entende , & ne fait non plus de bruit qu'vn rat,
& ie me fuis fouuentefois eftonné d'entendre trotiner vn chien fur ce terroir d'A-
chen , qui eft marefcageux & concaue, tellement que quand vn cheual marche il
fait trembler la terre : mais vn Elephant nullement. Le Roy d'Achen fe met quelquefois en colere contr'eux , auffi bien que contre fes fubjets, & leur fait ofter
femmes , concubines & honneurs; mefme les fait punir corporellement en prefence des autres : & il femble que cét Animal a autant de reffentiment du chaftiment que les hommes : plufieurs d'Achen m'ont affeuré qu'au fiege de Deli le Roy
mena cent Elephans, qu'il conuint embarquer dans les galeres : mais quand on les
eut menez fur le bord du riuage, pas vn n'y voulut entrer : le Roy fçachant qu'ils
n'eftoient pas embarquez à l'heure qu'il auoit ordonné, commanda de faire mourir ceux à qui il en auoit donné la charge ; mais chacun cria tout d'vne voix, que
ce n'auoit pas efté leur faute, & que les Elephants ne vouloient pas fe mettre en
leur deuoir, quelque menace qu'on leur fit ; dequoy plufieurs prenoient mauuaife
augure : le Roy s'y en alla luy mefme, qui les rança & iniuria auec beaucoup de
paffion , leur reprochant leur nourriture & l'honneur qu'il leur faifoit faire iournel-

lfment, puis commanda de prendre le principal d'entr'eux , qu'il fit fendre par le
milieu en prefence des autres, les menaçant d'vn pareil traittement, s'ils ne s'em-
barquoient à l'heure, ce qu'ils firent à l'inftant, & durant le voyage tant à l'embarquer qu'au debarquer, il n'y en eut vn feul, qui depuis fit du reftif. On tient
qu'il n'y a jamais eu Prince n'y autre perfonne dans Achen, qui foit paruenu à la
dexterité qu'a ce Roy pour gouuerner & dompter tels animaux, & qu'eftant fain
il fait merueille deffus; & bien fouuent on l'a veu courrir à toute force fur vn Elephant, luy tout debout, appuyé feulement fur le crochet auec lequel on les conduit.
Quand à moy eftant afourché deffus, j'aurois bien de la peine à m'y tenir; c'eft vne
mauuaife monture pour ceux qui n'y font pas accouftumez, l'auant des efpaules eft
le plus doux; mais plus arriere, j'aymerois mieux courir dix poftes, que de faire quatre lieuës fur vn Elephant fans chaire ou autre inuention.

Lors que le Roy eftoit en bône difpofition, d'ordinaire de 2. iours l'vn, il alloit à la
chaffe bien monté: il a dans les efcuries de fon Chafteau prés de 200. cheuaux, defquels
il y en a enuiron 50. qui eftans en France exceder oient le prix de 500. efcus chacun,
le refte n'eft pas grand chofe, ils font fuperbement & richement enharnachez.

Le Roy d'Achen eft le plus fort de fes voifins par mer, ayant enuiron cent groffes galeres, tant dans Achen, Daya, que Pedir, toutes preftes: y en a le tiers, qui
font fans comparaifon plus grandes que pas vne de celles que l'on baftit en Chre-
ftienté; j'ay veu la quille d'vne, qui n'eftoit que moyenne, qui auoit fix vingts
pieds de long, tout d'vne piece: ils trauaillent fort bien à faire ces galeres, & ce
font de beaux baftimens, mais elles font trop pefantes; car elles font trop larges
& trop hautes: outre cela elles ont les raftelfers tres petits & foibles en comparaifon des membres; auffi leurs rames ne font fi longues, ny fi pefantes, n'eftans que
des perches, au bout defquelles il y a vn morceau de planche, enté affez à propos
& bien ouuragez: ils ne mettent que deux hommes fur chaque rame, encore font
ils debout: leurs voilles ne font artimonnieres, mais taillez comme celles des nauires, fçauoir quarrez: le bordages ou planches de ces galeres ont fix poulces d'efpais;
tellement qu'eftans fi lourdes, il me femble qu'vne galere Chreftienne en battroit
dix de celles-là; elles ont d'ordinaire trois bonnes pieces de canon, defquelles le cour-
fier n'eft pas moindre, qu'vne piece de batterie, & eft à quelques-vnes de quarante
liures de boullet, auec plufieurs fauconneaux qu'ils mettent aux efpaules & en hanche; ils mettent d'ordinaire fix cens & huit cens hommes fur les plus groffes, ils ne
font chiorme de forçats, mais de pauures gens qui tous rament bien. Quand le Roy
entreprend quelque guerre, il ne luy coufte rien, tous fes Sujets, fans en exempter
aucun, eftans obligez de marcher à fon premier mandemét à leurs dépens, & de porter
dequoy viure pour trois mois. Le Roy leur fait deliurer des armes, dequoy on tient
regiftre, eftant obligez de les reftituer au retour, leurs femmes & enfans en demeurent refponfables, defquels il s'affeure, les menaçans, que fi leur fils ou mary s'euade
ou s'abfente, de peur d'aller à la guerre, ou bien qu'il fuye deuant l'ennemy, qu'il les
fera mourir cruellement, comme auffi leur pere & mere, s'ils en ont; tellement qu'au
partir les parens, amis, femme & enfans le conduifent auec grands pleurs, ne l'admo-
neftant de fa conferuation, mais de ne donner aucune occafion au Roy de les faire
mourir: qu'il fe montre vaillant, obeyffant & prompt au commandement de fes Superieurs: car faifant autrement, luy feul n'en patiroit pas, mais eux tous enfemble,
encore qu'innocens; par ce moyen il les a fait foldats malgré eux, & font la terreur de
leurs voifins. Le Roy ne fournit que le fer, la poudre & le ris pour nourrir fon armée,
fi dauanture elle tarde dauantage que trois mois pour executer l'entreprife. Pour les
galeres elles ne luy couftent rien non plus à entretenir, par ce qu'il en donne la charge à fes principaux Orancayes, côme à Laxemane vne des plus grandes, laquelle il eft
obligé d'efquiper, faire mettre à la mer, remettre en fa fouille, la garder & reparer
le tout à fes defpens, & ainfi des autres: pour ce fuiet le Roy leur repartit tant de
peuple à chacun, qui doiuent eftre prefts à leur fimple commandement; ils

conſeruent auec grand ſoin ces galeres; car il n'y va que de leur vie, ou bien en faire
faire promptement vne neufue de la meſme façon : Pour éuiter cela dés qu'elles ſont
reuenuës; eſtans dans la riuiere on nettoye leur ſoüille ou place en ſorte qu'il n'y demeure aucune vaze ny ordure ; puis par le trauers ils mettent de groſſes pieces de bois
eſloignées de dix pieds en dix pieds, & également alignées, afin que la galere ſoit portée egalement deſſus, à ce qu'elle ne ſe courbe : & eſt à notter que ces ſommiers ſont
eſleuez du fonds de la foſſe plus de dix pieds; la Mer croiſſant les Elephans hallent la
galere ſur les ſommiers, de ſorte qu'on peut aller deſſous par tout : & lors on la viſite
& recalfade, s'il en eſt beſoin : puis ils ferment la ſoüille auec force gazons, pierres &
planches du coſté de la riuiere, & la rempliſſent d'eau iuſques à l'vny des ſommiers :
tellement que la galere n'eſt qu'à la ſuperficie de l'eau, ſans y tremper, n'en ayant que
la fraîcheur : & ils font cela affin que le ver que la Mer produit, ne la conſomme ; ou
que ſi elle en a eſté entachée durant le voyage, il meure eſtant hors de ſon element.
La ſoüille eſtant plaine, bien fermée & eſtanchée, ayant au prealable oſté les voiles,
antennes & cordages, & ne reſtant que les maſts, ils les garniſſent & couurent ſoi-
gneuſement de fueilles de palmier, en ſorte que la pluïe ne les peut aucunemét moüiller, ny le Soleil apres les pourrir. Pour cet effect ils font vn grand toiét, qui couure entierement la galere, comme ſi elle eſtoit ſous vne galerie, apres cela ils mettent la hauteur de 4. ou 5. pieds d'eau dedans pour la tenir fraiſchement, & que le bordage par la
chaleur ne ſe fende ; & tout cét ouurage eſt acheué en cinq ou ſix iours, & ne ſe peut
rien voir de mieux conſerué, ny pluſtoſt preſt ; parce que la ſoüille eſtant plaine d'eau;
il n'eſt beſoin d'aucun calfat, les agrez ſont tout proche, & le toiét en moins de rien eſt
leué; l'eau qui eſt dans la galere eſtant vuidée, augmente celle de la ſoüille, qui fait flor-
ter les ſommiers, que l'on retire tres-aiſément, & la ſoüille deſbouchée tout à coup,
l'eau ſ'écoulant dans la riuiere, entraiſne auec ſoy la Galere.

Tous les matins & les ſoirs à l'ouuerture des portes du chaſteau, le Roy fait tirer vn
coup de canon, & ſi quelque Roy de ſes voiſins entreprenoit d'en faire autant, il luy
feroit la guerre, à l'occaſion qu'il dit auoir eſté inuenteur de cette couſtume, qu'il veut
conſeruer à luy ſeul pour teſmoignage de ſa grandeur : Il deffend auſſi de tirer par la
ville arquebuzes ou mouſquets que le Lundy & le Ieudy : il y a diuerſes autres Ordon-
nances qu'il a faites, qui ſeroient ſi longues à reciter, que ie les obmettray pour parler de ſes richeſſes, leſquelles ne peuuent manquer d'eſtre tres-grandes, veu qu'il ne
luy couſte rien pour faire la guerre, n'y ayant aucun de ſes Sujets exempts d'y aller;
lors qu'il leur commande, & à leurs dépens : La poudre, le fer, le plomb & le ris qu'il
embarque dans ſes Galeres luy ſont de ſi peu de couſt, que cela ne vaut pas la peine
d'en parler. En paix il dépenſe encore moins, parce que pour l'entretien de ſa maiſon
tant en ris, chair, poiſſon, volaille, huiles, ſucre, herbes, & iuſques au betel, il luy en eſt
deub par ſes Sujets bien dauantage, qu'il n'en conſomme dans le chaſteau, & iournellement vne partie de ce qui ſe vend au marché eſt du ſurcroiſt de ce qui luy eſt apporté, qu'il ne donne pas aux Sujets, mais en fait faire vente à l'inſtant à ſon proffit, & à
tous ceux qui le ſeruent, il ne leur donne ſimplement que du ris ; s'ils veulent manger
quelque choſe auec, il faut que leur induſtrie ou trauail leur en donne le moyen : Il
amaſſe tous les ans aux terres de ſon obeïſſance bonne partie de ris; car en ayant beaucoup, tant de patrimoine que de contribution, il les baille à labourer à ſes Sujets, qui
ſont tenus de luy fournir vne quantité de ris bonne année ou non ; & il calcule ſi bien
ce que la terre rend d'ordinaire, qu'il ne leur donne occaſion d'eſtre oiſifs pour ſe
nourrir & payer la ferme au Roy, qui ne reçoit aucunes excuſes en payement, & il
n'y va pas moins que de la vie, & le tout eſt mis en magazin & gardé iuſques en l'arriere ſaiſon, que ſouuent il double de prix : Alors il en fait vente, eſpuiſant par ce moyen tout le menu peuple d'argent : ou bien ſi l'année eſt abondante, & qu'il ſçache
quelque lieu où il manque, il l'y enuoye vendre ; comme dernierement il fit, lors qu'il
enuoya 40. vaiſſeaux à Pera, qui en eſtoient chargez dequoy il tira vne notable ſôme.
Aux pâturages il a grand nôbre de beſtail, qu'il fait garder par ſes eſclaues. Ses Elephás

Seconde Partie.   O ij ne luy couftent rien à nourrir, ne leur donnant point de ris, mais feulement les troncs des arbres, qui portent les bananes, qui font pris fur vn chacun, n'y ayant aucun fi hardi, qui ofe fermer fa porte, lors que l'on vient coupper ces arbres, du tronc defquels fort vne autre tige, qui porte fruict l'année fuiuante : Iufques à ces cocqs ils ne luy couftent rien, les donnant à nourrir aux Orancayes, qui en ont plus de foin que de leurs enfans propres. Outre les redeuances que chacun de fes Sujets luy doibt de toutes fortes de fruiéts, il ne luy coufte rien pour fes veftemens, ny de fes femmes ; car tous ceux qui ont des offices à Achen font tenus de luy faire vn prefét certain iour de l'année, d'vn veftement ou de plufieurs, fuiuant la valeur des offices, ou bien d'eftoffes pour veftir fes fêmes & chacun s'efforce de faire à qui mieux : ceux qui ont de petits offices, pour paruenir à de plus grands, oupour s'y maintenir, s'ils en ont de grádes, employét la meilleure partie de leurs proffits : Que fi les veftemens ou eftoffes ne font à fa fantaifie, il les rejette; ce qu'eftát l'officier eft auffi hors de fa charge, s'il ne faitbientoft fon appointement, moyennant vne bonne fomme d'argent; finon & s'il eft riche, il ne manquera d'auoir mal verfé en fon office, & fur cela eft mis le plus fouuent au blanc. Il fait conftruire plufieurs baftimens de blocages, qui a leur iugement font inimitables ; neantmoins c'eft fi peu de chofe au regard de ceux de l'Europe, que ie n'en broüilleray ce papier pour en reprefenter la ftructure : ils ne luy couftent rien non plus, encore qu'ils foient de grand trauail & defpence, fi vn autre les faifoit baftir ; car ayant vn grand nombre d'efclaues, aufquels il fait vne compofition, qui me femble moderée ; & à mon aduis l'efclauage eft plus tolerable en ce lieu, qu'en aucun autre endroit de ma connoiffance : car il ne les charge de fers, fi ce n'eft qu'ils ayent fait paroiftre de fe vouloir fauuer, ou de s'eftre rebellez contre ceux qui les ont en charge; de huiét iours il leur en laiffe quatre pour trauailler à leur proffit, en quelque ouurage qu'ils aduiferont bon eftre : auffi doiuent-ils les autres quatre iournées au feruice du Roy en tel ouurage qu'il les voudra employer ; par ce moyen ils ne couftent rien à nourrir au Roy, qui en employe bonne partie à coupper du bois, foüiller les carrieres, faire le mortier, baftir, & ainfi des autres, n'ayant que trois ou quatre perfonnes à conduire l'ouurage, lefquels font entretenus par les mefmes captifs; car plufieurs, qui fçauent quelque meftier, gagnans raifonnablement leur vie, peuuent racheter les iournées qu'ils doiuent au Roy, moyennant cinq fols par iour, qu'ils donnent aux receueurs, qui font commis par le Roy pour cet effeét, & de cet argent en payent ce qu'il faut, tant pour les conducteurs de l'ouurage, que pour la ferraille & autres materiaux neceffaires : Le Roy donne luy-mefme le modele des baftimens, & bien fouuent pour vne feneftre, vne porte, ou chofe femblable qui n'eft pas placée fuiuant fon intention, il fera tout abbatre, & recommencer de nouueau en vn autre lieu ; leur ordonnant en vn temps prefix que l'ouurage foit acheué, qui ordinairement eft fort court : en forte qu'ils ne perdent la lueur de la Lune pour allonger leur vie, & en fix mois que i'ay efté dans Achen, ou aux enuirons, i'ay veu démolir & rebaftir plufieurs ouurages, que ic n'euffes creu pouuoir eftre acheuez en deux ans. Les efclaues fe peuuent racheter, felon leur qualité il leur coufte dáuantage. Le peuple eftoit taxé à 40. reales, moyennant laquelle fomme vne perfonne fe déliuroit.

Le Roy herite de tous fes Sujets, fils n'ont point d'enfans mafles ; s'ils ont des filles ils les peuuent marier de leur viuant : Que fi elles ne font pas mariées, eux mourans, le Roy s'en faifit, & les met dans fon chafteau, qui eft l'occafion pourquoy il y a fi grád nombre de femmes ; le pere ne peut donner aucuns heritages à fa fille, de forte que cela reuient au Roy, & bien fouuent le meuble : car ce peuple, & mefme tous les Mahometans eftans fort auares, ne veulent perdre la veuë de leur argent, & rarement donnent-ils aucune chofe à leurs gendres; puis ayant plufieurs femmes ils ont toufiours efperance de lignée; & s'il leur prend enuie de faire quelque bien à leurs parens, enfans ou amis, bien fouuent c'eft fi tard, que cela leur apporte pluftoft du preiudice que de la commodité, fpecialement fi le perfonnage eft riche, car le Roy a diuers efpions, qui nottent tous ceux qui vont en fa maifon ; & lors de fon decés, fi les

Officiers ne trouuent ce que la Renommée ne luy attribuoit, il en va mal pour plusieurs.

Il tire aussi de grands moyens des confiscations de ceux qu'il fait executer iournellement, & comme le plus souuent ce sont les plus grands seigneurs, qui encou-
rent son indignation, il les prend si verd, à ce qu'il ne luy suscitent quelque reuol-
te, qu'ils n'ont aucuns moyens de disposer de leurs affaires; en sorte que leurs femmes, enfans, esclaues, bestail, argent, meubles, iusques aux plus abjectes vstancilles, sont dans le Chasteau auant qu'ils sçachent leur condamnation; & j'ay veu souuent ce spectacle, mesmes tous les meubles de sa propre mere, qui fut quitte alors
pour les tourmens & la confiscation de ses joyaux, or, & argent. C'est vne grande
faueur quand il donne la liberté aux femmes des condamnez; mais pour leurs enfans
peu ou point. I'ay remarqué deux occasions, qui ont cousté la vie à diuers Orancayes; sçauoir la bonne reputation, qu'ils auoient parmy le peuple; l'autre leurs
richesses; l'vn & l'autre luy estant fort suspect, principalement la premiere & les richesses luy appartent du profit, il feint de les redoubter, & ie m'estonne que l'exemple
iournaliere des vns ne modere l'auarice des autres; car encore qu'ils entendent de sa
bouche mesme ce que ie luy ay souuent entendu dire, qu'il se défiroit tousiours de la
richesse des particuliers, pour sçauoir par son experience mesme, ce que vaut l'argent, dans vn esprit ambitieux & remuant, leur reprochant souuent qu'il n'estoit tenu
à aucun d'eux de la Couronne, laquelle il auoit acquise par son bon-heur & auec de
l'argent, par le moyen duquel il les auoit gagnez, & exterminé les legitimes heritiers,
& lors qu'il les despoüille de leurs moyens, il les accuse de vouloir aspirer à la Couronne par le mesme moyen, qu'il y est paruenu; mais que cela n'appartient qu'à luy
qui est fils legitime de la Fortune, qui à la verité l'a grandement assisté iusques à present en toutes ses entreprises.

Il est heritier de tous estrangers mourans en ses terres; leurs testamens n'ayans
aucun lieu; & dés que ses officiers ont connoissance de la maladie de quelqu'vn, sa
maison est incontinent saisie; & dés qu'il est expiré, on porte ce qu'il a vaillant dans
le Chasteau, & le plus souuent ses seruiteurs, amis, & esclaues sont mis à la question
pour leur faire declarer où est l'or, l'argent & les pierreries; ou bien qu'ils disent s'il
est deu par quelqu'un aucune chose au deffunt; comme i'estois dans Achen decede-
rent quelques marchands de Suratte & de la coste de Coromandel, les esclaues desquels specialement ceux de la coste, furent horriblement tourmentez pour sçauoir
s'ils auoient quelques diamants. Les Anglois & Holandois ayans factures sont ex-
ceptez de cette loy, & nous aussi lors que nous y auons sejourné. Il y a aussi vne tres-
mauuaise coustume sur les terres de son obeyssance; qui est que tout nauire faisant
naufrage le long de ses costes, tout ce qui se sauue tant hommes que marchandises
luy appartient: & parmy plusieurs naufrages qui arriuerent pendant mon seiour, i'en
remarquay vn d'vn grand nauire de Dabul, dont toutes les marchandises furent sau-
uées & enuiron six-vingts hommes retenus esclaues; les principaux se racheterent
par le moyen des marchands Mores, moyennant deux cens cinquante reales chacun,
& les gens de marine pour cinquante. Se fondant sur cette inhumaine coustume, il
retint ce que le Capitaine du Bucq & ceux qui l'accompagnoient auoient sur eux
venant de Iacatra me chercher, & comme i'en estois party il y auoit enuiron vn
mois & que ie n'auois laissé facture, il soustenoit qu'ils s'estoient perdus, & ainsi
s'appropria de leur bien, sans que i'en aye peu auoir la raison, ce qui ne se fut passé de la sorte, sans Limonay Commis de Messieurs de saint Malo, qui demeura à
Achen lors que i'en partis.

Quelque Estranger que ce soit ne peut entrer dans le Chasteau sans present: en
mon particulier à l'occasion qu'il m'auoit donné qualité & seance parmy ses principaux Orancayes, i'y allois bien souuent sans en porter; mais ie n'auois Audience
touchant mes affaires, si vn present n'auoit precedé ce que i'auois enuie de dire; &
qui que ce soit naturel ou Estranger, s'il fait quelque Requeste au Roy, pour peu

importante qu'elle soit, il faut qu'elle soit assaisonnée de quelque don, autrement s'il
est estranger, on ne luy preste point l'aureille, & s'il est naturel, il sera puny : & encore que le present soit receu, la requeste pour cela n'est pas octroyée ; car il a fait passer cela en coustume, & i'ay veu souuent les Anglois & Holandois enuoyer leur don,
qui estant déployé, & n'estant à la fantaisie du Roy, il leur renuoyoit iusques à ce qu'ils
luy eussent presenté chose de plus grande consequence ; ce qui les affligeoit grandement, comme de fait cela est bien insupportable. Nul estranger ne peut entrer dans la
chambre du Roy sans chappe, & il faut payer le droit de ceux qui la portent, qui est
d'enuiron vne realle selon ceux qui l'accompagnent : Tout Nauire venant à la rade
d'Achen est tenu d'attendre que la Chappe soit venuë, sans qu'il soit loisible à aucun
de dedans de descendre à terre, iusques à ce que le droit de la Chape soit payé, qui se
monte à 50. ou 60. reales selon la grandeur du Nauire : Le Capitaine ou Marchand du
vaisseau ne peuuent aussi sortir de la ville, pour s'en retourner ou sortir hors de la rade
sans en payer les droits, qui sont enuiron moitié moins qu'à l'entrée. Enfin c'est vn lieu
où il faut tousiours auoir la main à la bourse, & ou les marchands sont grandement ty-
rannisez par les Officiers de l'Alfandegue, Sabandars, pezemens, Eunucques.

Les daces de ce Roy sont grandes principalement sur tous les Chrestiens, les Mores ne payent point de sorties ; mais à l'entrée de leurs marchandises ils sont tres-mal
menez : les Holandois & Anglois payent sept pour cent des marchandises qu'ils descendent en terre en essence, mais il faut que les Mores le payent en or, & leurs marchandises eualuées par ceux de l'Alfandegue, le sont d'ordinaire cinquante pour cent
plus qu'elles ne valent ; tellement qu'ils n'ont gueres meilleure composition que les
Chrestiens ; il y a encore quelques autres droits & aduances, tellement que l'on peut
bien compter dix pour cent d'entrée ; mais le pis est, que le Roy retient quasi tout le
traficq entre ses mains, en quoy il tiranise grandement les Marchands & tire de
grands deniers ; car les marchandises qu'il achepte, il les veut à meilleur compte que
le cours ordinaire, & celles qu'il vend, il les augmente de cinquante pour cent ; de
sorte que s'il continuë il faudra que les Anglois & Holandois abandonnent ce lieu, &
il semble qu'il fasse cela exprés pour les en esloigner, ayant leurs forces à present
pour suspectes. De ce que ie viens de rapporter, & de ce que i'en ay cy-deuant remarqué, on peut iuger qu'il a de grands tresors ; car outre ce qu'il a amassé, il possede encore ceux de ses predecesseurs, lesquels à la verité n'ont en rien égalé celuy-cy ; neantmoins on tient que le vieil Roy qui estoit son grand pere, & qui mit sous le joug ceux
d'Achen, laissa vn notable tresor.

Pour faire entendre comme le Roy qui regne à present dans Achen est paruenu à
la Couronne : il faut sçauoir que deuant le regne de son pere grand, les Orancayes se
licentioient grandement, & suiuant les affections de leur naturel, estoient amis de
nouueautez, insolens & superbes : à quoy les conuioit encore les grands moyens que
leurs predecesseurs leur auoient laissé, tant en heritages & maisons en la ville, qu'en
or & argent ; les Roys ne les ayans iamais mal traittez, ny aucune nation pillez : tellement que la ville estoit six fois plus grande qu'elle n'est à present, & si peuplée, qu'à
peine pouuoit-on passer par les ruës : Les richesses de l'Isle estans esparses en diuerses
mains, causoit vn si grand abord de marchands, qu'il n'y auoit ville dans les Indes, ou
le trafic fut si florissant ; & n'y ayant alors d'Alfandegue ny autres droits que celuy de
la Chappe, les marchands auoient fait leurs negoces en 15. iours, tant en la vente qu'-
employ, & on ne comptoit les mazes, mais les payemens se faisoient par mesures.
Les Orancayes auoient de belles & grandes maisons bien closes, & du canon à leurs
portes, grand nombre d'esclaues, tant pour leur garde, que pour leur seruice : ils mar-
choient superbement vestus, bien accompagnez, & respectez du peuple : cette grande puissance apportoit beaucoup de diminution à l'autorité Royale, mesme bien peu
de seureté : car les principaux Orancayes auoient bien tant d'authorité & de forces,
qu'estans ennuyez de la domination d'vn Roy, ils le massacroient pour y en installer vn
autre : en sorte que c'estoit grand hazard, si vn Roy iouïssoit de sa Couronne 2. ans :

que s'il subsistoit dauantage c'estoit auec tant de trauaux & auec tant d'obligation
vers quelques Orancayes , qu'il ne leur restoit que le titre de leur dignité : ce
mauuais mesnage dura iusques à l'extermination de la lignée des anciens Roys, .
qui fut il y a enuiron quarante ans passés. Tous les Orancayes s'assemblerent pour
resoudre à l'election d'vn d'entre eux pour estre Roy ; mais comme chacun pratiquoit cette dignité pour soy , ils ne peurent tomber d'accord ; tellement qu'ils en vindrent aux mains, & la chose eut passé encore en pire estat, sans leur Cadi ou grand
Euesque, qui par son authorité & les remonstrances qu'il leur fit, appaisa leurs diuisions, leur proposant vn expedient qui contenta chacun, & leur osta la ialousie qu'ils
auoient les vns des autres, qui estoit d'eslire pour Roy vn Orancaye , qui ne s'estoit
point remué durant toutes ces diuisions, ny pourchassé aucunement pour luy , ny
pour les siens, & qui auoit vescu en reputation de tres-sage & aduisé ; dauantage
qu'estant paruenu à l'âge de septante ans, & estant des plus nobles familles, la natu-
re luy concedoit la préeminence sur les autres, qui estoient plus ieunes ; cét aduis fut
trouué bon de chacun , considerans que pas vn d'eux ne desrogeoit à ce qu'ils pre-
tendoient estre, veu qu'ils ne cedoient qu'à l'occasion de l'âge ; ainsi estans d'accord,
ils le furent trouuer, luy declarerent l'election qu'ils auoient faite de sa personne,
pour l'asseoir au Trosne Royal, qu'ils l'auoient iugé meriter plus qu'aucun autre,
tant par sa prudence que par son âge ; le vieillard les en remercie, s'excuse sur son âge,
qui le dispensoit d'entreprendre vne telle charge, qu'il y auoit desia quelque têps qu'il
s'estoit retiré des affaires du môde, desirant passer le peu qu'il luy restoit à viure sans
inquietude. Les Orancayes ne luy ayant pû persuader d'accepter leurs offres, retournent en leurs premieres pratiques ; mais voyant qu'ils n'auançoient rien, au contraire que tout empiroit , ils ne treuuerent pour l'heure autre moyen que le premier,
ce qui les fit aller pour la seconde fois chez le vieillard, qu'ils ne pûrent iamais indui-
re d'accepter leur offre par leurs prieres, qu'ils tournerent enfin en menasses, auec
lesquelles ils n'aduancerent pas dauantage que la premiere fois qu'ils y furent, ce qui
les fit separer : mais s'estans rassemblez, & ne trouuans aucun moyen pour appaiser
leurs discordes que par cette eslection , ils resolurent de luy porter les enseignes roya-
les ; que s'il les refusoit, ils le mettroient à mort , affin de ne plus songer à luy , & chercher vn autre expedient : ils furent donc pour la troisiesme fois chez luy , le Cady
portant la Couronne, & vn des principaux Orancayes vne espée nuë : ils ne le prierent
plus , mais luy dirent que n'ayans trouué autre expedient pour pacifier leurs differens
que son eslection ; ils l'auoient par cy-deuant supplié de prendre les resnes du gouuernement, & que les en ayans refusez, ils auoient recherché tous autres moyens , affin
d'empescher les calamitez qu'apportoient vne guerre ciuile : mais qu'ils n'auoiét treuué
autre remede que de le créer pour leur Roy, ainsi qu'ils venoient pour la derniere fois
luy faire offre de la Courône, laquelle s'il acceptoit, il les obligeroit generalemét & en
particulier à luy rédre toute obeïssance & seruice. Que s'il les en refusoit, ils estoiét re-
solus de le faire mourir, à ce que Dieu leur suscitast quelqu'autre expedient, par lequel
ils peussent éuiter les prochaines desolatiôs qu'vne confusion leur apporteroit. Le vieil
Orancaye voyant qu'il n'y auoit plus moyen de reculer, leur dit que veritablement il
eut bien desiré acheuer le reste de ses iours en sa maison parmy sa famille, sans se mesler d'aucunes affaires, qui luy peussent inquieter le repos qu'il esperoit en sa vieillesse ; mais puis qu'ils ne trouuoient autre remede pour éuiter vne fascheuse guerre , que
de l'eslire pour leur Roy, qu'il acceptoit leur offre, à condition qu'ils le tinssent en
qualité de pere ; & luy les traitteroit comme ses enfans : que si d'auanture aucun d'eux
luy donnoit aucune occasion de quelque mécontentement, qu'il les chastiroit comme
ses propres enfans : aussi qu'ils receussent le chastiment comme venant de leur pere :
ils le remercierent tous d'vne voix, l'asseurans que non seulement ils l'honoreroient
comme pere, mais le respecteroient comme leur souuerain Seigneur , sous les commandemens duquel dés l'heure ils se soumettoient, & luy en prestoient le serment :
puis le portans à la grande mosquée , il fut couronné au grand contentement du peu-

ple, qui non sans cause redoutoit les diuisions prochaines : & delà il fut conduit au chasteau, duquel ayant pris possession, & apres s'y estre instalé auec ses amis & domestiques, conuia tous les Orancayes à vn festin royal qu'il ordonna à certain iour dans le chasteau, & fit faire de si grands preparatifs, que chacun en entroit en admiration: tellement qu'au iour profix les Orancayes ne manquerent de s'y rendre en la meilleure conche qu'il leur fut possible. Dans le chasteau on n'entendoit que sons d'instrumens, resiouïssances, chants d'allegresse, tout y rioit; on voyoit passer de si grands seruices de viandes, confitures, breuuages, & choses semblables que l'on iugeoit que le Roy employoit tout ce qu'il pouuoit pour receuoir les Orancayes magnifiquement, & les remercier de l'auoir posé en vne si grande dignité : eux estans en leurs places ordinaires, qui est dans vne cour proche du logement du Roy, assis sous le grand Bali, les chappes commencerent à marcher, la musique renforce, on fait de si grands cris d'allegresse dedans, qu'il tardoit à ceux qui estoient encore dehors, que les chappes ne cheminoient plus viste, lesquelles emmenans chacune leur Orancaye, comme ils estoient dedans les salles, ils se trouuoient iucontinent saisis & poussez dans vne autre cour qui est derriere les bastimens, ou le Roy auoit fait creuser vne profonde fosse, sur le bord de laquelle on les esgorgeoit, puis on les precipitoit dedans; & l'affaire fut menée si chaudement, qu'il y en eut II. cens d'esgorgez, auant qu'aucun de dehors s'apperçeut, qu'entre les chants d'allegresse l'on en entendoit par cy par là quelques-vns de bien tristes. Le peu qui restoit à entrer s'escoula doucement hors du chasteau, sans pouuoir dire asseurément l'occasion de leur deffiance iusques au lendemain, qu'ils reconnurent par le retardement des principaux, qu'il y auoit quelque menée, qu'ils auoient éuitée heureusement.

Le Roy ayant exterminé si facilement tous ceux qu'il redoutoit, & qui luy pouuoient susciter quelque nouueauté, il ne se soucia pas beaucoup du reste, & s'estant fortifié & amassé bon nombre de personnes dans le chasteau, ausquels il fit desliurer des armes, fit publier vne declaration par la ville de ce qui c'estoit passé, & les occasions qui l'auoient meu à faire vne si grande execution, laquelle il disoit auoir esté pour sa seureté & celle de son Estat, remontrant comme par le passé ils auoient fait & deffait tant de Roys à leur fantaizie, qu'ils en auoient aboli l'ancienne tige, & qu'estans sur le point de s'entrecouper tous la gorge, ils n'auoient trouué autre remede, que de l'eslire Roy par force, pour luy en faire autant qu'aux Roys precedens, après qu'ils auroient quelqu'autre imagination. Qu'estant Roy, il ne le desiroit estre en idée, ny seruir de ioüet aux humeurs inconstantes des Orancayes, lesquels apres l'auoir massacré, rentreroient en leurs premiers debats, ausquels ils attireroient insensiblement tout le peuple, qui en pâtiroit le plus; qu'au surplus son intention estoit de maintenir chacun en paix, exercer rigoureuse iustice sur les meschans, & regner equitablement. Apres cette declaration, voyant que personne ne remuoit, & aussi que personne n'entroit dans le chasteau pour luy rendre les deuoirs accoustumez, il enuoya démolir toutes les maisons des Orancayes executez, emporter le canon, armes, & principaux meubles dans le chasteau; fit deffense à qui que ce fut de bastir de pierre, auoir canon en sa maison, ny faire aucun retranchement dedans ou à l'entour : que ceux qui estoient faits fussent remplis, & les murailles de pierre abbatuës : il donna le modelle comme il vouloit que l'on bastit, qui n'est qu'à vn seul plancher, & les murailles des maisons de nattes, comme elles sont auiourd'huy : il fit ceux qui l'auoient assisté en son dessein & ses amis, nouueaux Orancayes, ausquels il distribua partie des heritages des deffuncts, l'autre partie il se la reserua : & se voyant bien assisté, il fit mourir ceux des anciens Orancayes, qu'il redoutoit le plus, confisca leurs biens, puis fit executer ceux du peuple qui les affectionnoient, comme aussi tous ceux qui auoient fait paroistre quelque ressentiment de la mort des premiers : & dit-on que la premiere année de son regne, il fit bien mourir vingt mille personnes, & la seconde encore plusieurs milliers, & les desarma entierement. Il regna long-temps; car lors que ceux de sainct Malo furent à Achen en l'an 1601. il estoit encore viuant, son regne fut tout de sang:

tellement

tellement qu'il reduifit la ville à peu prés en l'eftat qu'elle eft à prefent, qui n'eft rien
en comparaifon de ce que diuerfes perfonnes encor viuantes m'ont affeuré l'auoir
veuë.

Il traitta fort mal les marchands Mores, & fit de grandes courtoifies aux Anglois & Holandois, qui s'y inftalerent de fon temps. Il efleua le Roy qui regne à prefent, eftant fils d'vne fienne fille qu'il affectionnoit fort : Auant fa mort il le recom-
manda à fes enfans, & mourut en l'an 1603. âgé de 95. ans, laiffant deux enfans mafles
defia bien âgez, aufquels par fon teftament il partagea les terres de fon obeïffance,
donna à l'aifné le Royaume d'Achen, & tout ce qu'il auoit le long de la cofte de Sumatra au Coüchant, & il qualifia l'autre, Roy de Pedir auec toutes les terres qui font
le long de ladite cofte du Leuant. Ces deux Princes eftoient d'vn bon naturel, benins
& humains, & trop pour celuy de leurs Sujets ; tellement que de leur temps il fe commettoit vne infinité de meurtres & de voleries de iour & de nuit dans Achen ; le plus
fort oppreffoit le foible : enfin il y auoit vn grand defordre faute d'vne feuere iuftice ;
neanmoins les deux freres vn an apres le decez de leur pere, fe firét la guerre à l'occafion du Roy qui regne à prefent, que le Roy d'Achen auoit retenu auec luy, l'entretenant honnorablement ; & fa mere, qui eft encore viuante, gouuernoit le Roy, comme elle vouloit, & poffedoit de grands moyens : mais cela n'empefcha pas que pour
quelques ieuneffes de fon fils, qui eftoit d'vn merueilleux naturel, il luy vfa de quelques menaces, mefme donna quelque leger chaftiment à fon nepueu, qui trouua moyen de fe retirer du chafteau, & fe fauua chez fon oncle le Roy de Pedir, qui le receut bien humainement. Le Roy d'Achen fçachant fon abfence en fut extremement
marri, & dauantage quand il fçeut que fon frere l'auoit retiré, auquel il manda de luy
renuoyer : Le Roy de Pedir s'en excufa, difant qu'il ne vouloit en aucune façon retourner à Achen : qu'il ne defiroit non plus le forcer, veu la recommandation que
leur en auoit fait deffunct leur pere : enfin apres plufieurs allées & venuës, l'affaire vint
en tel poinct, que le Roy d'Achen denonça la guerre à fon frere, & fe la firent bien af-
prement : le Roy d'aprefent conduifant les armées du Roy de Pedir, auoit le plus fouuent du bon ; mais les forces d'Achen eftans plus grandes que celles de Pedir, apres
diuerfes batailles, aufquelles moururent plus de foixante mille hommes en vn an de
part & d'autre, ceux de Pedir s'ennuyerent, & ne voulurent plus aller à la guerre ; de
forte que le Roy fut contraint de remettre entre les mains du Roy d'Achen leur ne-
veu, qui eut incontinent les fers aux pieds, auec bonne garde. Quelque temps apres
furuint l'armée des Portugais partis de Goa exprés pour s'emparer d'Achen ; ce qu'ils
euffent fait fans doubte, s'ils euffent bien entendu leur fait ; mais fe laiffans paiftre de
paroles, ils en perdirent l'occafion auec plufieurs des leurs, joint le fiege des Holandois deuant Malaca. Les Portugais ayans fait defcente à l'entrée de la riuiere, empor-
terent le premier fort de gazons, mais celuy de pierre les arrefta. Ce Prince qui eftoit
aux fers demanda permiffion à fon oncle le Roy d'Achen, qui pour lors eftoit bien ef-
frayé & en peine comment il deffendroit la defcente aux Chreftiens, remontrant qu'il
valoit bien mieux qu'il mourut en combattant contre les Cafires (ainfi nous appel-
lent-ils) qu'eftre inutilement enferré.

Le Roy luy fit ofter les fers, & il fe porta vaillamment contre les Portugais
en deux ou trois rencontres qu'il eut auec eux ; tellement qu'il acquit vne grande
reputation parmy ceux d'Achen : Sa mere, femme entreprenante & ambitieufe, entendant en quelle eftime on auoit fon fils, entreprend de le faire Roy d'Achen ; luy
communique fon deffein & les moyens d'y paruenir, luy fournit de groffes fommes
d'argent qu'il fema parmy les principaux Orancayes : il fe montroit familier auec le
menu peuple, conuerfoit auec eux ; tout ce qu'il auoit eftoit commun à fes amis, & à
ceux qui luy faifoient la Cour : il ne les refufoit d'aucune chofe qu'ils luy deman-
daffent, fe monftrant liberal parmy les Orancayes, affable auec les riches, compagnon auec ceux qui faifoient profeffion des armes, & auec le peuple tres-benin &
courtois : fur ces entrefaites le Roy d'Achen meurt fubitement ; à l'heure de fon de-

ceds il se trouue dans le Chasteau, gagne les Gardes par sa largesse, fait de grandes promesses aux Officiers, fournit vne bonne somme au Maraja ou Gouuerneur du Chasteau; apointe en l'absence du Roy, quelques principaux Orancayes, distribué quelque argent à d'autres; menace le Cadi qui faisoit quelque difficulté de le couronner; enfin il ioüe si bien son personnage que le soir mesme du deceds de son oncle, il fut proclamé Roy en sa place, à la grande resiouyssance d'vn chacun, pour auoir conceu de luy depuis peu vne grande esperance, tant de sa liberalité, courtoisie & familiarité que de sa valeur.

Comme il n'y a que 12. lieuës d'Achen à Pedir & toute campagne, le Roy fut bien-tost aduerty de la mort de son frere, tellement que le lendemain il fut à Achen pour s'instaler en son patrimoine; mais il ne trouua personne qui vint au deuant de luy, & approchant du Chasteau, comme il n'estoit pas beaucoup accompagné, il fut facile au Roy d'Achen de le faire entrer dedans, où il le garda vn mois; puis feignant de luy vouloir permettre vn lieu hors la ville de plus agreable seiour, que le Chasteau, il le fit esgorger en chemin, ne reconnoissant point l'amitié que son oncle luy auoit tesmoigné par les guerres qu'il auoit soustenuës à son occasion.

Ceux qui le firent Roy ne s'en treuuerent guieres mieux, car commençant par le Maraja qui auoit receu le plus de son argent, il acheua par ceux qui en auoient receu le moins; enfin dés la premiere année on le trouua bien changé; car d'hymain on le trouua tres-cruel; de liberal, tres auare; d'vn naturel familier & benin, tres farouche & inexorable, & depuis il a augmenté tousiours; en sorte qu'il a encore sans comparaison plus espandu de sang que son pere grand; fait plus d'exactions en vne année que l'autre ne fit en tout son regne; enfin il a despeuplé tout ce territoire d'Achen, & espuizé d'argent vn chacun, voir mesme tous les Estrangers qui ont esté à Achen: il a tasché de repeupler sa ville par les conquestes ou à proprement parler par les rauages; parce qu'ayant ruiné les Royaumes de Ior, ce Deli, de Pahan, de Queda & de Pera, desquels il emmena enuiron vingt-deux mille personnes, à present il en reste à peine quinze cent; cela ayant seruy plustost pour spectacle de sa cruauté que d'autre chose; car les ayant pillez & rauagez en sorte, qu'il les emmena tout nuds à Achen, & ne leur donnant vn grain de ris pour leur nourriture: ce peuple estát tout neuf dans vne terre, où il estoit esclaue & estant accoustumé à l'oisiueté, ne se put naturalizer si-tost & accoustumer au trauail, qu'il eut moyen de seruir le Roy & gagner sa vie; de sorte qu'auant seulement qu'ils en eussent imaginé l'inuention, ils estoient desia demy morts de faim: le peuple d'Achen estant pautre ne peut estre grandement aumosnier; tellement que les miserables mouroient par les chemins, ne leur restant que la peau cousuë sur les os; & c'est encore pitié que de voir les restans qui n'ont le moyen de s'accroistre, & ne se peut representer misere pareille à celle là.

Iusques à present ce Roy a eu la fortune tres-fauorable & n'en a eu aucun reuers; tous ses desseins luy reüssissent; enfin, il est si heureux, iusques aux choses de plus petite consequence, que plusieurs l'estiment & le tiennent pour vn grand sorcier; en mon pariculier ie le tiens d'vn grand iugement, & que tout ce qu'il enntreprend n'est à la legere & hors de saison, mais bien meurement & auec des coniectures tres-apparentes & palpables: il n'a assailly aucuns de ses voisins que sur le point de ses vrgentes necessitez ou de quelque grand deffaut; tous ses desseins commencent par des moyens qu'on ne peut comprendre, iusques à ce que le coup soit fait; & comme il ne prend conseil de personne, qu'il n'en demande ou reçoiue, ny qu'il se communique: les entreprises qui partent de luy sont bien plus difficiles à esuenter que d'vn autre, qui propose son dessein & prend conseil d'autruy; & comme il est du tout absolu, & que ce qu'il commande est à l'instant executé; ie ne trouue pas qu'il soit besoin d'assistance des demons pour faire ce qu'il fait: enfin i'ay tousiours entendu dire que tous sorciers sont belistres & miserables, & ie peux asseurer que ce Roy est le plus opulent de ses voisins.

Le Mercredy deuxiefme de Février nous eftions par le trauers de Priamam, & le lendemain nous eftions à veuë de l'Ifle Mantabey ou fut noftre Vice-Admiral, de laquelle on void bien à plain les hautes terres de Primam, Ticou & Paffaman, & le Samedy 5. nous eftions encore de terre d'vne Ifle inhabitée, qui eft entre celle de Naffau & celle de Mantabey.

Le Dimanche fixiefme nous auons paffé entre l'Ifle de Naffau & vne autre, qui n'eft point marquée, ou denommée fur les Cartes, ce paffage à quatre ou cinq lieuës de large : & le lendemain feptiefme, nous eftions encore à cinq ou fix lieuës de l'Ifle Naffau, que nous pouuons bien nommer le cimetiere des François, pour y auoir efté la plus grande partie de noftre Vice-Admiral enterrez : de ce lieu nous voyons encore la terre ferme qui eft merueilleufement haute ; & eft vne belle remarque pour ne point commettre vne telle faute, que ceux de noftre Vice-Admiral, qui f'amuferent à ces Ifles, qui font baffes, au refpect de la terre de la grande Ifle, qui eft tres haute, & qu'ils voyoient du lieu ou ils eftoient ancrez : que s'ils y euffent efté il ne leur fut pas mort quatre-vingts hommes, comme il leur mourut depuis, car toute la terre de Sumatra eft peuplée fur le bord de la mer, de perfonnes qui font accouftumez de voir les Eftrangers; au lieu qu'en ces Ifles ce font la plufpart de pernicieux Sauuages, qui n'ont communication auec perfonne ; la plus haute terre de ces Ifles n'eft pas plus haute, que les coftes marines de France; mais celle de la grande Ifle paroift haute comme les Canaries & dauantage.

Le Mercredy feiziefme, nous auons commencé d'auoir les vents de Sueft par la hauteur de neuf degrez Sud de la ligne ; & depuis que nous fommes partis de Ticou, iufques à prefent nous auons eu des calmes & des vents variables d'Eft Nordeft, Nordeft & proche de la cofte Noroeft.

Le premier de Mars nous auons mis quatre de nos plus groffes pieces de canon au fonds du Nauire, & demonté vne partie des autres, afin de mieux refifter aux tourmentes qui font ordinaires au Cap de Bonne Efperance, principalement en la faifon que eftimons le deuoir paffer, & le lendemain nous auons pris hauteur, & trouué vingts degrez & demi, l'aiguille noroeftoit 16. degrez vn quart.

Var. 16. d. 1. quart. NO.

Le Samedy vingt-fix, veille de Pafque faifant beau vent, ie commanday d'affoir les bonnettes que l'on auoit oftées à l'occafion des calmes que nous auons eu depuis quinze iours ; mais comme on executoit ce trauail, vn ayde de Chirurgien nommé Michel Henriqués de Honfleur tomba en la mer ; on voulut à l'inftant virer le Nauire, ce qu'il ne fit alors; ie luy iettay vn banc de ma chambre, lequel il attrappa & fe tint deffus, nous ferlafmes promptement nos voiles, pour mettre la fcutte hors, qui eftant fur le bord, les anneaux rompirent, de forte que la fcutte tomba en la mer auec trois hommes, lefquels nous firent oublier le premier pour les fauuer, & il y en eut vn, qui fe fauua miraculeufement à quelques linges, qui traînoient arriere du nauire, neantmoins ie fis mettre le grand batteau hors ; car nous voyons encor le premier fur le fiege; mais le batteau eftant en la mer, & le vent croiffant, fut caufe qu'ils ne le peurent aborder affez à temps, & difparut; & apres l'auoir cherché plus de deux heures de temps, ils furent contraints de reuenir ; nous eftions alors par la hauteur de 33. degrez & demy.

Depuis ce iour nous auons eu ou calmes ou vents contraires, iufques au fixiefme Auril auquel iour nous auons eu grande tempefte du Oeft Noroeft, & le nauire a lafché grand eau, ce qui a eftonné plufieurs de noftre efquipage, veu que nous nous eftimions encor à 400. lieuës du Cap de Bonne efperance : ces tempeftes nous ont continué par diuerfes reprifes, iufques au vingtiefme de ce mois, qu'auons apperçeu la terre par la hauteur de trente trois degrez vn tiers, ayans fept degrez trois quarts de variation d'aiguille Noroeft, terre plane & vnie; neantmoins la cofte pleine d'efcueils ; ainfi nous nous en fommes retirez, & dés le lendemain nous auons eu grande tempefte, qui a continué iufques au vingt-deuxiefme, auec tant de furie que nous auons perdu vne partie de nos voiles, & nous battoit tellement en rui-

Var. 7. d. trois quarts.

ne, que nous apprehendions beaucoup de n'y pouuoir resister; car elle a desmoly
tout le haut du nauire, principalement l'auant ; la poulaine en a esté toute emportée, en sorte qu'il n'y reste : que le digon, ou sont attachez les liasses du baupré ;
enfin n'y a endroit dans le nauire, qui ne se sente de cette tourmente, tout en est
esbranlé, & l'eau a entré dans nostre soutte de reserüe par la chambre des canon-
niers, qui estoit demie plaine d'eau; & ne restoit endroit sec dans le nauire. Cette
tourmente s'est appaisée le Samedy vingt troisiesme : laquelle iournée nous auons
employée à nous ragréer au mieux qu'il nous a esté possible. Le premier de May
nous auons eu connoissance de la terre, qui est entre le Cap des Aiguilles & le Cap
Falço. Et le Ieudy 5. nous auons surgi en la baye de la Table, & trouué vn nauire
Holandois du port d'vnze cens tonneaux, nommé la liurée de Roterdam : le Commandeur nommé Cassebos de Bruxelles m'est venu voir le lendemain; il y a-
uoit prés de six mois, qu'il estoit party de Holande auec 380. hommes, desquels il
en auoit perdu enuiron 60. il y en auoit autant qui estoient bien malades. Le Samedy
suiuant est arriué vn autre nauire Holandois, nommé le Maurice du port de 1200.
tonneaux, 300. hommes d'esquipage, vne vingtaine de femmes & quelques la-
boureurs pour labourer & cultiuer les terres de Iacatra, & peupler la ville : la pluspart estoient malades & auoient perdu beaucoup d'hommes, il y auoit 5. mois &
demy qu'ils estoient party de Holande.

Le Ieudy neufiesme est decedé en ce nauire le Capitaine Gedeon Soyer de Dieppe, il estoit tombé malade depuis nostre partement de Ticou, & comme il estoit âgé d'enuiron soixante ans & que nous sommes arriuez en cette terre sur le
commencement de l'hyuer, faisant grand froid, l'air de la terre n'a pas eu le pouuoir de le remettre en vigueur.

Le Ieudy douziesme est encore arriué en cette Baye vn nauire Holandois nommé le VVest Frisland du port de douze cens tonneaux : il y auoit trois mois & demy qu'il estoit party de Iacatra en compagnie d'vn autre grand nauire; ils s'estoient
separez prez de la coste de Natal enuiron par les 31. degrez & demy, où ils auoient
enduré de grandes tourmentes; il estoit tout chargé de poiure, & de clou de
girofle.

Le Samedy vingt-vn voyant que 5. ou 6. malades, que i'ay en ce nauire, ne
reprenoient point leur santé, soit à cause de la grande froidure, ou que ie ne
peux recouurer icy des viandes fraisches, comme il seroit à souhaiter, principalement à l'occasion des Holandois, desquels ie me defie grandement, ie me suis
resolu de partir, ayant desia embarqué mes eaux ; ce qui m'a fait leuer l'ancre
à ce soir; mais ie n'ay pas esté deux lieües esloigné de mon ancrage, que le vent
ne m'ait esté contraire à l'Oest Noroest comme il a tousiours esté depuis que
ie suis arriué en cette Baye : ce qui m'a contraint de reuenir encore à l'ancre,
comme a fait aussi le nauire Roterdam, qui auoit appareillé pour doubler le
Cap de Bonne-Esperance.

Le Lundy vingt-troisiesme est arriué encore vn grand nauire Holandois d'enuiron 1300. tonneaux, nommé le Codda, qui estoit le compagnon & Admiral
du VVest Frisland, venant de Iacatra : il estoit tellement desnué d'hommes,
qu'ils n'auoient pas moyen de manier leurs voilles ; & ne restoient que quinze
ou seize en santé dans le nauire; de sorte que dés qu'il eut connoissance des
nauires moüillés à l'ancre, il se mit à tirer plusieurs coups de canon, & mesme la nuit auant qu'il eut apperçeu aucun nauire, afin qu'on le vint secourir ; ce
que ie n'eusse pas manqué de faire sans les trois autres, qui estoient plus forts que
moy, & desquels ie me tenois esloigné & l'eusse assisté de la mesme façon que
Scouten fit à l'endroit de mon Vice-Admiral. Si i'eusse eu tant de bon-heur que
de le rencontrer seul, nos differends se fussent vuidez sans procez, & i'eusse eu large-
ment moyen de satisfaire les pretentions de Messieurs de nostre Compagnie &
celles de nous autres particuliers, qui auons perdu vne partie de nos moyens par la

fipercherie des Holandois lors de l'embrazement dudit Vice-Admiral fait trai-
treulement par eux. Et le lendemain ie me suis encore mis en effeſt de fortir de cette
baye auec la faueur d'vn petit vent de Sueſt, mais le vent contraire m'a incontinent
ramené.

Le 24. faiſant calme, ie me fus reſolus de deſcendre à terre en certain lieu, ou i'a-
uois remarqué dés l'autre voyage quelques oignons de fleurs, que ie deſirois faire
cüeillir pour porter en France; mais voyant le beau temps continuer, ie fis mettre le
cable au cabeſtan & appareiller fur le foir; & le Nauire gouuernant aſſez mal, i'ay
eſté contraint de paſſer par le Nord-eſt de l'Iſlet, où le calme nous a ſurpris, telle-
iment qu'il a fallu laiſſer tomber l'ancre enuiron à vne portée de canon de l'Iſlet.

Le Vendredy 27. eſt decedé Saudre Ponthon canonnier Eſcoſſois âgé de plus de
foixante ans; il eſtoit malade auant que nous arriuaſſions au Cap, & n'a peu obtenir
guariſon à terre, à l'occaſion, comme ie croy, de la froidure; & de tous les Holandois que i'ay veu deſcendre en terre malades, il n'en eſt eſchappé aucun, & y eſt
mort plus de 80. hommes, & n'eſt à preſent bonne faiſon au Cap.

Le Lundy 30. de May nous auons mis à la voile de vent Suſueſt, nous eſtions encore 73. bouches dans ce Nauire, deſquels il y en a ſix de malades & ſix garçons.

Le feptiéme de Iuin nous auons eu bien mauuais temps & contraire, & portant
voiles dans ce vent, noſtre maſt de beaupré & le clan fe ſont eſclattez, tellement
que nous ne pouuions faire feruir la voille de beaupré.

Le Mardy vingt & vn de Iuin fur les quatre heures de releuée nous auons veu l'Iſle de fainte Helene demeurer au Oeſt Noroeſt de nous enuiron quinze lieuës: ie me
ſuis deliberé, l'ayant rencontrée, d'y tarder trois ou quatre iours, tant pour racommoder noſtre beaupré & y mettre vn clan, qué pour donner foulagement à cinq ou
ſix perſonnes qui ſont deſia entachées du ſcorbut. Le lendemain nous y auons pozé,
& trouué deux Nauires Holandois que nous auons incontinent reconnus eſtre ceux
que nous auions laiſſé à la Baye de la table; i'ay eſté eſtonné qu'ils fuſſent en ce lieu
pluſtoſt que nous, & il faut qu'ils foient meilleurs voilliers que nous: Nous auons remarqué que le Friſland auoit perdu ſon maſt de beau pré. Comme ie faiſois raccommoder noſtre batteau pour l'enuoyer à terre porter quatre ou cinq hommes malades, le Nauire Friſland s'eſtant approché de nous, ils me prierent de n'enuoyer mon
batteau, que ie n'euſſe au prealable parlé à eux; ie l'enuoyay à bord, croyant qu'ils
vouluſſent enuoyer quelques vns des leurs à terre, & y mis le Patron Beruille, auquel ils firent bonne reception, & le tinrent trois ou quatre heures, pendant lequel
temps ils luy propoſerent qu'ils eſtoient arriuez du iour d'hyer à midy, ayans quantité de malades, & qu'ils n'auoient encore eſté à terre, pour ce ſuiet me prioient de
n'enuoyer les miens pluſtoſt que les leurs, à ce qu'ils ne ceüilliſſent tous les fruiſts,
dequoy ils auoient plus grand beſoin que moy; & que le lendemain ayant aduerty
leur Cõmandeur qui eſtoit dans l'autre Nauire le Codda ou Houda, que nous pourrions repartir les fruiſts au prorata des hommes que nous aurions: Beruille repliqua
qu'il ſçauoit bien que ie n'eſtois venu en cette Iſle en intention d'auoir des oranges
& citrons, que fi ie ne l'euſſe rencontrée en faiſant ma routte, que ie n'y fuſſe pas
venu, & que ie n'auois enuie d'y feiourner plus de 2. ou 3. iours pour racommoder
mon beaupré, qui de nouueau eſtoit endommagé; toute fois qu'il ne manqueroit de
me dire ce qu'il auoit entendu d'eux. Le Holandois ne fe contentant pas de cela luy
demanda pourquoy i'eſtois venu en ceſte Iſle, & à quelle intention, veu que le Portugais qui s'eſtoit retiré auec eux au Cap de Bonne Eſperance leur auoit dit que nous
eſtions des meſchans, & qu'ils ne deuoient point fe fier à moy; toutesfois que ie n'o-
ferois auoir attaqué vn de leurs Nauires, quelque petit qu'il fut: que noſtre Nauire ne
valoit du tout rien, que nous ne ſçaurions auoir tiré 3. coups de canon; & que s'il
en auoit receu 2. il couleroit auſſi-toſt à fonds; & que nous n'oferiós nous trouuer
parmy nuls nauires Holandois: à quoy Beruile reſpondit, qu'il leur auoit defia
dit que ce n'eſtoit pas mon deſſein de venir en cette Iſle, fi ie ne l'euſſe rencon-

Seconde Partie.   O iij

trée en routte, qu'au surplus ie n'auois eu non plus de crainte d'eux, que si ie ne les eusse point veus en rade & que si i'en eusse eu peur; ie ne fusse pas venu moüiller si proche : que nous les auions fort bien reconneus dés que nous les auions apperçeus, & que nostre crainte en deuoit estre plus grande en la Baye de la Table, eux estans quatres Nauires, & qu'à present ils n'estoient que deux; que pour le fait de nostre nauire nous nous en contentions assez, & qu'il n'estoit pas si mauuais, comme on leur auoit donné à entendre : enfin voyant qu'on luy reiteroit tels discours & plusieurs autres, qui paroissoient plustost de vouloir chercher quelque querelle mal fondée, qu'autre chose, il prit congé d'eux, & m'ayant fait rapport de ce que dessus, ie fus en suspends de ce que ie deuois faire, sçauoir d'enuoyer le batteau à terre contre leur volonté, pour sçauoir s'ils me deffendroient la terre, ou bien me parer d'eux à l'occasion que nous en estions si proches; que nostre baupré s'estoit meslé dans sa galerie, & auoit pensé acheuer de rompre, & qu'ils me pourroient encore endommager; si ie n'y donnois ordre : ce nauire estant trois fois plus grand que le nostre, qui ne paroist rien proche de luy; mais comme la nuit approchoit ie me deliberay d'attendre iusques au lendemain, que ie me retiray quelque peu au vent de luy; ce qu'estant fait, si on m'eut voulu croire, nous l'eussions abordé auparauant, tant ie me sentois outragé, que telles personnes me deffendissent vne terre qui ne leur appartenoit pas. Le lendemain est venu à bord de ce nauire vn des principaux du VVest Frisland auec vn soldat François nommé Champagne, que i'auois du precedent veu à Tablebay; ils me fit diuerses excuses de ce qui s'estoit passé hier : qu'il venoit de la part de son Commandeur nommé Iob Cristians Grips qui estoit à terre lors que nous arriuasmes, & qu'estant de retour au nauire, il auoit esté extremement marry de l'indiseretion & effronterie du Maistre de Nauire, qui auoit eu la hardisse de retarder le dessein que i'auois d'enuoyer mon batteau à terre; que cela c'estoit fait sans l'adueu d'aucun, que de la fantaisie du Maistre qui estoit yure, & prioit de n'auoir esgard à cela : qu'il auoit charge de son Commandeur de me prier, que si i'auois affaire de quelque chose de leurs nauires, que i'en disposasse; qu'il sçauoit de bonne part que i'auois manque de pain; qu'il m'assisteroit de telle quantité de ris, que i'en aurois besoin; voire de toutes victuailles : ie le remerciay des derniers offres, l'asseurant qu'il auoit esté mal informé, aussi bien que d'autre chose, de l'estat de mes victuailles, qui estoient graces à Dieu, en telle quantité, qu'elles suffisoient pour nourrir ceux de mon equipage; que celuy qui leur auoit dit que ie faisois mourir mes gens de faim, auoit aduancé tant d'autres faussetez, que celle-là m'estonnoit le moins. Que pour le fait de ce qui s'estoit passé le iour d'hier à bord du Frisland, i'auois trouué ce procedé dur à digerer, & que ie prenois cela pour vne deffence qu'il m'auroit faite de m'ayder de la commodité d'vne terre, qui ne leur appartenoit point, & qui estoit commune à ceux qui y pouuoient paruenir. Que s'il n'eut esté si tard ie n'eusse laissé d'y enuoyer, encore que mes forces ne fussent egalles aux leur; neantmoins ayant la raison de mon costé, i'aurois assez de courage pour suppleer à ce deffaut; que d'icy en auant ie l'enuoyerois à terre, sans en demander l'aduis d'aucun, & me tiendrois prest pour attendre toutes sortes d'éuenemens: Qu'au surplus ie n'auois songé à aucuns fruictages, & quand ainsi seroit que ie fusse paruenu en ce lieu le premier, & que mes gens les eussent tous cueillis, que ie n'aurois esté si mal appris que de manquer de leur en presenter bonne partie, sçachant bien qu'ils en ont plus de besoin que moy; outre qu'estans tous Chrestiens, & nos Princes amis, nous estions obligez de nous entr'assister les vns les autres: Que dés les Cap de Bonne-Esperance ils en pouuoient auoir remarqué quelque effect de ma part; que si i'eusse eu besoin de fruictage, l'action que ie leur vis hier faire, m'auroit encor bien picqué, veu qu'entretenant ceux de mon batteau dans leur Nauire, ceux du Houda auoient esté cueillir les fruicts sans m'en presenter aucuns : que ie ne m'eſtonnois pas beaucoup de cela , veu la mauuaiſe volonté qu'ils auoient vers nous , dont les marques en eſtoient encore reſſentes en choſes de bien plus grande conſequence , & qui me donnent occaſion plus preignante de me plaindre. Il me repartit là-deſſus que la courtoiſie dont i'auois vſé au Cap de Bonne-Eſperance en leur endroit , de leur auoir enuoyé partie de la chair fraiſche que i'auois traittée , auant que leurs compatriots leur en enuoyaſſent , les rendoit grandement honteux de ce qui s'eſtoit paſſé le iour d'hyer ; que pour le tort qui m'auoit eſté fait en la catra , il eſtoit de grande conſequence , auſſi que leur Maiſtres auoient de grands moyens pour en payer l'amande ; à cela , ie dis qu'en France i'eſperois que l'on auroit ja commencé à y donner ordre.

Le Dimanche 26. le Commmandeur des Nauires Holandois eſt venu à bord de ce Nauire me prier d'accepter de luy quelques victuailles , ſi i'en auois beſoin ; ie le remerciay l'aſſeurant n'auoir neceſſité d'aucune choſe , meſme ie luy fis gouſter de noſtre pain , qu'on luy auoit dit eſtre ſi mauuais.

Le lendemain il m'enuoya vne battelée de ris ; en reüanche , ie luy enuoyay trois barils de lard & vn poinſon de ſel ; il m'a auſſi prié de luy addreſſer quelques pacquets de lettres. Le ſoir i'ay fait reuenir ceux qui eſtoient à terre ; il a quelque peu amendé aux malades , & deceda Samedy dernier Iulian Simon matelot de Dieppe , qui eſtoit demeuré hydropique.

Le Mardy 28. de Iuin nous ſommes appareillez de l'Iſle ſaincte Helene , qui eſt vn bel endroit pour rafraiſchir les hommes , tant à l'occaſion de la temperature de l'air , que de l'abondance de cabrits & pourceaux qui y ſont en tres-grand nombre ; comme auſſi de la facilité de recueillir de bonnes eaux , peſche de poiſſon à la rade & ſur le riuage , que pour les fruicts , ſçauoir oranges & citrons , qui eſt le ſouuerain remede contre le ſcorbut : dauantage il y a des herbes qui ſont propres pour le potage , comme pourpier , vne ſorme d'eſtragon dont il y a grande quantité , quelque ſenegrey , du tabac & de l'herbe mayoc , dequoy on fait le pain caſaue au brezil : il y a auſſi des perdrix & des pigeons , meſmes i'ay entendu de quelques-vns des noſtres y auoir remarqué la Piſte de quelques bœufs : toutes leſquelles viandes , eaux , herbes , & poiſſons excellent ſur toute autre ; & encore que l'Iſle ſoit tres-difficile pour eſtre haute , & les montagnes bien faſcheuſes à grimper , eſtans tres-arides & eſcarpées ; neantmoins au haut il y a quantité d'herbages à l'occaſion de l'humidité de l'Iſle ; & n'y a fente ou valon dégarny de quelque ruiſſeau , le principal deſquels eſt en la grande valée ou eſt baſtie la chapelle , encore que cette vallée n'ait pas cent cinquante pas de large , & n'en peut-on auoir fait mille , qu'elle ne ſe termine en vn meſchant cran ou fente pleine de roches , parmy leſquelles court le ruiſſeau , qui tombant d'vne fort haute montagne , ſe reſoud auſſi menu que pluye , & de la chappelle iuſques à cette cheute , il n'y peut auoir vne lieuë. Sur le haut du païs il y a quelques arbriſſeaux qui ne produiſent aucun fruict. Cette Iſle eſt ſituée par la hauteur de ſeize degrez Sud de l'equinoxial : l'aiguille y varie cinq degrez trois quarts au Nordeſt : les vents de Sueſt y regnent continuellement.

Var. 5. d. 3. quarts N E.
à ſainte Helene.

Le Mercredy ſixieſme de Iuillet nous auons veu l'Iſle de l'Aſcenciõ , elle nous demeuroit au Nordeſt , nous en pouuions eſtre à douze lieuës : elle paroiſt bien haute , & i'entends de ceux qui y ont eſté , que le moüillage eſt vis à vis d'vne anſe de ſable : il n'y a aucun bois ny eau douce , au moins que l'on aye iuſques à preſent trouuée , & neantmoins il y a des pourceaux : Il ne ſ'y void aucune plante ny verdure , ce ne ſont que rochers bruſlez : Il ſ'y treuue quantité d'oiſeaux , ſçauoir fregates , etrelets , fols , margaults , mauues , & autres , leſquels n'ont beſoin d'eau douce. Il ſ'y trouue abondance de poiſſon le long des roches , & en la rade plus qu'en ſaincte Helene : meſme il s'y treuue des tortuës comme aux Iſles du Cap Verd. L'Iſle ne peut auoir plus de huict lieuës de circuit , enuiron comme celle de Ste Helene : elle eſt par la hauteur de huict degrez Sud de l'equinoxial.

Var. 4. degrez NE. ſous l'equinoxial.

Le Mercredy 13. de Iuillet nous eſtions ſous l'equinoxial , l'aiguille Nord eſtoit 4. d.

Le lundy 18. nous auons eu commencement de grains de vent & de pluïes.

Le Dimanche dernier depuis le dessus escrit nous auons eu de grands calmes & pluïes, & si peu de vent qu'il y auoit, venoit du Noroest : ce qui a causé plusieurs maladies dans ce Nauire d'enfleures & hydropisies, de quoy la plussart sont entachez.

Le lundy 1. d'Aoust nous auons veu deux Nauires Holandois, qui ont arriué sur nous, puis passé auant le vent : nous n'auons rien peû apprendre d'eux, sinon qu'ils estoient d'Amsterdam, & venoient de Guinée : & comme ils alloient beaucoup mieux que nous, nous ne leur auons peû tenir long-temps compagnie. Le lendemain matin sont tombez encore malades quinze ou seize personnes, tellement qu'il ne reste six personnes en santé, & il y a plus de huict iours que chacun a perdu l'appetit & ne mange point du tout. Nous sommes par la hauteur des Isles du Cap Verd, ce qui m'a fait resoudre d'y aller au plustost, encore que mes Pilotes me veulent traîner au Cap Verd, disans que nous en sommes plus proches, ce qui est contre mon opinion.

Le 5. d'Aoust la mortalité a commencé en ce Nauire, les calmes continuans.

Le Mercredy 10. chacun estoit si abbatu, qu'à peine pouuoit-on remuer les voiles, & en mon particulier ie faisois plus que force pour les encourager, & les pluïes, bruines & calmes continuoient, ce qui estoit cause que nous ne pouuions aduancer chemin : Et le lendemain le vent estant Nord auec pluïe & bruines, & courans à toutes voiles à l'Est Nordest, a suruenu vn tourbillon de vent, qui n'a pas duré deux minutes, & nous a pensé demaster. Nous en auons perdu toutes nos voiles, qui ont esté rompuës, comme si c'eust esté du papier moüillé : nous auons sauué partie des pacfis, mais le grand hunier qui estoit tout neuf, a esté entierement perdu, & bonne partie du petit. Cet accident, qui est veritablement tres-grand, encore mesmes que nous fussions sains, a fait perdre le peu de courage qu'il restoit à ce miserable equipage : ie les ay encouragez au mieux qu'il m'a esté possible, affin de renuerquer ce qui nous restoit de voiles, ce qui n'a esté fait qu'auec vn grandissime trauail : Le lendemain nous auons veu quelques arondelles & papillons, ce qui nous a donné asseurance d'estre proche de la terre, & donne encor quelque respir à quelques-vns, mais à d'autres non, & sept ou huict vont tirant à la fin.

Le Samedy 13. nous auons veu vne Isle au Nord de nous, ce qui a donné quelque peu de courage à nos gens : nous estions par la hauteur de seize degrez, ce qui nous fie asseurer estre l'Isle de S. Nicolas, vne des Isles du Cap Verd : Dieu nous a fait beaucoup de grace de nous auoir donné connoissance de cette Isle.

Le Mardy 16. nous n'auons sçeu attraper l'ancreage de l'Isle S. Vincent, en laquelle ie desirois aller, ce qui a merueilleusement desbauché cet esquipage : en mon particulier ie ne me pouuois plus soustenir : tellement qu'ayant esté vn iour sans monter en haut, quelques-vns proposerent d'abandonner & eschoüer le Nauire en l'Isle S. Antoine, ce qui me fit monter en haut bien à peine pour encourager vn chacun : & sur le midy nous auons eu quelque peu de vent Suest, à la faueur duquel nous auons recouru vers l'Isle S. Vincent, ou proche d'elle auos trouué de fortes mareés, qui nous ont conduit iusques sur l'ancreage, où nous auons moüillé à 5. brasses d'eau : Dieu nous a fait vne belle grace de nous auoir permis d'attraper ce lieu, car il ne restoit force ne courage parmy la plussart, & ç'a esté contre nostre attente à tous, d'y estre ainsi paruenus.

Le Mercredy 17. au matin nous auons mis le batteau hors, & fait porter nos vieilles voiles pour faire des tentes pour retirer nos malades, qui y ont esté portez à grande difficulté, & ne pouuant éconduire tous ceux qui me demandoient congé d'aller chercher leur santé à terre, i'ay pris deliberation de garder le Nauire auec douze hommes, encore que i'eusses autant besoin de la terre que les autres.

Le 19. il faisoit grand vent de Nordest, & sur les 9. heures du matin a paru vn petit Nauire Holandois qui vouloit à cet ancreage, & a passé de terre d'vne roche qui est à l'entrée de cette baye, mais quelque signal que nous luy ayons peû faire, il a lasché auant le vent, & n'a voulu approcher à la portée du canon de nous

Et

Le Ieudy premier iour de Septembre i'auois recouuert entierement ma santé,
& i'ay esté visiter ceux de terre, lesquels i'ay treuué en meilleure disposition que
ie n'eusse estimé : & ne restoient que quatre à cinq personnes encores bien malades; i'ay reconnu qu'il se pratiquoit vne petite ligue pour me persuader d'aller
au Cap-verd & d'y passer l'Hyuer ; ce qui m'a donné plus d apprehension que
de peine à dissiper.

Le 15. i'ay fait leuer les ancres & appareiller sur le midy, le vent estant Nor-
d'Est qui ne nous a permis de passer au vent de l'Isle de Saint Anthoine. Cette
Isle de saint Vincent a l'ancreage ordinaire, est par la hauteur de 17. degrez vingt
minutes; l'aiguille y Nordeste 2. degrez 15. minutes; en cette saison elle est tres-
abondante en tortuës; il y en a vne sorte de fort excellentes, que l'on appelle
tortuës franches; le poisson est tres-grand, y en ayant telle, qui ne peze pas moins
de 300. liures, & il y a autant à manger qu'à vne genisse d'vn an, d'aussi bon goust
& la chair aussi blanche; la difference qu'il y a pour les connoistre des autres, qu'ils
appellent cahouanes, qui ne laissent d'estre bonnes, mais non à beaucoup prés des
franches, est que leur escaille est vnie, lisse & de couleur verdastre, ordinairement
plus grandes de corps, & neantmoins de teste plus petites; le bec en dents de sie, ce
que n'ont pas les autres; elles viennent la nuict pour pondre leurs œufs sur le sable,
& les enfouissent enuiron vn pied dedans, puis les recouurent, & s'en retournent
en la mer : quand on les veut auoir on les espie la nuict qu'elles sortent de l'eau ;
puis par derriere on les retourne sur le dos, d'où elles n'ont moyen de se remettre sur pied, & on les vient querir le lendemain matin; à la plus part d'elles se treuuent dans le ventre 250. œufs à escaille, & autant d'autres sans escaille, lesquels sont
tres-bons. Nous auons recouuert en cette Isle certaine herbe, qui ressemble aucunement aux espinars, mais sans comparaison meilleure; nous la mangions en
salade & potage, qui nous a grandement seruy pour nous faire reuenir en santé ;
car elle nous tenoit le ventre libre, comme fait aussi la chair de tortuë, tellement
que cela nous seruoit de purgation : & tel à qui la peau ne pouuoit contenir les
enfleures, a esté guary en 8. iours, & i'ay esté l'vn de ceux-là sans auoir parti du
Nauire, & pris medecine deux seules fois ; quand i'eusse esté en France, ie n'eusse
pas creu estre gueri de cette maladie en vn mois : il se trouue aussi grande quantité de cabrits & tres-bons ; mais il faut auoir des chiens pour estre asseuré d'en
auoir tous les iours : de fruicts nous n'y en auons point treuué, sinon quelques
figues sauuages, mais toutes gastées de vers : du costé de l'Est au pied d'vne haute montagne qui est en forme de table, il y a grande quantité de pourpier ; les eaux
n'y sont pas bien bonnes, pour estre surmaches ou quelque peu sallées, toutesfois vers la pointe du Soroest de cette Baye, où est l'ancreage, il y a vne petite
source qui estant curée & profondie rendroit d'assez bonne eau ; il y a aussi du bois
à brusler, qui n'est pas bien difficile à auoir; c'est vne sorte de pins sauuages, mais
fort bas ; il y a peu d'autre bois sur l'Islet, si ce n'est quelques petits arbrisseaux
qui iettent vn laict tres-dangereux & douloureux, quand il touche les yeux : le
long des roches se pesche quantité de poisson, & peu à bord, si ce n'est que l'on y
accommode de la tortuë, car iettant les issuës, & le sang tombant en la mer, cela
y attire quantité de poisson, que l'on pesche suffisamment pour nourrir ceux qui
sont à bord, n'estant besoin d'auoir soin de ceux qui sont à terre, si ce n'est de leur
enuoyer du pain : car ils treuuent là dequoy viure abondamment, mais qui veut
auoir quantité de beau, grand, & bon poisson, il faut aller à l'Islet ou roche qui
est à l'entrée de cette Baye, esloignée de l'ancreage enuiron vn quart de lieuë,
ou demye lieuë au plus ; sept ou huict hommes dans vn batteau en deux heures de
temps pescheront pour nourrir deux cens hommes : enfin c'est vne des meilleures Isles qui se puisse rencontrer pour rafraichir des hommes, & n'est inferieure à
celle de sainte Helene, hormis que les eaux ne sont pas bonnes, mais en recompense cette Isle cy est accessible partout, & il y a de belles promenades, ce qui

Seconde Partie.   5   Q

n'eſt pas en l'autre , où ce ne ſont que precipices , & le païs plus difficile que i'aye iamais veu; cette Iſle peut auoir neuf lieuës de circuit , & les vents y ſont la pluſpart du temps NordEſt , comme en l'Iſle ſainte Helene Sueſt : en pluſieurs endroits il y a de tres belles anſes, mais celle qui eſt du coſté de S. Anthoine eſt la plus belle, & ne ſe peut iamais voir de plus beau port, car vn nauire y eſt à l'abry de tous vents, beau fonds de ſable; nous eſtions ancrez à cinq braſſes d'eau, nous n'auons eu aucune connoiſſance d'habitation , encore que nous ayons couru bonne partie de l'Iſle; quelques vns diſent auoir veu vn homme au commencement que nous arriuaſmes icy, toutefois il ne s'eſt montré depuis, s'il y en a, c'eſt fort peu ; il y a encore 3. ou 4. des noſtres qui ne ſont entierement guaris, Dieu leur veuille renuoyer leur ſanté, & nous faire la grace de rapporter quelque eſchantillon de ce malheureux voyage, qui au iugement de pluſieurs eſt bien riſqué, & ſemble à quelques vns que ie les meine au ſuplice, allant en temps d'hyuer en noſtre pays; mais pour mon particulier ie n'y trouue pas tant de difficulté comme eux, me confiant en la miſericorde de Dieu , qui aura s'il luy plaiſt pitié de nous.

Le premier d'Octobre , nous eſtions par la hauteur de 33. degrez ½ ayant eu depuis noſtre partement de l'Iſle ſaint Vincent les vents Nordeſt ¼ d'Eſt qui nous auoient obligé de faire le Noroeſt, & auons auancé plus que nous n'euſſions eſperé, ce qui nous donna eſperance de brefue trauerſée, mais le lendemain nous auons eu vne furieuſe tourmente du Sud, qui a bien augmenté par vn rencontre de Nord qui s'eſt oppoſé à la premiere furie de ſon contraire : le vent de Nord demeurant enfin le plus fort a tellement agité la mer que nous auons eu bien du trauail dans ce Nauire , & laſchions grande eau, & pour comble de noſtre mal nous auons perdu la meilleure partie de nos breuuages & huille pour bruſler à la lampe.

Le 10. d'Octobre nous auons eu grande tempeſte du Nordnoroeſt & depuis le commencement de ce mois , nous auons eu des vents de Nord, Nordnoroeſt & Nordnordeſt qui nous ſont directement contraires : les chandelles de S. Gouſtan ou S. Elme ce ſont apparuës ſur nos maſts durant le plus fort de cette tempeſte.

Le 12. nous auons veu les Iſles Aſſores, ſçauoit le Picq S. Georges & la Tercere, & ſommes paruenus iuſques au 17. de ce mois, auant que de les pouuoir paſſer: cette contrarieté de temps nous donne bien de l'affliction.

Le 19. nous auons eu grande tempe du Noroeſt, laquelle continuant le iour ſuiuant 20. & portant les pacfis afin que le Nauire ne trauaillât, comme il eut fait ſans voilles , noſtre grand maſt craqua par la voye des eſtambreys, ce qui nous fit promptement ammener la voille , & l'ayant viſité ie treuuay qu'il eſtoit rompu de trauers & eſclatté en long par deux endroits la hauteur d'vne braſſe , s'ouurant au roulage du Nauire trois & quatre coups de ligne à chaque fente, ce qui nous a fait reſoudre de mettre noſtre grand maſt de hune bas ſur le tillacq ; & comme le Nauire ſe tourmentoit beaucoup en l'emmenant , il a emporté mes lices de tiebord & iettées en la Mer; puis quelque temps apres noſtre maſt de mizance a rompu , tellement que le Nauire n'eſtant ſouſtenu de voilles a tellement roullé & trauaillé que nous ne pouuions franchir l'eau, les hauts du Nauire eſtant pourris & démollys, & les tillacqs chargez d'ammonition , ie m'eſtone comme le tout n'a ouuert.

Le 22. la tourmente s'eſt du tout appaiſée, & auons perdu ce iour à nous raiuſter, & auons treuué le grand maſt plus endommagé que nous n'eſtimions ; tellement qu'il a fallu faire deux clans pour l'affermir, l'vn du maſt de hune , l'autre d'vn de rechange que nous auions, & Dieu nous a bien aſſiſté que la tourmente ait ceſſé; car ſans doubte tout fuſt venu bas, & nous trouuons par tout à refaire; nous eſtions alors par la hauteur de 44. degrez.

Le 29. nous eſtions par la hauteur de 49. degrez & demy.

Le dernier nous auôs eu fonds à 70. braſſes auec tempeſte en Oeſt Noroeſt, nous eſtions par la hauteur de 50. degrez , ie fis aſſembler les Pilottes & Maiſtres de Nauire & autres nauigateurs, pour ſçauoir d'eux le lieu où ils s'eſtimoient, la pluſpart eſtoient d'opinion que les Iſles Sorlingues leur demeuroient au Oeſt enuiron 20. lieuës ; ie leur preſentay auſſi vne lettre de meſſieurs de la Compagnie pour ſçauoir le lieu où ſeroit noſtre retour en France, laquelle eſtant ouuerte fut trouué qu'il ſeroit au Haure de grace on Honfleur ; ainſi ie les exhortay de faire leur adreſſe pour ſuiure l'ordre à eux enjoint.

Le premier de Nouembre nous auons eu tourmente de Nordnoroeſt en ſorte que nous ne pouuions porter voille, & a continué encore le lendemain ; ce qui nous a fait driuer du coſté de Bretagne, & comme il y auoit quelques differends entre les Pilotes ſur la routte que nous deuions tenir, ie les ay fait aſſembler, où il a eſté remonſtré par quelques-vns l'extremité en laquelle nous eſtions par les continuelles tourmentes que nous auions eu depuis vn mois, qui auoient tellement fatigué nos Matelots, que nous n'en pouuiõs plus tirer aucun ſeruice : la grande eau que faiſoit le Nauire par ſes hauts leſquels eſtoient tous demollis, nos voilles toutes vſées & rompuës, principalement nos hunniers : les nuicts longues & obſcures, la froidure qui eſtoit bien ſenſible à des perſonnes mal veſtuës, & le reuif de cette nouuelle Lune, qui ne nous pourroit conduire pour entrer dans le Havre de Grace, n'eſtant conſeillable y radier en telle ſaiſon que cette-cy, il fut reſolu de nous mettre en ſauueté au premier lieu que nous pourrions rencontrer, ſoit Breſt ou quelque autre place propre à tenir le nauire à flot.

Le troiſieſme Nouembre nous auons veu le Cap Lezart en Angleterre.

Le cinquieſme nous moüillaſmes l'ancre deuant le Chaſteau de Grenezay à dix braſſes d'eau : nous ſommes partis de Grenezay le Mardy 29. eſperant d'aller au Havre de Grace, mais à cauſe du calme nous ne pûmes aller qu'aux Caſquettes ; nous moüillaſmes à vne lieuë loin vers le SSE. ſur 32. braſſes beau fond & bonne tenuë : Le lendemain le vent eſtant N.N.O. nous appareillaſmes : au ſoir nous eſtions vis à vis de la Hogue, nous paſſames la nuict ſous voiles ayant le Cap à l'ENE. le vent eſtant NNO.

Et le lendemain premier iour de Decembre nous arriuaſmes à bon port 38. mois apres noſtre partement.

Explication de ce qui eſt contenu aux colonnes de ce Routier.

L A premiere marque les iours & les mois.

La ſeconde, les Courſes ou Rumbs du vent, ſur leſquels on a ſinglé la variation, & tous empeſchemens ſeuz.

La troiſieſme, les lieuës que l'on couroit à 17. lieuës & demy pour degré.

La quatriéme monſtre les vents qui ventoient, marquez, comme auſſi en la troiſiéme, par colonne des lettres Capitales des Rumbs de vent, comme le Nord par N,
le Sud par S, l'Eſt par E, le Oueſt par O, le Nordeſt par N E, le Nord vn quart de
Nor-eſt par N, ¼ NE, le Nornordeſt par NNE, & ainſi des autres.

La lettre V. ſignifie vent variable, P. les pluïes, C. les calmes ou petits vents, GV.
grand vent, & DR en cette colonne & en la troiſieſme, ſignifie diuerſes Routtes.

La cinquieſme colonne monſtre les Latitudes, par degrez & minuttes, & de quelle part ſont les Latitudes Nord ou Sud de l'equinoxial, marquez par les lettres N. S.

La ſixieſme, les longitudes par degrez & minutes, & de quelle part ſont les longitudes à l'Eſt ou à l'Oueſt du premier Meridien, que ie poſe 70. lieuës au Oueſt de la
Baye de Saldaigne, à cauſe qu'en ce lieu ſeulement i'ay trouué l'Aiguille fixe & ſeparation de variation, d'autant que toutes les variations priſes au Oueſt de ce Meridien, ſont au NordEſt du Pole Artique, & celles qui ſont à l'Eſt tombent au
Notoueſt.

La ſeptieſme monſtre les variations par degrez & minutes, ſelon les Longitudes
& Latitudes des lieux, & de quelle part ſont les variations Nordeſt ou Nordoueſt
marquez par les lettres NE, & NO.

La Conſtruction des quatre premiers iours de cette Table pour plus d'intelligence.

L E 2. iour d'Octobre nous partiſmes de Dieppe, qui eſt par la Latidude de 50. degrez 10. minutes Nord, & à 18. degrez 40. minuttes de longitude Oueſt,
ayant en ce lieu 6. degrez 30. minutes de variation Nordeſt, le vent eſtoit Nor-Nor-
d'Eſt.

Le quarrieſme iour dudit mois, nous auions couru au Oueſt quatre-vingt dix
lieuës, le vent auoit eſté Nornord'Eſt, & eſtions paruenus en la Latitude de 50. degrez Nord, à 5. lieuës du Cap de Lezart en Angleterre, la longitude eſtoit 26. degrez 30. minutes Oueſt, & la variation 9. degrez du Pole Artique vers le Nordeſt.

Le ſixieſme iour du meſme mois, nous auions couru depuis le quatrieſme au Su-
d'Oueſt, quart du Sud ſoixante & dix lieuës, le vent auoit venté de l'Eſt Nord eſt,
eſtions alors par les 46. degrez 50. minutes de Latitude de Nord, & ſur ma carte par
les 30. degrez 10. minutes de longitude Oueſt, & trouuaſmes l'Aymant varier 8. degrez vers le NordEſt.

Le 19. iour dudit mois, noſtre courſe auoit eſté au Sud vn quard du Sudoueſt
trois cens lieuës, le vent auoit eſté la pluſpart NordEſt, & nous nous trouuaſmes prés
l'Iſle de la Palme, qui eſt vne des Canaries en Latitude de 29. degrez 45. minutes
Nord, & par la longitude de 35. degrez 30. minutes Oueſt, ayant ſix degrez de variation NordEſt.

Iournal du Voyage precedent des Indes Orientales, dreſſé à la maniere des Mariniers,
Par I. LE TELLIER Pilote de l'Amiral.

Mois & Iours	Routes	Lieuës	Les vẽts	Latit. Nord (d. m.)	Lôgit. Oueft (d. m.)	Varia N E (d. m.)
1619						
Octob.						
2			NNE	50. 10	18. 40	6. 30
4	O	90	NNE	50 26	30 9	0
6	SO¼S	70	ENE	46 50	30 10	8 0
19	S¼SO	300	NE	29 45	35 30	6 0
Nouem						
2	Au Cap vert.					
4				14 30	35 30	2 45
22 à Tagrin	peu de vent.			8 15	30 30	2 40
Decem						
17			N O.			
18	SO¼O	20	C. V.	7 39	31 30	2 35
20	SO¼O	10	S E	7 19	32 0	2 30
23	S	18	V	6 16	32 0	2 15
31	SS E	40	V	4 10	31 5	
1620						
Ianuier.						
1	S	15	C	3 19	31 5	3 30
3	SO¼O	37	SSE	2 6	32 45	3 30
5	SO	44	S E	0 20	34 31	4 15
			S V D			
7	SO	29	S E	1 0	35 40	5 0
8	SO	16	S E	1 40	36 18	5 20
12	SSE	101	SE¼E	7 0	38 34	5 45
14	S¼SE	51	SE¼SE	9 50	39 8	6 40
16	S¼SE	52	ESE	12 43	39 42	8 0
19	S¼SE	87	ESE. E	17 33	40 40	9 30
21	S	43	E	20 0	40 40	11 0
22	S¼SE	20	ENE	21 6	40 26	12 30
24	SSE	35	NE. NNE	22 56	39 40	13 0
25	SSE	52	NE¼N	25 34	38 20	14 0
28	SE¼E	54	NNO.V	27 22	35 25	13 30
31	SE¼E	50	ONO	29 2	32 38	13 15
				30 0		13 30
Feurier						
3	SE¼E	50	SO. C.	30 42	29 50	12 30
5	E.E¼S.	67	SO	31 0	25 22	12 0
8	S¼SO	6	SE¼E.V	31 20	25 25	11 25
14	SE¼E	68	V.	33 31	21 22	10 15
18	E.¼S.E	100	OSO.NE	34 16	14 22	8 30
24	E.E¼S	56	S. V.	34 2	10 26	5 0
28	E	35	SO.SSO	34 2	8 0	3 0
28	E.E¼S	19	V.	34 9	6 40	2 20
Mars.						
1	E.E¼N	18	SSE	34 3	5 24	1 40
4	E.E¼S	50	S	34 27	1 54	0 25
5	E¼NE	20	V	34 13	0 30	0 5

Mois & Iours	Routes	lieuës	Les vẽts	Latit. Sud. (d. m.)	Lôgit. OEft (d. m.)	Varia N O (d. m.)
1620						
Mars.						
6	E¼NE	20	V	34. 0	0. 54	0. 8
8	ESE	11	V	34 16	1 36	0 16
9	E¼NE	18	SSE	34 4	2 52	0 46
11	ENE	17	SSE	33 42	3 57	1 15
	veuë de terre.	*les ma*	*rées courẽ*	*icy N*	*N O.*	
Auril.						
12	T. Baye.			34 0	4 56	1 45
13	O	10	N¼NE	34 0	3 33	
14	S	20	NNE	35 8	3 33	
15	SE¼E	35	NNE	36 16	5 39	3 20
19	E.E¼N	82	GV.V.	36 0	11 22	8 20
20	NE¼E	20	SSE	35 21	12 35	9 0
24	E.E¼N	47	V	35 5	15 47	11 0
28	ESE	41	NE.V	36 0	18 30	13 0
30	SE¼E	25	NE. NNE	36 48	20 0	14 30
May.						
4	E.E¼SE	36	V	37 0	22 33	16 0
7	NNE	80	SO.OSo	32 47	24 44	16 0
10	NE¼N	68	ESE.	29 0	25 35	15 30
15	NNE	76	SO	25 4	27 31	15 30
16	NE¼N	10	veuë de ter	24 35	27 54	16 0
Iuin.	B.de s. Auguſt		n dans			
	l'Iſle de S Laure		ns.			
3				23 30	27 54	16 0
6		42		21 50	26 7	14 0
7	NO	25	V	20 39	25 40	13 30
8	NO¼N	28	SSO.	19 20	24 40	13 0
9	NO¼N	30	S¼SO	17 44	23 57	12 30
10	NNO	7	SSO	17 23	23 47	
11	NNO	40	SSO	16 6	25 47	12 50
12	NE¼E.	30	SSO	14 54	27 0	14 0
13	NE	37	SO.SSO	13 8	28 20	
	NE¼N	—	S. SSE			
	veuë de terre.					
21	Angozie			11 30	30 0	15 0
25	N¼NO	11	SSO	5 0	28 12	14 5
				NORD		
29	NE	175	SSO	2 0	35 12	14 45
30	NE	45	SO.OSO	3 48	37 25	15 40
Iuillet						
1	NE	56	OSO.SO	6 0	40 14	16 30
	veuë de terre.			10 30		
4	NE	104	OSO	10 20	44 13	17 0
	Cap d'Or fin.					
17	N¼NE	30	SO	12 0	44 36	18 0
19	Au Cap de Guar dafu.					

Mois & Iours	Routes	Lieues	Les vêts	Latit. NORD	Logit. EST	Varia NO
1620				d. m	d. m	d. m
Aoust.						
26	Partismes du Cap de Gardafu			12. 0	44. 36	18. 0
30	NO¼N	49	S¼SE	14. 20	42. 52	17. 0
Septeb.						
6	S¼SE	11	ESE. C	13. 45	42. 45	18. 0
9	E	34	SO.SSO	13. 45	44. 45	18. 30
11	E¼SE	38	SO¼O	13. 18	46. 52	19. 40
13	E¼SE	53	OSO	12. 45	49. 52	20. 30
14	E	30	SO	12. 45	51. 38	20. 50
15	E¼NE	30	O	13. 6	53. 17	20. 0
16	E¼NE	28	ONO	13. 22	54. 59	19. 0
17	E¼NE	32	ONO	13. 42	56. 34	18. 0
19	E¼NE	41	ONO	14. 10	58. 53	16. 30
20	E	15	ONO	14. 10	59. 46	
22	E	30	ONO.V	14. 10	61. 32	16. 0
26	ESE	52	ENE.NE	13. 0	64. 29	15. 30
Octob.						
1	S¼SE	66	NO.ONO	9. 20	65. 12	15. 0
3	S¼SE	51	ONO	6. 30	65. 55	
5	E¼SE	53	O	5. 54	68. 55	13. 40
8	E.E¼SE	60	OSO	5. 12	72. 23	11. 0
12	SE¼S	67	SO	2. 0	75. 43	8. 0
20	SE¼E	55	V.C.	0. 10	78. 20	6. 0
25	E¼SE	30	C.V.			
			SVD.	0. 10	80. 3	5. 45
Nouem			NORD			
5	NE	52	C.V.P	1. 53	82. 10	5. 15
16	E¼SE	63	C.V.P	1. 9	85. 53	4. 0
Decem.			SVD			
1	à Ticou.			0. 26	87. 32	4. 0
1621						
Ianuier.			NORD			
4	Partisme de Ticou					
31	à Achem			5. 0	84. 34	4. 0
Iuillet.						
24	Partisme d'Ach.					
Aoust.						
6	A l'isle de Lancahui.			4. 36	89. 0	3. 30
Octob.						
11	Partimes					
Noueb.						
6	à Achen.					
Deceb.						
16	Part. de Achen					
31	à Ticou pour la 2. fois.					

Mois & Iours	Routes	lieues	Les vêts	Latit. SVD	Logit. EST	Varia NO
1622				d. m	d. m	d. m
Feurier.	Partement de Ticou.					
1			ONO	0. 26	87. 32	4. 0
8	S.S¼SO	60	ONO	3. 46	87. 10	4. 15
16	SSO	70	NO.NNO	7. 26	85. 35	4. 30
17	SO	56	S.SSE	9. 40	83. 20	5. 0
22	SO¼O	102	SE.ESE	12. 57	78. 19	7. 30
24	OSO	57	SE.	14. 12	75. 12	9. 30
25	SO¼O	26	SE	15. 2	73. 55	10. 30
27	SO¼O	66	SE. ESE	17. 10	70. 35	12. 0
28	SO¼O	30	SE. ESE	18. 5	69. 20	13. 0
Mars.						
1	OSO	45	ENE	19. 5	66. 50	15. 0
2	OSO	36	SE	19. 56	64. 40	16. 30
3	O	36	SE.	19. 56	62. 40	17. 30
5	OSO	45	SE	20. 56	60. 10	19. 30
7	SO¼O	60	SE¼E	22. 50	57. 4	22. 0
8	OSO	34	ESÉ	23. 32	55. 0	23. 0
10	SO¼O	55	E	25. 15	52. 8	23. 30
11	SO¼O	34	ESE. SE	26. 24	50. 21	24. 20
15	SO¼O	112	SE. SSE	30. 0	45. 22	24. 0
18	OSO.O	91	SE. ESE	31. 0	40. 5	23. 15
21	OSO	80	V. SO	32. 20	36. 36	23. 0
26	SO¼O			33. 30		
	& OSO	72	V.C.	34. 5	32. 48	22. 50
29	O.O¼SO	75	ESE.	34. 40	28. 16	19. 40
31	ONO	30	SSO.SO	34. 0	26. 50	18. 30
Auril.						
3	O.O¼SO	50	NE	34. 20	23. 40	16. 30
5	O¼NO	22	V	34. 5	22. 15	16. 0
10	ONO	38	V	33. 15	20. 0	15. 0
12	O.O¼NO	44	SSE. S.	33. 45	17. 2	13. 0
14	O¼SO	22	V	34. 0	15. 36	11. 0
19	O. DR	55	V	34. 0	11. 48	8. 5
20	NNO	8		33. 30	11. 35	8. 0
	Veuë de terre.					
21	SO¼S	34	NE.GV.	35. 6	10. 9	6. 30
23	S¼SE	34	SO.OSO	37. 0	10. 35	7. 0
24	SO¼O	18	N O.	37. 35	9. 32	6. 30
			NO¼O			
26	N¼NO	25	SSO.OSO	36. 15	9. 10	5. 45
27	ONO	19	SSE	35. 50	8. 5	4. 15
29	NO¼O	15	ENE	35. 20	7. 14	4. 30
30	O.O¼SO	15		35. 25	7. 10	3. 0
	Veuë du Cap des Aiguilles					
May.						
2	O¼NO	33	V	35. 0	5. 0	2. 0
	8. lieués Sud du Cap de B. Esper.					
5	En la baye de la Table			34. 0	4. 36	1. 45
31	NO	31	S.SSE.SE	32. 45	3. 41	40
					2. 13	0. 30

Mois & iours	Routes	Lieues	Les vêts	Latit. SVD (d. m)	Lõgit. EST (d. m)	Varia NO (d. m)
1622						
Iuin.						
1	NO.	18	SSE	32. 0	0. 20	0. 10
2	NO¼O	36	SE	30. 50	OVEST	N E.
8	NO	60	V	28. 26	2. 10	0. 45
12	NO.O	65	SE.SSE	26. 15	5. 20	2. 0
14	NO.O	75	SE	23. 45	9. 5	
17	NO.	100	SE.	20. 0	13. 50	5. 0
	NO¼O		SSE			
19	NO¼O	50	SSE	18. 20	16. 25	5. 10
20	NO¼O	30	SE	17. 20	17. 55	5. 15
21	NO.	26	SE	16. 24	18. 58	5. 20
	Veuë de terre.			16. 0	19. 45	5. 30
22	Isle Ste Helene.					
28	partement.					
29	NO¼O	30	E.ESE	15. 0	21. 14	6. 0
Iuillet.						
2	NO¼O	75	SE.ESE	12. 40	25. 0	6. 15
6	NO¼N	80	SE	8. 40	27. 48	6. 15
	l'Isle de l'Ascẽsiõ à veuë	N E.		8. 0		
7	NO	40	SE	7. 0	29. 25	6. 0
9	NO¼N	60	SE.ESE	4. 10	31. 30	5. 30
12	NO¼N	75	SE¼E	0. 40	34. 5	4. 40
				NORD.		
14	NNO.	42	SE	1. 35	35. 0	4. 20
15	NO¼N	28	SE	2. 50	36. 0	4. 0
17	NO	50	SE	4. 50	38. 0	3. 50
23	NO.	20	SO.	9. 25	42. 0	3. 15
	NO¼N		OSO.			
25	NO¼N	35	V	11. 5	43. 13	3. 0
27	NO¼O	18	V	11. 38	44. 5	
29	N¼NE	19	V	12. 48	43. 52	3. 15
31	NO	24	V	13. 48	44. 50	
Aoust.						
1	NO¼N	13	SO¼O.P	14. 20	45. 18	3. 0
4	ESE	7	C. V.	14. 15	44. 54	
6	N¼NO	10	V.P.	14. 48	45. 0	
9	SE¼E	20	V.	14. 0	44. 0	2. 45
	ESE					
10	NNO	7	V.	14. 22	44. 5	2. 45
11	E	12	N¼NE	14. 22	43. 20	
12	NNE	20	VP	15. 25	42. 50	
13	NE¼N	31	SSO.	16. 50	41. 23	2. 40
	Veuë des Isles du Cap vert	SSE				
16	A l'isle de S. Vincent.			17. 30	42. 20	2. 40

Mois & iours	Routes	lieuës	Les vêts	Latit. NORD (d. m)	Lõgit. OVEST (d. m)	Variat N E. (d. m)
1622						
Sept. 15	à la voile					
16	Isle de S. Antoine. 10. l.		à l'Est.			
17				17. 40	43. 35	
18	NO¼N	13	NE ¼E	18. 16	44. 5	3. 0
21	N O	26	NE¼E	19. 20	45. 10	3. 15
22	N O	77	ENE.NE	22. 25	48. 33	3. 30
24	N O	28	ENE.NE	23. 30	49. 46	
26	N O	46	NNE	25. 20	51. 49	3. 40
28	NO	54	ENE	27. 36	54. 15	4. 0
29	N¼NO	65	E.E¼NE	31. 2	55. 6	4. 15
	NNE	18	E.E¼SE	32. 0	54. 36	4. 0
Octob.						
1	E ST.	28	N¼NE	32. 0	52. 44	
2	N	70	SSE. S.	36. 0	52. 45	4. 0
4	SE¼E	30	N. NNE	35. 0	51. 40	3. 50
6	NE¼E	25	CV	35. 50	49. 56	3. 55
9	NE¼E	36	V	37. 0	47. 27	
10	ENE	30	SO.O.ONO	37. 40	45. 23	3. 45
11	E¼SE	6	NNE	37. 36	44. 58	3. 50
D	SE¼S	5	NNE	37. 25	44. 44	3. 30
12	N	14	E	38. 15	44. 44	3. 15
	L'Isle de Terciere 6.l.au N.					
13	La Terciere 3. l. au SE.			39. 0	45. 4	5. 50
15	estant 12 lieuës au SO			39. 30	44. 15	5. 0
16	NE	34	S O.V	40. 50	42. 32	
	NE¼E					
17	NO¼N	6	G. V.	41. 0	42. 50	
D	N	5	E. G V.	41. 7	42. 50	
18	N¼NO	12	ESE. S E	41. 47	43. 0	
D	N¼NO	18	V	42. 47	43. 15	
19	NE	5	SSE. GV	43. 0	40. 0	
21	NE¼N	21	GV. NO	44. 0	42. 0	4. 10
24	NE¼N	37	SO. SSO	45. 46	40. 50	5. 15
26	NE¼N	41	SSO. C	47. 45	38. 50	
27	E	14	NNO. NO	47. 45	37. 40	
28	NE¼N	26	ONO. NO	49. 0	36. 22	7. 30
29	E.	22	OSO	49. 20	34. 37	
	E¼NE					
30	E	14	O. ONO	49. 20	33. 32	
31	ENE	30	O.O¼NO	50. 0	31. 2	
Nouẽb						
1	SE	13	NO¼N	49. 25	30. 33	
D	E	8	NNO	49. 25	39. 33	
2	ESE	15	NNO.N	49. 6	28. 18	
3	NE¼E	22	SO.OSO	50. 0	26. 40	
	Veuë de terre.					

DISCOVRS SVR LE VOYAGE DV GENERAL BEAVLIEV.

ENtre vn grand nombre de differentes Relations de voïages aux Indes Orientales de Portugais, d'Anglois & de Hollandois qui m'ont passé par les mains, ie n'en ay point veu de meilleure que celle de Beaulieu; i'ay deliberé neantmoins quelque temps si ie la deuois mettre dans mon
recueil apprehendant qu'elle ne fut pas du goust du plus grand nombre des gens qui cherchent du di-
uertissement dans la lecture; mais i'ay consideré l'vsage qu'en pourroient tirer ceux de nostre Nation
qui nauigeront aux Indes Orientales: elle ne leur doit pas seulement seruir pour regler leur conduite
lors qu'ils entreprendront ce voïage; mais aussi pour luy faire voir qu'elle est aussi propre pour des Na-
uigations de long jours que pas vne des autres Nations de l'Europe. Les descriptions qu'il donne
sont fort exactes & fort particulieres, non seulement lors qu'il a à nous descrire quelque chose de
sa profession, comme l'entrée d'vn Port ou le gisement d'vne coste; mais mesme dans la description
des choses naturelles, l'on ne trouuera point ailleurs, par exemple, le poiure descrit si particulierement qu'il est dans ses memoires: les obseruations qu'il nous donne de la variation de l'Aymant
sont de grand vsage pour supleer en quelque façon ce qui nous manque touchant les longitudes; i'y ai
ioint à la fin celles de le Tellier son Pilote qui rend ce tesmoignage à son General le Sieur de Beaulieu
nostre General, qui autant ou plus que pas vn de ses Pilotes s'est exercé curieusement soir
& matin à prendre la variation de l'Aymant durant nostre voyage, pourront encores tes-
moigner, comme quelquefois 4. ou 5. boussolles & autant d'obseruateurs dans son Nauire,
trouuoient le plus souuent vne mesme variation, ce qui donne vne grande authorité à leurs obseruations de la variation de l'Aimant: Il importeroit extremement que nos François qui feront de-
sormais la mesme route fissent les mesmes obseruations de Beaulieu, afin que les vnes & les autres leur
puissent mieux seruir dans leurs autres voïages, & que connoissant comment elle a changé depuis le
temps, on leur puisse establir vne methode de se seruir plus asseurement des obseruations de la variation
de l'Aimant que l'on n'a pû faire iusqu'à cette heure. Il me reste d'informer le public qu'il a l'obligation de ces memoires à Monsieur Dolu de qui ie les ai eu, & d'y adjouster ce que les parens de
Beaulieu m'ont donné d'information de la vie d'vn si sage voïageur.

AVGVSTIN DE BEAVLIEV estoit de Rouën, son premier voyage fut en la ri-
uiere de Gambie à la coste d'Affrique, où il alla en 1612. auec le Cheualier de Briqueuille de
Normandie pour s'y fortifier & y establir vne Colonie, mais ils y perdirent presque tous leurs gens
de maladie, pour y estre arriuez dans l'arriere saison; ce contre-temps rendit leur armement inutil qui
d'aileurs estoit considerable, Beaulieu, commandoit vne Patache.

En 1616. il se fit vne Compagnie pour le commerce des Indes Orientales, composée de personnes
de Paris & de Rouën; ils y enuoyerent deux vaisseaux, le plus grand commandé par de Nets Capitaine entretenu par le Roy en la Marine comme General de la flotte, & le second par Beaulieu:
le President des Hollandois fit vn commandement à tout ce qu'il y auoit de Hollandois sur les deux
Nauires d'en quitter le seruice, ce qu'ils feirent tous, & obligerent par là le General de Nets de vendre son plus petit vaisseau à vn Roy de Iaua, nonobstant quoy ils ne laissorent pas de reuenir auec
plaine charge, en sorte qu'il n'y eut point de perte.

Les Interessez y renuoïerent en 1619. deux Nauires & vne Patache, & firent Beaulieu General
de cette Flotte. Il détacha son Vice-Amiral au depart du Cap de Bonne-Esperance pour l'enuoyer
Iacatra, ou comme il estoit sur le point de son retour auec sa charge, les Holandois mirent le feu
nuict à son Nauire; ce qui n'empescha pas de Beaulieu de reuenir auec dequoy payer les frais
voyage, qui auroit esté de grand profit, si l'autre vaisseau fust reuenu, sa charge lors qu'ils le br-
slerent estant estimée plus de cinq cens mille escus.

Il seruit depuis le Roy dans des occasions fort importantes, principalement en l'Isle de Rhé & da
les guerres des Religionaires; le Cardinal de Richelieu qui connoissoit son merite luy donna depuis
Commandement d'vn Nauire de 500. tonneaux nommé la sainte Geneuiefue pour aller auec l'arm
commandée par le Comte d'Harcourt aux Isles de sainte Marguerite & de S. Honnorat, apres
prise desquelles & au retour d'vne expedition que l'Armée fit en Sardaigne, estant de retour à To-
lon, il tomba malade d'vne fiéure chaude, dont il mourut en 1637. au mois de Septembre, âgé
quarante huict ans.

أبو جعفر محمد القائم بأمر الله

أبو القاسم عبد الله المقتدي بأمر الله

أبو العباس أحمد المستظهر بالله

أبو عبد الله محمد المقتفي بأمر الله   أبو منصور الفضيل المسترشد بالله

أبو عبد الله محمد المستنجد بالله   أبو جعفر منصور الراشد بالله

سلجوق

ميكائيل

أبو المنصور حسن المستضيء بالله

أبو العباس أحمد الناصر لدين الله

أبو النصر محمد الظاهر بالله

أبو جعفر منصور المستنصر بالله

أبو أحمد عبد الله المستعظم بالله

محمد   داود

الب ارسلان محمد برهان امير المؤمنين   احمد

أبو الفتح ملك شاه معز الدنيا والدين   أبو طالب طغرل تكين

... معز الدنيا وا   أبو الحارث سلطان سنجر معز الدنيا وا   أبو المظفر قلج ارسلان   أبو شجاع محمد غياث الدنيا والدين

أبو الفتح مسعود ركن الدنيا والدين   أبو طالب طغرل مغيث الدنيا

أبو القاسم محمود ركن الدنيا والدين   أبو شجاع سليمان معز الدنيا   أبو شجاع محمد معز الدنيا والدين

أبو المظفر ارسلان

أبو طالب طغرل ركن الدنيا والدين

پادشاه ايل كوز خان اتابك

حسن الهـ

جعفر

محمد

علي

حسن صبا

بوزرك لاميـ

محمد

حسن

محمد

حسن

محمد

خورشاه

سبكتكين ناصر الدوله

أبو القاسم محمود غزنوي امين الدوله

أبو النصر عبد الرشيد مجد الدوله   أبو سعيد مسعود نصير الدوله   أبو الفتح نصير شهاب الدوله

أبو الفضل فرخ زاد تاج الدوله   أبو المظفر ابراهيم ظهير الدوله

أبو الفتح مسعود عدا الدوله

أبو المظفر بهرام شاه يمين الدوله   أبو الفتح ملك ارسلان سلطان الدوله

أبو شجاع خسرو شاه سراج الدوله

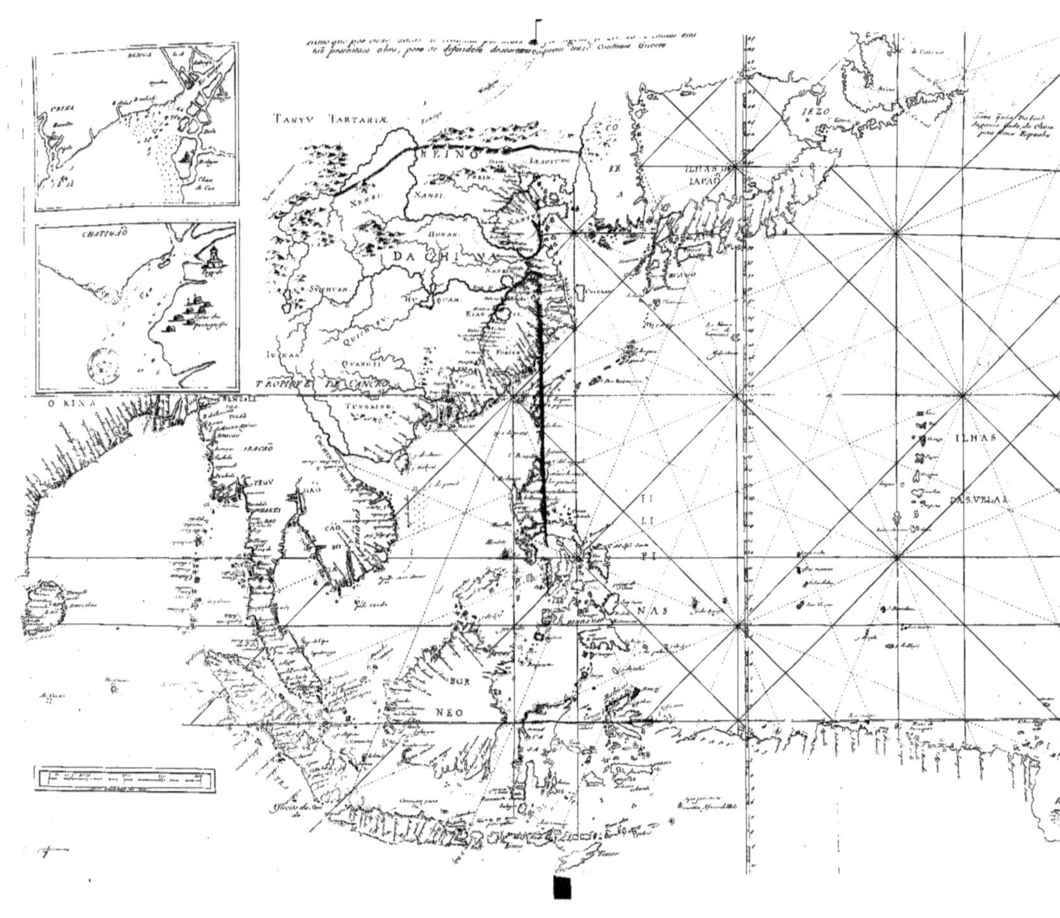

BENUA
CHABAO
O RIXA
TANVV TARTARIÆ
REINO
NENSI
NANSI
HUNAN
DA CHINA
XANX
PEKIN
NANKI
HU QUAM
KIANSI
QUICHEU
IUNAN
QVANGI
FOKIEN
TROPIQVE DE CANCRO
TUNKINO
BENGALA
ARRACAO
PEGV
SIAO
BRANXI
CAO
ZE
BOR
NEO
IAPAO
ILHAS DE
IAPAO
IEZO
FI
LI
PI
NAS
MINDANAO
ILHAS
DAS VELAS
TIMOR

اسفنديار قزندن — سلطان محمد خان

سلطان جم — سلطان بايزيد خان — سلطان مصطفى

سلطان شهنشاه — سلطان احمد — سلطان قورقود — سلطان محمود — سلطان سليم شاه — سلطان علمشاه — سلطان عبدالله — سلطان محمد

سلطان سليمان خان غازي

سلطان عبدالله — سلطان رستم جهانكير — سلطان سليم خان — سلطان بايزيد — سلطان محمد — سلطان مصطفى

سلطان مراد خان

سلطان محمد خان

سلطان مصطفى — سلطان احمد

سلطان ابراهيم — سلطان مراد — سلطان عثمان

سلطان محمد